Sex and the medina

Leïla B.

Sex and the medina

PLON
www.plon.fr

ISBN : 978-2-259-21190-1

A mes amies de Djeddah.
Aux femmes du Maroc
et à celles de toutes les médinas du monde.

Ramadan, 1430 de l'hégire
Septembre 2009

Pourquoi je l'ai fait

Tout a commencé un soir du mois de Ramadan, lorsque j'ai rencontré Fatéma chez une amie commune. Je n'avais plus revu mon ancienne camarade de fac depuis l'année où elle était partie enseigner à Rabat, alors que je galérais encore pour trouver un boulot. Nous nous retrouvions pour une de ces veillées ramadanesques, arrosées de thé à la menthe et nourries de confidences en tout genre.

Pendant que nos hommes tapaient le carton dans la salle à manger, nous étions une poignée de femmes à bavarder au salon, et tout y était abordé, de la domestique surprise à singer sa patronne à l'ardeur sexuelle de nos époux. Nous en venions à nos carrières passées ou présentes, lorsque je remarquai l'attention particulière que Fatéma accordait à mes propos. Je n'ai pas tardé à savoir pourquoi. Sa sœur Aïcha s'était mis en tête d'épouser un Saoudien. Fatéma avait beau l'en dissuader, lui répétant que l'homme en question était déjà flanqué de deux épouses et qu'il valait mieux rester célibataire que se laisser prendre au piège avec un polygame, fût-il un magnat du pétrole, Aïcha répliquait chaque fois qu'elle s'en fichait – Je veux être « princesse ». Fatéma se désespérait, elle voulait trouver quelqu'un capable de convaincre sa sœur des risques encourus avec un tel mariage et que soient édifiées toutes ces dindes du Maroc prêtes à se jeter dans les bras des Arabes du Golfe pour quelques poignées de riyals !

Je donnais raison à Fatéma de s'inquiéter pour sa sœur, le Maroc n'est certes pas le meilleur pays où il fait bon vivre, mais il est l'Eden à côté de certains pays du Golfe. Et, avant de nous séparer, je lui proposai de venir chez moi avec Aïcha, je tenterais de raisonner sa sœur en lui démontrant qu'elle n'avait aucune notion de ce qui se passe en réalité dans les harems d'Arabie.

Je ne serais pas allée au-delà de cette démarche, je l'avoue, et l'idée ne me serait certes pas venue de témoigner par écrit ni de révéler au grand jour la vie intime de mes amies de Djeddah si je n'avais reçu la triste nouvelle, il y a de cela trois mois.

Je m'apprêtais à aller chercher mes enfants à la maternelle quand le téléphone a sonné. C'était Joumana. Elle pleurait et j'en fus étonnée : Joumana est la Saoudienne la plus rationnelle et la moins sentimentale que je connaisse. Il fallait une raison grave et elle me la donna à travers ses sanglots : sa cousine Farah, celle que nous appelions la « veuve joyeuse » qui débordait d'humour et de joie de vivre, avait disparu. Une semaine auparavant, la police religieuse l'avait surprise dans la chambre d'hôtel d'un pèlerin iranien. Considérant le rang de sa famille, on lui avait offert le choix : coups de fouet publics ou punition privée. Mais personne ne put mettre la main sur la jeune femme, elle s'était enfuie dans la nature.

La nouvelle me fit vaciller et je me sentis endeuillée ce jour-là et les jours suivants. Je repensais sans cesse aux moments passés naguère avec mes amies de Djeddah entre rires et confessions, promenades dans les malls et aventures secrètes. Je revoyais les yeux brillants de Farah et admirais sa liberté cachée sous le voile. Elle dont le nom signifie « la joie », et pour qui je craignais le pire.

Une envie de contestation extraordinaire s'est insinuée soudain en moi, me révélant la force de ma détermination. Je m'observais dans mon miroir, cette Casablancaise tranquille, cette femme rangée à qui Dieu a donné un homme gentil pour époux, haut cadre aux Affaires étrangères, un joli appartement, deux gosses adorables, une petite bijouterie et une bonne à domicile, tout ce qu'il faut pour être heureuse ! Personne n'aurait parié sur la gamine rachitique qui trottait entre les immondices de Casa, trente ans auparavant. J'aurais pu finir femme de ménage ou enfant des rues. Allah en a décidé autrement et je peux être fière de mon parcours. N'en déplaise à tous les jaloux qui insinuent encore que mes cinq années comme hôtesse de l'air en Arabie Saoudite ne sont pas des plus honorables sur le CV d'une Marocaine qui se respecte, et à qui je rétorque que j'en suis revenue intacte, j'étais vierge la nuit de mon mariage, y a qu'à demander à mon mari !

Voilà donc que je me découvrais un tempérament de combattante – probablement hérité de mon père – remisé jusque-là dans le placard d'une existence petite-bourgeoise et l'écrin d'une morale timorée qui se targue de répugner à juger.

Je compris alors ce qui me restait à faire. Et me lançai le défi. Le jour où l'on permettrait à Joumana, mon amie saoudienne, de conduire une voiture, je me fendrais d'un youyou que l'on entendrait jusqu'au désert du Nadjd. Je serais fière pour quelque chose. Et je vengerais Farah. Et je sèmerais sur son chemin des graines d'espoir et des étoiles de liberté... Et j'ouvrirais les yeux de la sœur de Fatéma sur ce qui l'attend en Arabie, sur ce faste du Golfe derrière lequel se profilent les barreaux. Oui, tout ça à la fois ! Tout ça qui est devenu un devoir.

Que mes révélations choquent, pensai-je ! Oui ! Que les Saoudiens en soient scandalisés, eux qui considèrent comme des délits les histoires de cul de leurs femmes, alors qu'ils ne cessent de prétendre qu'elles n'ont ni cul ni âme. *Wallah !* Rien ne me retiendrait.

Je décidai donc en toute conscience de parler des filles de Djeddah, d'ouvrir les portes de leur intimité. Et de raconter, en passant, l'histoire des musulmanes d'autres médinas arabes qui se débattent, elles aussi, entre aliénation et liberté. Non pas sur le mode de la lamentation qui ne convaincrait personne, mais sur le mode léger, celui du quotidien des femmes, fait de rires et de ruses – pour survivre.

J'appelai Fatéma pour lui faire part de ma décision, tout en lui demandant de la garder secrète. Je lui demandai conseil quant à l'écriture. Elle me suggéra de rédiger en arabe, il se trouverait bien quelqu'un pour publier le manuscrit. Mais je n'avais plus pratiqué correctement l'arabe classique depuis mes dissertations de lycée. Elle proposa que je m'enregistre oralement, elle se chargerait de tout mettre par écrit, ni vu ni connu.

Je me suis acheté un dictaphone dans un de ces magasins d'électronique dont regorge la médina. Dès que j'étais seule et que mon emploi du temps le permettait, je m'asseyais devant la machine et je parlais. Une séquence par enregistrement, au moins. J'utilisais les mots qui me venaient spontanément à la bouche, en arabe marocain ou littéraire, parfois même en français, je m'étonnais de rire et de gesticuler comme si j'étais de nouveau en situation, ou en présence d'un interlocuteur réel. Le rouge me montait aux joues quand je narrais des scènes dont je redécouvrais le côté salé et je me surprenais à baisser la voix. Quelquefois, je me mettais à culpabiliser, la peur me tenaillait le ventre et mes velléités féministes s'évanouissaient. J'éteignais alors l'enregistreur et je me convainquais de jeter l'éponge.

Au bout de deux semaines, j'ai déposé au fond d'un couffin une vieille enveloppe verte, grosse comme une citrouille, dans laquelle j'avais mis une dizaine de cassettes. J'ai tout recouvert sous un mélange de fruits. J'ai donné le couffin à ma bonne avec la consigne de le confier en main propre à Fatéma en prononçant cette formule : « Au fond, l'Arabie. » Elle comprendrait.

J'ai entendu la petite descendre la rue en chantonnant pour ne pas oublier : « Au fond l'Arabie… au fond l'Arabie… »

La maison de Dieu

— Dieu habite au 1, rue de La Mecque, Arabie Saoudite.

Chaque fois que mon frère Ali me voyait partir en direction de l'aéroport, il s'amusait à me lancer cette phrase, en réponse à ma grand-mère selon laquelle l'Arabie est la demeure principale d'Allah, sa terre d'élection, son poste de surveillance des musulmans de la terre entière. Des non-musulmans aussi, ajoutait-elle, sur lesquels Il ferme les yeux toutefois, car ils sont déjà programmés pour l'enfer.

Je n'étais pas loin d'y croire quand j'étais enfant. En entendant le mot « Saoudia », j'imaginais un pays d'ergs et de dunes sur lequel régnait Allah en personne, assis sur son trône, les prières des pèlerins venant Le bercer dans Son éveil. La télé montrait des hommes aux keffiehs impeccables et aux robes bien repassées qui traînaient dans le sable ou sur le marbre des palais. Ils ressemblaient tous au roi Fayçal tel que l'exhibaient mes livres scolaires. Mais je ne voyais jamais de femmes d'Arabie. Dieu surveillait-il les femmes autant que les hommes, là-bas ? Ou bien requéraient-elles moins d'attention, au même titre que les infidèles ? Hinna, ma grand-mère, prétendait que, fabriquées en partie par la salive du diable – c'est pour ça qu'elles sont bavardes –, les descendantes d'Eve sont capables d'inventer quantité de stratagèmes pour échapper à la vigilance de Dieu. Il est bien dit quelque part que « Leur fourberie est grande » !

Plus tard, j'ai su que les femmes du Golfe existaient. Même au Maroc. Où elles sont confinées dans les palais achetés par leur père ou leur mari, dans nos médinas et sur nos côtes. Mais les Saoudiennes demeurèrent à mes yeux des femmes invisibles, de la fiction pure. Jusqu'au jour où je les ai rencontrées.

Il n'est pas facile de faire la connaissance de ces dames. Tout le monde sait qu'elles ne sortent que rarement et que, au-dehors, elles sont voilées de la tête aux pieds, accompagnées par un tuteur, le *muhrim*, qui marche devant elles et leur interdit d'adresser la parole à quiconque ne serait pas de la famille. En arrivant à Djeddah, j'ai appris que rares étaient mes collègues hôtesses de l'air, toutes nationalités confondues, qui avaient eu l'occasion d'approcher une Saoudienne de souche en dehors de leur profession. Très peu ont passé le seuil de leurs maisons qui sont réputées fermées aux étrangers.

Je n'aurais rien entrepris pour les fréquenter à tout prix si le destin ne m'avait fait rencontrer Joumana. Je pénétrai alors, en même temps que dans sa riche demeure, les arcanes d'un pays que je ne connaissais que très superficiellement et dont la façade, rigide, morose et exclusivement masculine, présentait l'exact opposé de ce qui se passait derrière les murs.

Je m'en souviens comme si c'était hier. La jeune femme aux traits asiatiques qui est venue m'ouvrir la porte réservée exclusivement aux dames m'a précédée dans une allée bordée de palmiers, de bougainvilliers et de lauriers-roses. On eût dit un jardin de Tanger.

Dans un salon aussi vaste que le stade de foot d'une localité marocaine, Joumana s'est avancée vers moi, les bras tendus, le sourire éclatant. Elle m'a entouré la taille et m'a invitée à passer dans une autre pièce, encore plus impressionnante, avec des formules de politesse qui sonnaient aussi agréablement que les deux bracelets qu'elle avait au poignet. Elle était vêtue d'un caleçon noir et d'un débardeur de la même couleur qui offrait au regard la moitié de sa poitrine menue. Je retrouvais l'allure de la passagère à la minijupe rouge qui était montée dans l'avion deux mois auparavant.

Nous avons traversé le premier salon pour en gagner un deuxième où j'ai découvert une assemblée de femmes qui se sont levées l'une après l'autre pour m'embrasser. Je saurais plus tard que c'est le cercle des amies rapprochées de Joumana.

Elles avaient retiré l'abaya pour une profusion de dentelles, de fanfreluches et de bijoux. Leurs sacs Gucci et Chanel, plus somptueux les uns que les autres, étaient soigneusement déposés à côté d'elles. J'ai pu admirer les escarpins argentés ou dorés de grandes marques, le soin mis à la manucure.

La seule à ne pas être habillée à l'occidentale était une dame d'un certain âge dont les yeux cerclés de khôl pétillaient d'un mélange de ruse et de jeunesse. Elle m'a rappelé ma grand-mère, que Dieu la préserve, hormis le regard, dénué de malice chez mon aïeule. Pour le reste, elle avait la même robe longue noire, le même visage ridé de forme carrée, on eût dit des cousines. De toute manière, la ressemblance est telle entre Saoudiennes et Marocaines, que nul ne peut faire la différence, peau mate et chevelure d'ébène en général. La marque de fabrique arabe a réussi à nous estampiller des mêmes traits, et cet air de famille ne pouvait que me rassurer.

On m'avait réservé une place au milieu. J'avais gardé l'abaya saoudienne pour ne pas déroger à leur tradition, ce qui a paru les décevoir, car elles m'ont demandé si, au Maroc, je m'habillais de la même façon. J'ai dit qu'il m'arrivait d'enfiler une djellaba pour faire une course ou un saut au hammam.

Tous les regards étaient posés sur moi, j'avais l'impression que Joumana m'avait fait venir pour m'exhiber, comme un singe de zoo. Avec plus d'égards cependant. Ces dames n'ont cessé de me prodiguer des compliments, en effet, et de multiplier les formules de politesse, intercalées de *Ya Allah !* qui occupaient la moitié de la conversation – je devrais dire de l'enquête. Elles parlaient un arabe que je comprends, mais la plupart recouraient à l'anglais que je possède aussi, fort heureusement, depuis mon stage intensif au sein de la compagnie qui m'emploie.

Toutefois, la langue anglaise me semblait détonner dans ces lieux. Jeans et chemisiers échancrés me paraissaient moins surprenants que les mots de Shakespeare, qui dans la bouche de ces dames suintaient l'hérésie et sonnaient d'autant plus bizarrement qu'ils étaient ponctués par des *Allah !*, des *Astaghfiroulla !* à répétition. J'ai appris depuis que la plupart des femmes de l'aristocratie bénéficient de cours privés ou fréquentent des universités exclusivement consacrées à leur sexe. Le petit peuple n'y a pas toujours accès, ni les immigrés.

Joumana et ses amies s'étonnèrent à leur tour que je comprenne l'arabe, elles étaient persuadées que tous les Maghrébins parlaient français.

J'en profitai pour les observer à mon tour, sans me dérober à leurs questions. Salma devait avoir la trentaine. Des yeux d'ébène, un peu bridés comme ceux des Asiatiques, une bouche très fine et une peau diaphane, le tout lui conférant une beauté certaine, que ternissait cependant une expression étrange, faite de contrition, ou de lassitude, je ne savais encore, à moins que ce ne fût les deux à la fois. A côté d'elle, Soha paraissait bien mince, alors même que ses formes débordaient d'un corsage très moulant et d'une jupe en stretch. Ça sentait le bistouri, j'en étais sûre, mais la rigidité de l'expression du front et du pourtour des yeux fondait sous la flamme d'un regard miel et la grâce d'une gestuelle volontiers aguicheuse. La beauté de Farah, moins apprêtée, conjuguait un mélange de décontraction et de joie de vivre, à croire qu'elle offrait le profil contraire de Salma. On eût dit que son charme coulait autant de sa maturité – elle devait approcher la quarantaine – que de sa légèreté, de la rousseur de ses cheveux que de la fossette incrustée dans son menton où glissaient ses rires heureux.

Les questions se succédèrent quant à ma famille. Je décrivis mon père taciturne, grand-mère Hinna qui, la première, m'a briefé sur le domicile d'Allah, avant d'évoquer mes trois frères, partis en Espagne, laissant derrière eux le plus jeune, Ali de son prénom, lequel n'ayant pas le sou avait songé un moment à pousser l'aïeule dans un puits afin d'hériter de la seule fibule en argent qu'elle possédait.

Elles ont éclaté de rire, j'avais gagné leur sympathie.

Les Marocaines sont des putes

Le Maroc que ces femmes n'avaient pas visité suscitait envie et admiration. Toutes ne tarissaient pas d'éloges sur Casa, Tanger et, surtout, Marrakech, dont elles ont entendu parler, nos belles soirées, notre cuisine réputée succulente, nos femmes qui ont le droit de travailler et de conduire une voiture bien que… bien que… les Marocaines aient une sacrée réputation, selon les Saoudiennes, persuadées qu'un des revenus importants de mon pays est fourni par le travail de ses filles de charme :

— Votre pétrole à vous, ce sont elles, s'est amusée la pétulante Farah. Et il a l'avantage de ne pas être polluant !

J'ai eu envie, bien sûr, de leur dire qu'elles oubliaient l'essentiel : au lieu de pointer le comportement de mes concitoyennes, elles feraient mieux de se pencher sur celui de leurs maris : ce sont eux les demandeurs, ils s'approvisionnent en sexe dans mon pays, à défaut de se faire plaisir avec leurs propres femmes. Que, chez nous, au moins, on ne lapide pas une fille parce qu'elle a couché avec un type. On peut la payer, c'est tarifé, elle salit sa vie mais elle la préserve !

De fait, déconcertée par la franchise de ces femmes que je ne savais pas encore interpréter – ruse ou naïveté –, je choisis de me taire par devoir de politesse et par conscience de ma position. Je n'étais qu'une hôtesse de l'air étrangère que ces dames avaient accepté d'introduire chez elles et d'honorer de leur présence. J'exerçais un métier suspecté d'immoralité, qui fait des hôtesses les plus sages des serveuses de bar, en à peine plus prestigieux. Je suis marocaine en plus, ce qui dans la bouche de leurs maris est synonyme de femme de mauvaise vie. C'était déjà bien qu'elles consentent à me recevoir. Je n'allais pas me disputer avec plus fort que moi. Un mot et elles me mettaient dehors. De leurs maisons, de la compagnie et du pays. Du calme, Leïla !

Je me suis sentie quelque peu consolée par la tendresse que je lisais déjà chez Joumana – celle qu'elle avait manifestée dans l'avion après les propos désobligeants d'un passager à mon égard. Je me suis permis une seule phrase :

— S'il se trouve partout dans le monde des clients qui raffolent des Marocaines, je n'y peux rien, c'est qu'elles ont le cul taillé pour ça !

Je réussissais à faire rire les Saoudiennes pour la deuxième fois. Et je compris que je venais de passer le test. Leur innocence apparente n'était qu'une façon de sonder ma capacité à écouter et à être jugée. Je pouvais encaisser. Pour le moment, le sens de la critique et la médisance faisaient partie de leurs privilèges. Je mesurerais plus tard l'espace de repartie qu'elles me consentiraient. En attendant, je me devais de raconter d'autres détails de ma vie. De déballer mon histoire familiale, mes descendants, mon père à moitié algérien, malade du *nif*...

— C'est quoi, le *nif* ?

— L'orgueil berbère...

… ma mère fassie et fière de l'être, mes frères qui triment dans les champs d'oliviers espagnols pendant que le tout dernier, Ali, joue au foot avec une boîte de conserve et surtout ma cousine Nora, l'étudiante la plus délurée de Casa. Enfin… je n'ai pas tout dit de Nora, si elles en viennent à connaître ses aventures dans le détail, elles concluront forcément que toutes les Marocains méritent leur réputation.

Elles ont souhaité voir des photos de ma famille, je n'en avais qu'une seule où je posais en uniforme sur le tarmac de Casa aux côtés de mon collègue Fouad.

— C'est ton fiancé ? a interrogé Farah, la langue plus pendue que les autres.

— Non, c'est un collègue.

— Et vous vous photographiez ensemble ? s'est enquise Salma, l'air plus réservé.

— Nous travaillons ensemble et nous nous côtoyons tout le temps.

— Sans aucun projet de mariage !

— Fouad est marié.

— En plus ! Et sa femme n'est pas jalouse ? a lancé sur un ton mi-sérieux Soha, la plantureuse refaite à coup sûr.

— Pourquoi le serait-elle ? Elle sait très bien que son mari travaille avec des femmes partout où il va. Elle ne va pas le séquestrer à la maison.

Il m'a semblé percevoir des expressions d'étonnement, mais elle étaient provoquées davantage par le ton un peu énervé avec lequel je répondais que par ma réponse elle-même. Je me le suis reproché à l'instant, même si, au fond de moi, j'ai plaint ces femmes pour qui un homme étranger à la famille ne peut jamais figurer dans les mêmes lieux qu'elles.

Tous les yeux étaient encore braqués sur mon collègue, beau garçon il faut dire, la moustache taillée avec soin, un corps d'athlète, et des yeux couleur miel. Un étrange silence se fit. Je pensai que je connaissais très peu, en fin de compte, le caractère saoudien, même si j'étais à Djeddah depuis quatorze mois. Mon boulot m'éloignait très souvent et l'occasion était rare de fréquenter les gens du pays pendant mes jours de repos. A part un steward et un commandant de bord saoudiens avec lesquels je volais de temps en temps, personne ne me renseignait sur les us et coutumes locaux. Pour autant, j'avais fini par comprendre que les Saoudiens étaient des gens polis et distants à la fois, qu'ils conjuguaient hospitalité et méfiance à l'égard des étrangers. J'allais apprendre, définitivement, que les Marocaines avaient une sacrée réputation auprès des Saoudiennes, aux yeux de qui mes compatriotes sont d'intrépides chasseuses d'hommes, vicieuses et vénales qui plus est.

— Et d'abord, comment êtes-vous devenue hôtesse de l'air ? a interrogé la rousse aux cheveux opulents et aux yeux rieurs, Farah.

— Je dis tout, lançai-je à l'adresse de Joumana, à condition que tu me présentes tes amies.

— Ah ! excuse-moi, s'est écriée la maîtresse de maison. J'ai manqué à mon devoir.

Sans se lever, elle a désigné du doigt chacune d'elles. Et, pour la première fois, avec leur nom, je mettais un état civil sur les visages : Soha, mariée à un riche négociant en tapis, trois enfants ; Farah, veuve d'un banquier et mère d'un garçon ; Salma, épouse d'un homme d'affaires dont elle a eu deux enfants. Quant à Joumana, je savais qu'elle était femme d'un secrétaire d'Etat et maman de jumeaux de huit ans.

Je ne tardai pas à compléter leur cercle un peu plus tard, avec l'arrivée d'une demoiselle :

— Ma nièce, a dit Joumana, elle est venue de Riyad pour terminer ses études à Djeddah. Elle étudie à l'université Dar al-Hikma.

La jeune étudiante avait des joues de bébé et un beau regard innocent. Je remarquai qu'elle ressemblait étonnamment à sa tante, petite taille et yeux en amande, sauf qu'elle ne s'était pas coupé les cheveux qui lui tombaient sur la poitrine, en deux lourdes tresses. A l'instant où je me levais pour l'embrasser, la photo tomba de mon sac. Iqbal se pencha sur elle :

— Il est marié ? a-t-elle demandé en scrutant Fouad.

Décidément !

— Et en quoi ça te concerne ? a lancé Farah. Déjà que tu n'arrives même pas à échanger deux mots avec ton amoureux de voisin, tu ne vas pas convoiter les hommes des autres continents !

La jeune fille a fait la moue et n'a pas tardé à prendre congé. Je l'ai entendue monter l'escalier et ouvrir une porte à l'étage.

— Elle ne peut pas rester deux minutes sans aller visiter son chéri, a soupiré Joumana.

Et devant mon expression étonnée :

— Sur Internet, bien sûr !

— Si c'est son voisin..., hasardai-je.

— Qu'importe, aucune femme n'a le droit de parler avec un homme qui ne lui est pas lié par le sang, vous le savez bien, a prononcé sur un ton de reproche la timide Salma à l'adresse de nous toutes.

Ainsi se forma le cours d'une amitié dans lequel viendraient affluer les confidences.

Et, d'abord, comment je suis devenue hôtesse de l'air

— Toute ma vie, j'ai rêvé d'être... avocate.

C'est ainsi que j'ai commencé à l'adresse de Joumana et de ses amies. Elles désiraient savoir pourquoi j'avais choisi de devenir hôtesse de l'air. Le métier semblait les intriguer plus que partout ailleurs, c'était visiblement pour elles le comble de l'exhibitionnisme féminin, l'entorse légale la plus insidieuse à la morale. En voyant à quel point ce préjugé restait ancré chez elles, il m'arriverait plus tard de me demander pourquoi elles ont continué à me fréquenter.

J'ai attaqué fort en déclarant que, en mettant l'uniforme, je n'avais point l'intention de faire les quatre cents coups, ni de m'entraîner à la débauche, je voulais juste bien gagner ma vie. Pendant que Joumana et ses invitées écoutaient les yeux écarquillés mon parcours, pour le moins banal aux yeux de toute autre qu'une femme du Golfe, je prenais conscience que j'endossais le rôle d'une conteuse d'un genre particulier...

C'est vrai, en plus. Toute ma vie, j'ai rêvé d'être avocate, juste pour le plaisir de mettre au tapis les merdeux de ma ville, tyrans et escrocs pour la plupart, qui se prennent pour des caïds et nous traitent de petits riens, nous, les gens des bidonvilles de Casa.

Ce n'est pas faute d'avoir étudié, j'ai autant de diplômes sur les murs de ma chambre qu'aujourd'hui de tubes de rouge à lèvres dans mes tiroirs. Toutefois, au Maroc, un rouge à lèvres peut se révéler plus utile qu'un certificat d'études et vous décrocher un boulot, en des temps de chômage chronique conjugué à une conviction ancestrale : une femme « ça travaille peu des méninges. Vous n'allez pas me faire avaler que cette jeune fille saura prononcer une plaidoirie et gagner un grand procès ! ». Une bonne épouse peut-être, un bon coup assurément ! Chaque fois que j'entrais dans un cabinet pour demander un job, avocats et greffiers s'arrangeaient pour me faire comprendre le prix à payer. Un canapé par-ci, un arrière-bureau par-là, deux petites tapes libidineuses sur les fesses, pour les plus maladroits. Justement... Il paraît que Dieu ne m'a pas faite sans quelque charme et qu'il m'a pourvue d'une croupe, dont les jeunes du quartier assurent n'avoir vu d'équivalent que dans les magazines, pariant sur son avenir comme s'il s'agissait de leur ballon. Je me suis vite rendue à cette évidence : si je ne voulais pas finir sous le toit d'un macho, si je voulais procurer à ma famille quelques subsides, je me devais de hiérarchiser mes atouts : la croupe d'abord, le cerveau ensuite. Les enfants du quartier gagneraient ainsi leur pari. Je leur dois au moins ça.

Contrairement à papa. Pendant que ma mère déclarait que l'uniforme d'hôtesse de l'air m'allait à ravir, mon père boudait dans un coin du gourbi. L'idée que sa fille allait être une bonniche des airs et se pencher pour servir des messieurs qui se croient tout permis une fois montés sur un nuage, alors qu'il l'avait élevée dans l'esprit de contestation et le devoir de redonner de la dignité aux pauvres comme lui, le dégoûtait tout simplement. Maman riait sous cape, le youyou lui chatouillait les lèvres. Si son mari ne faisait pas autant la tête, elle laisserait déborder sa liesse vu que sa fille allait bientôt rapporter des dollars à la maison. Et, comme il arrive souvent, « les femmes triomphent sur les mauvaises solutions, les hommes échouent sur les bonnes ». Ainsi conclut grand-mère, en voyant mon paternel céder devant l'implacable destin – qui a pour autre bras armé l'obstination féminine.

C'est ma cousine Nora qui m'avait alertée. Les Saoudiens recrutent des hôtesses de l'air ! Le bruit s'est vite répandu jusque dans ma banlieue choc. O jeunes et jolies Marocaines, à vos trousses de beauté et vos kits de charme ! Et pourquoi des Marocaines ? Parce que les Saoudiens refusent de mettre leurs filles dans les avions, ça ne cadre pas avec leur mentalité. Et puis, leurs femmes ont l'habitude d'être servies, et pas le contraire, n'est-ce pas ? Tandis que, chez nous, le métier est une nécessité, ce n'est ni un luxe ni le coup de tête de quelques marginales comme naguère.

Je cachai à Joumana et ses amies que j'y allais alors le cœur lourd, à cause de ce sentiment d'une injustice divine qui fait naître les uns dans des taudis et les autres au milieu du grand faste. Mais fataliste comme je suis, je ne m'étais révoltée qu'une demi-journée.

Je balayai mes ressentiments d'un revers de la main, en me disant que je n'avais rien à voir avec les Saoudiens. La justice, j'aurais souhaité l'établir chez moi, je ne ferais pas de procès à une autre nation. Ni à Dieu non plus, je m'en allais dans sa demeure, l'Arabie. D'ailleurs, Hinna, ma grand-mère, me jalouse à mort depuis, elle dit que je suis devenue la voisine d'Allah, que je « pèlerine » quand ça me chante, et que j'aurai probablement l'insigne honneur d'être enterrée tout près de la tombe du Prophète ! Ma cousine Nora, qui comme la moitié des Marocains s'est inventé une généalogie dans laquelle figure toujours un lien de parenté avec Mahomet, Saluts de Dieu sur lui, m'avait déclaré que ce ne serait qu'un juste retour des choses, j'allais chercher chez nos ancêtres d'hier tout ce qu'ils nous doivent de pétrole aujourd'hui.

Entre la couturière et le coiffeur, j'ai vite fait de dépenser mes économies d'étudiante augmentées d'un petit mandat envoyé par mon frère aîné d'El Maria, en Espagne, où il travaille comme ouvrier agricole. Quand je suis arrivée dans la salle où je devais être auditionnée, j'ai failli m'évanouir. Toutes les belles du Maroc s'y étaient donné rendez-vous, juchées sur de hauts talons, les jupes au-dessus des genoux, le décolleté vertigineux, les mèches blondes, les faux cils, c'était le paradis des houris artificielles. Je me suis dit que j'avais peu de chances d'éclipser ces nymphettes de magazine, avec ma robe en mauvais polyester dont l'ourlet avait déjà filé par endroits et mes escarpins au bout si pointu qu'on eût dit les babouches de Djouha[1]. Je me trompais. Elles furent éliminées. Je fus retenue. Mon popotin ? Elles m'ont accusée d'avoir usé de magie pour séduire les recruteurs saoudiens. Je pensai quant à moi que ces messieurs, qui nous faisaient aller et venir comme dans les anciens souks d'esclaves, entendaient certes décorer leurs avions d'un peu

1. Personnage comique des contes arabes.

de féminité, mais voulaient éviter d'y perpétrer des attentats à la pudeur en embauchant des beautés trop aguicheuses. D'où le calibre moyen que je suis.

J'ai rempli le dossier que m'a tendu un employé coiffé du fameux keffieh à damier rouge et blanc. Mon écriture sans fautes n'a suscité aucune remarque, il m'a beaucoup jaugée du regard, demandé de prononcer quelques phrases en anglais. Après quoi, silence radio.

Je désespérais de recevoir une réponse lorsque mon frère Ali est venu agiter devant mes yeux une grande enveloppe estampillée des insignes du royaume d'Arabie. Je l'ai attrapé par le col :

— Donne-la-moi !

— Seulement si tu paies.

On me convoquait le lendemain au bureau de travail du consulat.

— Votre candidature est acceptée, félicitations, mademoiselle !

Je fus reçue par un autre monsieur au costume impeccable, portant la même coiffe attachée par un cerceau noir que je ne savais pas encore nommer. Il m'a tendu une chemise verte :

— Vous allez passer un mois de stage à Djeddah. Voici votre billet d'avion et le nécessaire en frais de séjour. (Il a ajouté :) Une fois votre stage terminé, nous vous dirons si vous êtes engagée ou non.

J'ai attrapé le bus au vol et j'ai couru chez moi. Je venais d'avoir vingt-cinq ans et une promesse d'avenir sous une chemise verte. Ma mère a pleuré. Je n'ai pas su sur le moment si c'était de me voir décrocher le boulot ou m'envoler loin du toit familial.

Après un baptême de l'air plutôt agité, les mauvaises conditions météorologiques s'ajoutant à l'humeur maussade des passagers – j'avais là une première démonstration de ce qu'allait être mon métier –, nous sommes arrivés à Djeddah. L'aéroport du roi Abdul-Aziz, à l'époque le plus grand au monde, s'étendait sur des dizaines de kilomètres et grouillait d'une foule telle que je n'en ai jamais vue. Je ne savais pas encore que c'est le lieu de passage vers les Villes saintes de La Mecque et de Médine et qu'il sert de gigantesque salle d'attente à des millions de pèlerins.

Sitôt sortie de l'avion, j'ai mis un foulard emprunté à grand-mère, qui l'avait elle-même reçu en cadeau de tante Fadéla lors de son pèlerinage à La Mecque. Une voiture m'attendait. J'ai tendu la main au monsieur qui m'accueillait, il s'est contenté d'une formule de salutation, levant à peine les yeux sur moi. Il m'a conduite en ville, à quelque trente kilomètres de l'aéroport, où il m'a déposée devant une sorte de résidence-hôtel où logeaient des hôtesses de l'air de toutes origines, basées dans le pays. Je me retrouvais donc dans une de ces forteresses appelées *compounds*, truffées de caméras de surveillance et de vigiles qui consignaient les entrées et sorties.

Ce fut le mois le plus studieux de ma vie. Chaque matin, on nous emmenait dans un bus vers une grosse bâtisse où des étrangers nous enseignaient le métier à l'aide de leçons théoriques et de vidéos. Il fallait aussi se coltiner la formation à la sécurité et au sauvetage, les cours d'anglais, les chapitres de culture générale avant d'en arriver aux règles essentielles à respecter dans le royaume :

— Interdiction de sortir en tenue indécente, de se trouver en compagnie d'un homme qui ne soit pas le père, le mari ou le frère. De consommer de l'alcool. De recevoir un homme dans sa chambre.

Je n'avais pas la tête à sortir, je n'avais jamais bu une goutte d'alcool au Maroc, je n'allais pas commencer en territoire d'Allah ! Je travaillais plus dur que les autres, je ne pouvais pas échouer, ma mère en aurait eu le diabète. En plus de galérer pour trouver un autre boulot, en cas d'échec j'aurais eu à subir les moqueries de tout mon quartier, et surtout la revanche des belles recalées qui feraient circuler sur moi des rumeurs ayant trait à la morale et aux mœurs. D'aucuns y croiraient nécessairement, tant il est répandu chez nous que toute jeune fille embauchée comme hôtesse de l'air chez les Arabes du Golfe est une putain.

Après le monde,
le huis clos des femmes de Djeddah

Vous vous demandez comment j'ai pu m'introduire chez Joumana et me lier d'amitié avec ces bourgeoises saoudiennes, je m'en vais vous le dire.

Au bout d'une année de bons et loyaux services sur la Saoudi Airlines, je suis passée chef de cabine et j'ai été affectée à la bisness classe, parfois aux vols VIP.

Je commandais à un troupeau de gazelles venues du Maghreb, d'Europe et d'Asie, cherchant qui de l'argent, qui de l'aventure, la plupart rêvant de faire la rencontre de leur vie. Mes frayeurs du début avaient disparu, j'avais apprivoisé les airs et m'étais faite à la vie intrépide du personnel naviguant, alternant les long- et les moyen-courriers, entre l'Europe et le Moyen-Orient, un jour à Milan, l'autre à Beyrouth, le lendemain à Paris. Je réglais mon sommeil selon les vols et je luttais contre le jet-lag, heureuse de regagner, après un presque complet tour du monde, le repos de mon appartement de Djeddah.

Au sol, je quittais l'uniforme pour l'abaya et je marchais derrière mes collègues masculins comme la consigne l'exigeait. Qui a dit que la soumission n'était pas dans les gènes des femmes arabes ?

Me voici en train de circuler entre les sièges sans trébucher, même par mauvais temps, un plateau à la main. Je distribue les « Oui, monsieur, oui, madame » à droite et à gauche, ce qui ne manque pas de plaire à mes chefs et aurait fortement déplu à mon père. Là aussi, il ne me fut pas difficile d'apprendre l'art de la servitude, c'est un exercice millénaire dans mon Maroc natal, il suffit de faire un effort de mémoire, les « moulay » et les « sidi » glissent entre les lèvres aussi facilement qu'un bonjour. Pauvre papa ! Je crois que ce sont ses origines algériennes qui l'ont mis sur une mauvaise piste. Il aurait dû se renseigner auprès de ma mère, une fassie pur jus, afin de comprendre que les Marocains de souche sont frappés du label de « docilité » et qu'ils perdent leur superbe chaque fois qu'ils se trouvent face à une couronne, fût-elle en toc. N'empêche. Je m'apercevrais avec le temps que je deviendrais fière de notre souverain et il m'arriverait d'insinuer à mes hôtes saoudiens les origines nobles de la famille royale, martelant que notre *Malik*[1] n'est pas moins commandeur des croyants que le leur !

Les consignes ont toujours été strictes en bisness. Le passager de première classe étant supposé de sang princier, grand politique ou simplement homme d'affaires, il faut obéir au doigt et à l'œil, multiplier les courbettes, le client est roi : la devise prend ici tout son sens.

— Voulez-vous boucler votre ceinture ? Nous allons atterrir, demandai-je poliment ce jour-là à un monsieur qui n'avait pas arrêté de me zyeuter.

C'était un vol Paris-Djeddah. J'inspectais les rangées pour vérifier si tous les passagers avaient bouclé leur cein-

1. Roi.

ture et baissé leur tablettes lorsque je vis une silhouette voilée de pied en cap se diriger vers un siège que j'avais vu occupé par une autre. Je me rappelais lui avoir servi un verre d'eau, et elle était habillée à l'occidentale, caraco et courte jupe rouge.

Je l'interpellai courtoisement :

— Madame, vous faites erreur, ce n'est pas votre place.

Elle m'a regardée dans les yeux avant d'ôter un pan du voile qui lui couvrait le visage :

— Ne vous inquiétez pas. Elle ou moi, nous avons la même place : il s'agit de la même personne.

J'ai vite compris ma méprise. Bien sûr que c'était la même personne, sauf qu'elle venait de se changer avant d'atterrir en Arabie. Je connaissais pourtant la pratique. A l'aller comme au retour, la plupart des dames changent d'apparence dans l'avion. « C'est magique ! On dirait que Dieu reprend les unes pour en remettre d'autres », s'amusait mon collègue Fouad. Le personnel navigant du monde entier sait que les jeunes femmes du Golfe montent voilées d'Arabie et descendent têtes découvertes dans les aéroports européens. Au retour, dans les toilettes, juste avant l'atterrissage, l'abaya glisse sur la minijupe ou la robe en stretch, le niqab se rabat sur le visage, et la passagère, qui, deux minutes plus tôt, le disputait en modernité aux filles des faubourgs parisiens, redevient une ombre noire. C'est, avec le passeport, la condition pour entrer en Arabie. Même moi, j'arbore le déguisement, sitôt arrivée au sol. Je ne suis pas obligée de mettre le hidjab, un long foulard convient, l'essentiel étant de dissimuler mes cheveux, parfois, la casquette du métier munie d'une écharpe autour du cou suffit.

En repassant dans le couloir, j'ai voulu m'excuser encore une fois. La passagère m'a lancé un regard complice avant d'interroger :

— Vous êtes marocaine ?

— Oui, *lella*[1]. A votre service.

— Les Marocaines sont exquises ! a-t-elle prononcé avant d'ajouter : Auriez-vous un magazine ? J'angoisse tellement au moment de l'atterrissage. Ça m'occupera l'esprit.

Je lui ai tendu *Sayyidati*.

— Non, plutôt *Paris Match*.

Je ne savais pas que les Saoudiennes lisaient le français. Elle m'a remerciée de son large sourire. J'en oubliai la requête d'un passager qui m'avait commandé de la lecture, lui aussi :

— Vous faites votre boulot ou quoi ? Je vous ai demandé un journal, alors exécution !

Le ton si discourtois m'aurait fait monter les larmes aux yeux une année auparavant. Depuis, je me suis faite aux injonctions de ces messieurs du royaume, même si mon visage trahit parfois mon agacement. C'est à cet instant que j'ai senti la main de la dame m'attirer vers elle et sa voix me chuchoter :

— Certains hommes sont d'une arrogance ! Ne vous en faites pas. Tous les Saoudiens ne sont pas comme ça. Tenez, dit-elle, avant de rabattre complètement son voile pour sortir de l'avion, je vous ai mis mon numéro de téléphone portable. Appelez-moi, quand vous voudrez.

1. Equivalent de « Madame » ou de « Votre Honneur ».

Et il en fut ainsi. Pendant que d'autres hôtesses de l'air, de repos après leur vol, n'avaient qu'une envie, se faire un plateau télé et paresser sur leur lit, j'ai pris l'habitude de téléphoner à Joumana dès que j'avais une journée libre. Elle m'envoyait son chauffeur, nous filions vers le quartier chic d'El-Hamra où elle réside. Je croisais du regard les hommes qui s'en allaient vers leur travail ou la mosquée et les baissais aussitôt. Je savais que l'épouse du secrétaire d'Etat avait mis ses bonnes à la tâche. Depuis le matin, elles ponçaient, secouaient les tapis, faisaient briller l'argenterie, s'activaient devant les fourneaux. Pendant que les femmes du reste du monde sortent travailler, la plupart des Saoudiennes se consacrent à l'unique tâche quotidienne qui leur est offerte : recommencer une journée confinée entre quatre murs en s'efforçant de la rendre aussi agréable que possible. Je m'enorgueillirais bientôt d'y être pour quelque chose.

Un quart d'heure plus tard, j'arrivais chez Joumana pour n'en repartir qu'à la tombée du jour, après que la maîtresse de maison m'avait fait jurer de rester dormir chez elle à ma prochaine visite : « Voyons, une femme seule dans un appartement, ça ne se fait pas ! » Et que Farah ou Soha avaient insisté : « Rapporte-nous des nouvelles du monde, toi qui as la chance de voyager tout le temps. Au moins, ce sera plus vrai que ce que nous raconte la télé ! »

A chaque retour chez Joumana, j'avais l'impression, passant le seuil, d'entrer dans un film égyptien : tapis au kilomètre, escaliers aux rampes dorées donnant sur le salon, larges baies ouvertes sur un jardin à kiosques et coupoles qui ne laissaient pas de m'impressionner. Je pensais alors aux palais qui courent sur les hauteurs de Casa ou de Tanger et que les habitants de nos bidonvilles longent la tête basse, l'échine courbée. Ils appartiennent pour la plupart à des princes d'Arabie. Certaines de mes copines avaient réussi à s'y introduire. Mais tout le monde en connaît le prix. Il se murmure, en effet, que ce sont là des lieux de perdition où l'on aime déflorer les fillettes qu'on ne manque pas de dédommager grassement, après.

Joumana m'attirait à elle pour m'embrasser goulûment. Elle était le plus souvent vêtue d'un jean et d'un tee-shirt sans manches. L'harmonie de ses formes et la fierté de son maintien lui donnaient un air élancé et faisaient oublier sa petite taille. Ses cheveux courts et d'un noir de jais encadraient joliment son visage, tout en accentuant la vivacité de son expression. Elle annonçait :

— Nos amies ne vont pas tarder à arriver.

Peu à peu, s'était atténuée l'impression que j'avais eue au départ d'un univers où s'ennuient des mortes-vivantes, pour laisser place à une constatation plus supportable : ces épouses s'accommodaient pour la plupart de leur condition. A force de ruses. Sauf, me semblait-il, Joumana, qui me paraissait lovée sur une révolte et ne pas savoir comment contrôler le flot de sa fureur.

J'allais constater que Joumana était la plus éduquée et la plus savante du groupe. Dans sa famille, on l'appelle « le garçon manqué », en raison de son caractère affirmé, de ses réflexions jugées trop masculines et parce qu'elle aimait s'afficher sans un brin de maquillage. « J'ai donné vie à un monstre », se moque d'elle sa mère, avec l'air de penser le contraire.

Le mariage de Joumana avait été conclu grâce à la complicité qui liait sa mère et sa future belle-mère. Issues de la même tribu, les deux femmes étaient amies depuis toujours.

Mariées très tôt sans leur consentement, portées dans leur jeunesse par un même sentiment d'injustice concernant le sort fait à leur sexe, elles s'étaient arrangées pour que le fils de l'une épouse la fille de l'autre. L'union fut une réussite et l'époux de Joumana, Abdallah, ne fut ni étonné ni contrarié de se trouver sous le toit d'une féministe qui avait l'avantage de ne pas être laide. Il avait étudié aux Etats-Unis et pouvait concevoir de lier son destin à une compatriote qui s'était obstinée à sacrifier l'atout suprême de la féminité : la chevelure. Joumana s'était coupé les cheveux, comme ça, par provocation, parce qu'elle ne comprenait pas pourquoi ces messieurs tiennent tellement à couvrir les tifs de leurs femmes.

— Pour qu'ils soient seuls à en profiter, prétend Soha.

— Parce que c'est dans le Coran, proteste Salma.

Joumana n'avait qu'une envie : exercer un métier, sortir, montrer que les femmes ont une tête et pas seulement un ventre. Fille unique, elle avait étudié à l'université de Damas où son père était diplomate, mais elle avait dû rentrer au pays pour se marier et elle se vit contrainte de rester au foyer. Travailler signifie être dans le besoin, une honte dans les milieux huppés d'Arabie. Lorsque son mari, sous la pression de son propre père, lui avait enjoint de ne pas travailler, elle avait menacé de se séparer de lui et de retourner vivre chez ses parents, ce qui était un scandale. Un divorce aurait jeté le discrédit sur les deux familles.

Elle avait changé de tactique et menacé de quitter Djeddah pour retourner à Damas, voire s'installer à Bahreïn ou au Koweït afin de pouvoir exercer un métier, sans forcément divorcer. Abdallah avait trouvé moyen de l'associer à un de ses amis à lui qui exerçait dans l'immobilier et avait mandaté auprès d'elle un Libanais pour servir d'intermédiaire dans toutes les tractations. Le Libanais était le seul étranger à la famille que Joumana avait l'autorisation de rencontrer, voilée évidemment.

Joumana raconte que son mari se moque d'elle en affirmant qu'elle peut toujours rêver, même si elle était ministre un jour, elle ne pourrait pas conduire une voiture. C'est ce paradoxe qui la fait enrager. « Et, de toute façon, tu ne seras jamais ministre », la taquine-t-il. Ce à quoi elle répond : « Alors, qu'on me laisse conduire une voiture ! »

Elle ajoute à notre adresse :

— Si, au moins, je pouvais voir un film, écouter un concert, l'envie de travailler me passerait. Mais rien !

Et la voilà qui soupire sur un ton désespéré en me prenant à témoin :

— Que veux-tu faire quand tu es interdite de conduire, de sortir sans voile, de travailler, de voyager sans un gars qui te colle aux fesses, d'accéder aux soins médicaux sans l'autorisation d'un membre de ta famille ? Tu peux crever, personne ne te sauvera, si l'homme n'en donne pas l'ordre.

— N'empêche, rétorque Salma, tu n'arrêtes pas d'exiger de ton mari des choses impossibles. Un jour, tu veux qu'il s'arrange pour demander au roi la permission pour les femmes de conduire. Un autre de se rendre à La Mecque sans l'autorisation du *muhrim*. Tu ne te rends pas compte de ton inconséquence !

Ce genre de commentaires finit généralement par la mettre dans de violents accès de colère contre les siens :

— Ils nous font honte devant la terre entière ! Ils roulent dans des voitures américaines avec une mentalité du Moyen Age. Ils prennent l'avion sous prétexte de négoce et emploient leur temps à trousser les filles. Comme si elles étaient leur trophée de guerre. Et notre argent, où il va notre argent ? Au lieu d'éduquer leurs gamines, ils le dépensent dans les casinos et les soutiens-gorge des putes russes et polonaises. Vous appelez ça des musulmans, vous ? Et, de l'autre côté, ils entretiennent un cheptel de femmes, qui ne peuvent pas décider, pas voter, pas travailler, pas faire un pas sans un mec dans le dos. Le peuple qui dit Non aux femmes, tu connais ? Eh bien, c'est le nôtre !

— Arrête de te plaindre et ne sois pas si méchante avec nos hommes, rétorque Soha. Ils ne veulent que notre bien. S'ils refusent qu'on travaille, c'est pour notre santé et parce qu'ils s'y connaissent mieux que nous. S'ils nous voilent, c'est pour notre dignité, pour qu'on ne nous embête pas dans la rue. Sans compter qu'ils nous gâtent, ils nous achètent tout...

— Ça, c'est vrai, qu'ils nous achètent les voiles qu'on veut, les portables qu'on veut, les bonnes qu'on veut ! Il ne nous manque que des laisses en strass pour nous conduire faire un petit tour comme les animaux !

— Ce n'est pas leur faute. C'est le Coran qui a dit ça.

— Cesse de nous dire chaque fois que c'est le Coran, Salma ! crie Joumana. Le Coran n'a jamais dit ça. Ce sont les hommes qui lui font dire ce qu'ils veulent. Et même s'il le disait ! Le monde change, nous n'allons pas croupir dans nos prisons, accepter d'être considérées comme des êtres inférieurs, obéir à des maris. Même s'ils sont stupides ou borgnes, sous prétexte qu'ils sont des hommes, ils doivent nous commander, tfouh !

J'opine de la tête, en accord avec Joumana. Mais je m'efforce de ne pas tomber dans le piège de prendre parti, car cela reviendrait à juger leur pays.

Au chapitre des bonnes

Il nous arrivait parfois de sortir en ville. Nous pouvions déjeuner dans les *family corner*, ces restaurants destinés aux familles : on s'isole dans des box fermés par un rideau et l'on appelle par une sonnette un garçon qui ne lève jamais le regard sur vous. Mais il nous était plus commode de nous retrouver chez Joumana. Je fus étonnée assez vite cependant de n'y croiser d'autres femmes que ses proches habituelles. Tenait-elle à garder jalousement mon amitié au sein de notre cercle, ou avait-elle reçu consigne de garder secrètes mes visites ? Etait-ce son vœu personnel, ou un pacte qu'elle avait scellé avec Farah, Soha et Salma : ne pas me montrer à leur entourage ni m'exhiber pendant leurs fêtes familiales ?

Seule certitude, il me fallait prendre définitivement le parti d'évoluer dans un espace où le mâle était banni. Même les enfants de sexe masculin continuellement gardés par les nounous n'accompagnaient pas leur maman. Cela me changeait du Maroc où, s'il arrive que les hommes soient exclus de certaines de nos conversations, il se trouve toujours un cousin qui nous tient le crachoir, un collègue qui nous croise, un patron qui nous toise, un mari qui taquine les amies de sa femme, un frère qui nous crache dessus, un marchand qui nous fourgue ses pacotilles davantage pour mater que pour gagner sa vie, l'espace des femmes n'étant plus sacré depuis belle lurette.

Par conséquent, il me fallut du temps pour intégrer cette spécificité saoudienne, me répétant chaque fois : en Arabie, les hommes, tu oublies !

Pendant les cinq années où j'ai vécu en grande partie dans ce pays, j'ai évité de me lier d'amitié avec les hommes saoudiens. Qu'il s'agisse de collègues ou de simples passagers, une fois hors de l'avion, je ne leur adressais plus la parole. J'étais encore moins tentée de vivre une aventure avec l'un d'eux, je connaissais trop les châtiments réservés à ces imprudences.

Nous devisions des heures durant, au milieu du ballet incessant de servantes, souvent postées derrière la porte du salon, attendant le signal de la maîtresse de maison. Au début, j'observais beaucoup plus que je ne parlais. Je sentais que mes hôtesses avaient parfois des moments de réserve à mon égard, que je ne m'expliquais pas et qu'elles manifestaient par des silences signifiant la ligne à ne pas franchir. La conversation tournait alors sur la cuisine et, plus souvent, sur les bonnes, sujet aussi récurrent que la pluie et le beau temps sous d'autres cieux.

D'ailleurs je n'y ai jamais autant entendu parler des bonnes, alors même que je croyais ce genre de discussions spécifique aux Marocaines. Mes compatriotes huppées ou moins huppées disposent souvent de bonnes, à domicile ou non, rurales ou citadines. Lesquelles les volent, les insultent, draguent leur mari, cèdent à leurs avances, consentantes ou forcées, tombent enceintes et se voient renvoyées. Mes compatriotes aisées ont la fâcheuse manie d'occuper leur soirée de propos sur les domestiques, qui se figurent être les patronnes, qui veulent s'habiller et se maquiller comme elles. Ou bien les rebelles qui, depuis quelques années, préfèrent partir trimer dans les usines ou faire les vendanges, plutôt que de servir de bonniches, rien n'est moins sûr pour trouver un mari. C'est un sujet de discorde courant entre ma sœur Sana qui soutient le camp des bonnes, sa belle-mère qui les méprise et Nora que cette dernière enrage :

Sana : Vaut mieux pour elles être libres. Sortir, porter un sac, se promener en ville, c'est ce qu'elles veulent et je les comprends.

La belle-mère : Sauf qu'elles ne sont pas payées pour ça.

Nora : En sortant, elles ont l'occasion de rencontrer des hommes et de trouver parmi eux le futur mari. Ce n'est pas pour rien qu'elles préfèrent prendre les transports publics. Le bus, c'est leur chance à elles.

Sana : C'est normal, il faut bien qu'elles se marient, elles aussi.

La belle-mère : Il fut un temps où les bonniches naissaient et mouraient dans la maison de leurs maîtres. Elle n'avaient pas d'autre vocation que de les servir.

Sana : L'esclavage est fini, belle-maman !

Chez Joumana, c'est le même sujet à la puissance dix. Pour la simple raison que les Saoudiennes riches possèdent, non pas une ou deux bonnes, mais une ribambelle de jeunes femmes de toutes nationalités, philippine, soudanaise, érythréenne ou égyptienne. Ajoutez à cela une condition d'esclave à la puissance dix et vous aurez le fin mot de la discussion.

Je connus très vite l'histoire de Safié. Un jour que j'arrivais en avance chez Joumana, la jeune femme qui parlait mieux que moi l'anglais m'introduisit au salon. Je la retins un moment pour converser avec elle, consciente que ce n'est pas la tradition dans les familles saoudiennes bourgeoises chez qui on ne s'abaisse pas à bavarder avec le personnel.

Safié m'apprit qu'elle venait des Philippines, où elle avait laissé derrière elle ses parents, un mari impotent et quatre enfants, dont elle avait la charge. Elle était arrivée dans un convoi de femmes cherchant du travail comme elle. Elle devait payer quelque deux cents riyals par an à son *kafil*, celui qui se porte garant de son séjour. J'ai pensé que ces gens étaient considérés comme des enfants mineurs, à moins qu'on ne les traitât comme jadis les *dhimmi*, ces non-musulmans en terre d'Islam, considérés comme vulnérables ou faibles et que l'on protégeait contre rémunération.

Safié m'apprit qu'elle connaissait d'autres compatriotes venues en couple mais dont les enfants n'avaient pas le droit d'aller à l'école saoudienne et suivaient leurs scolarité dans des écoles privées non mixtes tenues généralement par des Levantins. Elle se tut en voyant arriver Joumana. Je me demandai soudain comment mon amie qui passait son temps à fustiger sa condition était si peu capable d'avoir conscience de plus opprimée qu'elle à moins que la discrimination entre les sexes ne lui fît oublier celle, aussi flagrante, entre les classes.

Il arrivait souvent que, après le chapitre des bonnes, mes amies commencent à parler de leur vie privée, sans retenue, de leurs combines et de leurs stratégies, donnant alors l'impression d'être les vraies maîtresses tout autant de la conversation que de leur destin.

Une chose est sûre, cependant. A l'origine de leur imagination débordante et de leurs histoires sans fin, il y a l'ennui. Peu de sorties, peu de loisirs à leur disposition, peu de tâches domestiques, peu de temps avec leurs enfants dont s'occupent les nounous, des maris au travail ou en voyage. Elles passent leurs journées à se pomponner et à recevoir. Une vie sans surprises, ni nouveautés, un séjour l'hiver dans un pays du Moyen-Orient, une villégiature l'été à Londres, à Genève ou Paris.

Je n'allais donc pas tarder à comprendre qu'il me revenait d'égayer leur morne existence et que, en contrepartie de l'hospitalité qu'elles m'offraient, je me devais de glaner ce que j'apprenais, voyais et rencontrais ailleurs. Ce serait au moins ça de gagné pour leurs après-midi à fumer le narguilé devant la télé. Joumana me dirait plus tard que les rares moments où le petit écran était éteint correspondaient à ceux où je revenais parmi elles. « Pour le reste, que veux-tu que nous fassions sans télé ? Pas de cinéma, pas de théâtre. Et le shopping, il y en a assez ! » Que je sois marocaine n'enlevait rien à mes attraits, bien au contraire, comme je l'ai déjà signalé plus haut. Je n'échappais pas à la réputation faite aux femmes de mon pays que l'on se représente ici, non seulement en magiciennes attitrées, mais en expertes patentées du sexe. Le Maroc fascine les Saoudiennes qui y voient un mélange de vice et de vertu, de séduction à l'occidentale et d'intrigues de harem, le cocktail amoureux le plus dangereux de la terre. « Votre pétrole à vous », selon l'expression de Farah.

L'engouement que je suscitais passerait un jour, me disais-je en moi-même, et le plaisir de ma compagnie s'évanouirait. Mais, pour le moment, je suis l'oiseau rare, la femme qui débarque d'un pays de liberté ou supposé tel, qui connaît le monde, ses usages, son tempo, ses tendances, ses hommes.

Il me fallait donc déployer la parole sur le livre du monde, comme un prestidigitateur sa paume sur l'oiseau magique.

Des dangers du regard

Nous voici installées dans le salon qui occupe la moitié d'un stade de foot, rappelez-vous, situé de l'autre côté du *majlis*, le salon des hommes. Chacune de nous a désormais sa place réservée, moi au milieu, sur un authentique fauteuil Louis-Philippe, à siroter le fameux Vimto[1]. Je connaissais le goût des riches du Golfe pour les imitations des meubles occidentaux et leur passion pour les dorures, m'en voilà convaincue. Mais ce qui m'étonne également, c'est que les Marocains se sont mis à meubler leur intérieurs de la même façon. Fini les tables basses, les salons qui courent le long des murs agrémentés de poufs, coussins et tapis aux motifs berbères, bienvenue aux canapés en faux cuir, aux formes tarabiscotées et aux motifs grossiers. Les films égyptiens sont passés par-là, aussi. Je prends conscience que mon Maghreb est en train d'abandonner les délicatesses de l'aristocratie française pour le faux baroque des monarchies du Golfe.

Comme de coutume, je suis introduite par la porte réservée aux femmes, précédée par Aya, une Soudanaise qui parle

1 Jus à base de framboise.

un arabe presque littéraire. Et, tout à l'heure, lorsque je sortirai, Seddik l'Indien, posté devant un portique à l'extérieur, en avertira presque tout le quartier, chassant de droite et de gauche les garçons comme on le ferait pour des mouches, de façon qu'aucun regard masculin ne se pose sur moi. Je m'amuse au fond de cette perte incroyable de temps. C'est une pratique tombée en désuétude au Maroc – au grand dam de grand-mère – et que je n'ai jamais connue dans nos grandes villes. Son côté vain me frappe : que se passerait-il si le regard d'un homme me tombait dessus ?

Tout naturellement, la conversation s'engagea sur le regard :

Moi : Il ne va tout de même pas déshabiller une femme !

Salma : Et comment ! Sais-tu que dans notre religion le regard est très important ? Et c'est un péché de trop regarder.

Soha : Exact. Il est demandé aux croyants, hommes et femmes, de baisser le regard. C'est notre pudeur et notre respect pour l'autre.

Joumana : N'exagérons rien ! On peut se regarder entre sexes sans se manquer de respect, ou se convoiter.

Soha : C'est que tu mésestimes la force du regard, ma chérie. On dit bien « caresser avec le regard ». Et vous connaissez toutes le poème : « Un regard, puis un toucher, puis un baiser. » Rien ne commencerait sans l'invite des yeux.

Farah : Il y a des hommes qui ont le regard tellement insistant, tu jurerais que, s'ils continuent, ils te feront tomber enceinte !

Salma : Un regard qui ferait l'amour, moi, si c'était vrai, je l'aurais su depuis longtemps !

Nous nous sommes tues en voyant arriver Iqbal. Si la jeune fille semble assez complice de sa tante – peu portée sur les conventions – pour être autorisée à parler de ses amours platoniques, les adultes ne se permettraient pas d'aborder les choses du sexe devant elle.

De fait, Iqbal est tombée amoureuse d'un jeune homme habitant l'immeuble d'en face, aussitôt qu'elle l'a vu. Il avait donc suffi d'un regard ! Les jours suivants, le garçon, alerté par je ne sais quel sens qui renseigne sur les maladies d'amour, a pris coutume de s'installer devant sa fenêtre pour regarder l'étudiante passer. Elle partait à son cours, son corps dissimulé sous l'abaya, son visage découvert, et elle était suivie par un des gardes de Joumana. Jusqu'au matin où il a laissé tomber un papier à ses pieds. Il y avait inscrit son adresse Internet.

Ainsi naquit un amour de plus dans un coin de la Toile.

Progressivement, j'enrichissais mon apprentissage de la mentalité saoudienne auprès de mes amies, j'apprenais surtout à ne pas commettre de faute qui pourrait me faire repérer par les *mutawwa*, ces religieux qui surveillent le bon ordre moral de la cité.

Il faut s'abstenir de parler aux hommes, ça, je le savais, éviter de les frôler. Dans l'ascenseur, je me dois de ne jamais lever le regard sur un homme, ni le saluer. Un « bonjour » est une drague. Un sourire, c'est de la grosse artillerie, autrement dit une provocation claire et nette. Accepter un rendez-vous ? Rien de moins qu'un acte de prostitution. Que restait-il à faire ? Tout, prétendait Farah, à condition que personne ne le voie, la rue étant faite pour les hommes, le reste de la terre pour nous. Je trouvais le comportement un peu hypocrite, mais Joumana soutint qu'on n'agissait pas autrement au Maroc et que, même si mon pays ne prétendait pas être un champion de la morale, tous les musulmans agissaient selon l'adage : « Acquitte-toi de tes devoirs envers Allah et, pour le reste, éclate-toi, mais en cachette ! »

— Exactement comme je le fais, conclut Farah avec son rire roucoulant. Vous devriez toutes prendre exemple sur moi !

Et ses doigts bagués ont lissé avec grâce sa crinière rousse.

J'admirais la légèreté de Farah, son caractère marqué par l'humour, son appétit de vie qui ne renseignait pas sur ses malheurs passés. C'est Joumana qui me les a racontés un jour que nous nous étions retrouvées seules. Farah avait été mariée à treize ans à un cousin qui avait l'âge de son père et déjà deux épouses. Afin d'échapper à cette union qu'elle honnissait, elle avait fait plusieurs tentatives de suicide. Chaque fois, elles n'aboutissaient qu'à des séjours à l'hôpital et, chaque fois, la famille parlait de ses « abus de médicaments ». Après son mariage, son époux l'avait installée dans une aile de son palais et tenté de l'amadouer. Elle faisait tout pour l'énerver, continuant à jouer à la petite fille, prenant ses jambes à son cou lorsqu'il voulait la pousser au lit. Plus elle grandissait, plus elle exigeait des domestiques et en disposait. Elle avait demandé à reprendre ses cours d'anglais, commencés chez son père par correspondance, et embauché une dame libanaise à cet effet. Si elle y trouvait de quoi s'occuper, elle ne cédait pas pour autant à la volonté de son mari qui la harcelait sans cesse, s'étant persuadé qu'il la préférait à ses autres épouses, pour la simple raison qu'elle ne voulait pas de lui. Alors, devant son obstination à le rejeter, il avait monté contre elle ses concubines et il se mit à lui infliger des coups de fouet quand elle se refusait à lui.

Elle avait accouché d'un garçon le jour de son quinzième anniversaire. Trouvé une raison de vivre à pouponner, ne sortant que très rarement, décidée à tout endurer, pour son petit Rachid. Celui-ci venait d'avoir dix ans quand le mari décéda d'un cancer de la prostate. Elle revint dans la famille de son père, comme le veut la tradition, mais refusa d'entendre parler remariage. A trente ans, s'estimant prête pour affronter le monde, elle exigea d'habiter seule avec son fils, résolue à rattraper les années d'enfermement et de frustration qu'elle avait endurées. Personne n'eut rien à y redire, tout le monde ayant fini par savoir et reconnaître le calvaire qu'elle avait subi. Mais personne ne pouvait non plus imaginer l'ampleur de sa liberté future, dont seul le cercle de Joumana, sa cousine par alliance, avait connaissance.

Et cette liberté, c'est la deuxième guerre du Golfe qui allait la lui offrir, en ramenant au royaume de nombreux exilés, irakiens pour la plupart, plus beaux les uns que les autres, lesquels allaient garnir son carnet d'adresses et tromper son ennui. Beaucoup d'histoires d'amour sont nées d'ailleurs à cette époque où les événements « politiques » fissuraient de jour en jour la société traditionnelle et ouvraient le pays à l'épreuve de l'étranger. L'épreuve était d'autant plus menaçante que l'étranger en question ne l'est pas vraiment, puisqu'il appartient à la *oumma*, la communauté des musulmans. Des amants, Farah allait en avoir de quoi prendre sa revanche sur le passé.

Elle n'avait pas forcément besoin de voyager pour s'envoyer en l'air. Avait ses façons de draguer et ses ruses pour piéger les hommes. Il lui suffisait de glisser un numéro de téléphone à celui qui lui plaisait sans que personne ne s'en aperçoive ou de lui envoyer une émissaire de sa propre famille. Le lèche-vitrines lui permettait d'observer ceux qui passaient dans son dos et elle s'arrangeait pour les attirer par quelques clins d'œil ou un mot rapide. Le pèlerinage à La Mecque la comblait, elle pouvait y trouver autant d'amants qu'elle le désirait, de toutes les nationalités qui plus est, elle se débrouillait pour les rejoindre dans leur hôtel en se faisant passer pour leur femme. Elle n'avait pas besoin de parler leur langue, elle voulait juste voir leur bijou, disait-elle, monter au septième ciel, sans avoir à donner de justifications.

C'est ainsi qu'elle nous raconta que les pèlerins indiens sentent les épices, les Noirs la brousse, que les Egyptiens se croient les pharaons du zizi et que les Iraniens chiites affirment battre les Arabes sunnites sur les affaires du sexe.

— Je vous donne quelques clefs, au cas où l'une de vous voudrait faire comme moi, proposa-t-elle. Se promener en voiture est une garantie de sécurité, la police religieuse se hasarde rarement à vous arrêter. Se retrouver dans un centre commercial. Jamais s'isoler. Il faut se mettre au milieu de la foule, déambuler le plus naturellement possible, être vigilante pour ne pas tomber sur une connaissance.

Une fois où elle s'était fait surprendre par la police religieuse dans la rue, son galant du moment, un homme aguerri, avait su réagir. Il s'était avancé vers le *mutawwa* et l'avait fermement interpellé :

— Vous n'avez pas honte de regarder ma femme ?

Le policier s'était confondu en excuses avant de s'éloigner.

— Il y a des lieux où l'on peut s'aventurer avec un amoureux sans un certificat de mariage. Les hommes n'y ont accès qu'en compagnie d'une femme. Quand ils n'en ont pas, ils louent les services d'une domestique pour y entrer. Ensuite, à eux de trouver l'âme sœur à l'intérieur.

Farah se prêta au jeu des réponses sur un autre sujet qui m'intriguait personnellement :

Moi : Que font les jeunes hommes de leur journée quand ils ne sont pas au travail ou à la mosquée ?

Farah : Ils roulent en voiture, déambulent dans les centres commerciaux pour reluquer nos chevilles, sévissent dans les aéroports pour voir débarquer les étrangères à la tête découverte.

Moi : Je veux dire quand ils ont envie d'avoir un rapport sexuel ?

Farah : Ils se filent les adresses de prostituées asiatiques, ou ils s'aiment entre eux.

Salma : Quoi, ce n'est pas possible ! Pas « ça » chez nous, arrêtez de blasphémer.

Soha : Si, si, ma chérie. Certains de nos hommes recourent à l'homosexualité comme à un coupe-faim, quelque chose qui leur fournit du sexe en attendant de convoler avec une femme.

Farah : Je peux vous indiquer un café au nord de la ville où ces mignons se retrouvent. Beaucoup d'entre eux font partie de nos compatriotes revenus des Etats-Unis après le 11 Septembre.

Salma : Et s'ils se font prendre ?

Farah : On ferme l'œil. Surtout s'il s'agit de garçons bien nés.

Joumana : Et les filles, comment font-elles ?

Farah : Elles sont censées rester sages jusqu'à leur mariage.

Iqbal arriva chargée de ses livres, le regard absent.

Nous nous regardâmes, gênées, craignant que la jeune fille n'ait entendu les propos de Farah et n'ait cru qu'ils la concernaient. Mais elle ne sembla pas prêter attention à notre conversation, enleva son abaya, reprit ses livres sous le bras et monta dans sa chambre.

La discussion tourna autour de l'amitié.

Soha : Peut-il y avoir une amitié entre un homme et une femme ?

Salma : Non, puisque chaque fois qu'un homme est en présence d'une femme, le diable est le troisième invité. Personnellement, je ne peux pas imaginer que les hommes puissent regarder sans ressentir du désir. Par conséquent, s'il n'est pas possible d'être en présence d'une femme sans avoir envie de coucher avec elle, l'amitié ne peut pas exister.

Soha : C'est vrai. A partir du moment où une femme n'est pas de ta famille, tu la veux. Tous les hommes ne rêvent que de ce qui leur est défendu.

Farah : Et puis, Dieu a fait la femme pour être aimée.

Joumana : Il n'a pas dit qu'elle est un sexe seulement.

Salma : Non, mais Il a insinué que tout ce qui est en elle incite au désir, y compris sa voix.

Joumana : C'est vrai, ça fait bander, la voix d'une femme !

Soha : Et comment ! J'avais un cousin qui me racontait que, chaque fois qu'il entendait une voix féminine, il était obligée d'aller se purifier.

Joumana : Et pourquoi les Anglaises, par exemple, ne font pas bander les Anglais quant elles parlent ?

— Les Anglais ne sont pas des frustrés comme les Arabes, a lancé Iqbal en redescendant l'escalier pour venir se joindre à nous.

Nous changeâmes de sujet. Salma raconta alors l'histoire de sa tante dont le mari venait de prendre une deuxième épouse et qui en avait contracté une dépression. Farah répliqua qu'on ne pouvait s'attendre à une autre issue pour une femme qui, certes, était jolie et droite, mais qui n'était pas marrante pour un sou, qui n'arrêtait pas de récriminer, de faire des reproches à son mari, tu voyages trop, tu m'achètes pas ci, tu me fais pas ça. C'est normal, les femmes acariâtres finissent par lasser.

— Mais ce n'est pas leur faute a protesté Soha, comme si elle s'était sentie visée. Les femmes deviennent acariâtres à force d'être confinées dans leurs maisons à tourner en rond et à ne rien faire. Elles s'ennuient, les pauvres ! Au moins qu'elles engueulent leur mari un peu, quoi !?

— Ta tante n'a qu'à changer de tactique, a conseillé Farah à l'adresse de Salma : demander à son chéri de la sortir contre une humeur plus joyeuse, de lui acheter un bijou contre une petite caresse, de l'emmener à Beyrouth pour se faire refaire le caractère !

Rêves de Saoudiennes

Iqbal semblait toujours absente, loin de nous, même quand elle assistait à nos conversations qui, parfois, la concernaient.

Joumana : Au lieu de rêver, tu devrais penser à tes études, Iqbal.

Farah : Laisse-la tranquille. De toute façon, à quoi ça sert d'étudier ? Le diplôme ne lui sera pas utile pour mieux faire l'amour ni la cuisine et les femmes diplômées font peur aux hommes. On dit qu'elles deviennent moustachues à la fin du parcours universitaire. Alors, il faut se marier.

Soha : Et très vite ! A partir de vingt-cinq ans, une femme est vieille et devrait se hâter de trouver un homme qui ne soit pas déjà flanqué de deux concubines et d'une demi-douzaine de gamins.

Salma : Il faut avoir des enfants aussi. C'est le plus important dans la vie, sinon tu es une plante stérile. Et aucun métier ne vaut celui de maman.

Joumana (fâchée) : Pendant ce temps, laissez vos hommes circuler librement ! Laissez-les voyager, travailler, batifoler en toute liberté. Vous n'êtes que des imbéciles !

Soha : Et tu espères peut-être mettre fin à leur liberté ?!

Joumana : Moi, au moins, je ne me tais pas.

Soha : Ah, ça ! On le sait. Tout Djeddah chuchote que tu passes ton temps à rédiger des doléances au roi… Et ton pauvre mari qui accepte de les faire parvenir !

Joumana : Si ça ne plaît pas à Abdallah, il n'a qu'à changer d'épouse !

Farah (en empoignant sa cousine pour lui plaquer une grosse bise sur la joue) : Pas la peine, il lui suffira de t'en imposer une deuxième.

Joumana (en l'embrassant à son tour) : Qu'il le fasse et il verra !

Salma : C'est ça ! Tu vas peut-être lui intenter un procès et le mettre en prison.

Et, soudain, Salma a commencé à parler de son mari. Tellement pudique qu'il lève rarement les yeux sur elle. Même dans la rue, il prie pour ne pas croiser une femme. La vue d'une *horma*[1] le souillerait, prétend-il. Son père l'a élevé ainsi. Un papa si pieux et si sévère que, quand sa femme était obligée de répondre à un étranger, elle se mettait une pièce de monnaie dans la bouche pour modifier sa voix.

— Oh, ce n'est pas d'un homme comme ça que je rêve, a prononcé Iqbal.

Une fois la jeune fille repartie, je profitai de l'occasion pour demander à mes amies à quoi elles rêvaient, justement. Je ne m'attendais point à une telle avalanche de réponses.

Joumana : Je rêve qu'un homme me regarde dans les yeux. Qu'il ne passe pas à côté de moi comme s'il passait à côté d'une chose. Je rêve de marcher à côté de mon mari, et pas derrière lui.

1. Femme.

Salma : Je rêve d'un baiser furtif dans une salle obscure, d'un rendez-vous galant sur un banc public, d'un bras dessus bras dessous au milieu de la foule, d'une baignade à deux au milieu de l'océan.

Farah : De frôler un homme sans que ce soit interprété comme un crime, de le regarder sans qu'on m'accuse de forniquer avec les yeux, de lui adresser la parole sans être traitée de pute.

Soha : Je rêve d'aller une fois au cinéma, d'écouter Amrou Dhiab au milieu des hommes, de me promener les cheveux au vent.

Farah (le regard brillant, comme si énoncer ses rêves les lui faisait vivre en partie) : Je rêve d'embrasser sur la bouche un homme que j'aime au vu et au su de tous, de me frayer un chemin dans la foule sur des talons hauts et une minijupe, de boire une coupe de champagne à la santé de l'humanité entière.

Soha : Je rêve d'un époux qui reste à la maison et qui passerait sa journée à me préparer la cuisine, à me faire les ongles, la teinture des cheveux, et l'amour bien sûr.

Je remarquai que Soha n'envisageait plus sa passion d'autrefois dont elle nous entretenait régulièrement, celle d'une carrière de zoologue. De toute évidence, son rêve avait laissé place à un autre : garder son époux pour elle toute seule.

Soha (les doigts caressant le creux entre ses deux seins au galbe parfait) : Je ne suis pas militante, mais je rêve de situations étranges : des femmes polyandres, des hommes lapidés, des hommes voilés, on rirait tellement…

Salma (prise d'un accès de lucidité sérieuse) : Si vous continuez de rêver de la sorte, vous finirez comme des mécréantes. De quoi vous plaignez-vous ? Vous êtes traitées comme des reines, vous ne touchez à rien, on pourvoit à vos besoins et on élève votre progéniture, que voulez-vous de plus ?

Joumana : Ce que nous voulons ? Vivre, tout simplement.

Salma : La vie est dans les mains de Dieu.

Joumana : Mais Il a permis qu'elle soit un peu dans les nôtres, non ? Vivre, cela veut dire être libre.

Salma : A quoi te sert une liberté qui peut t'exposer à la misère et à la solitude ?

Joumana : A décider par moi-même et à me sentir maîtresse de mon destin.

Salma : Tu finiras plutôt malheureuse, à dévoyer ton corps et ton âme.

Il me faut avouer que je ne me sentais pas toujours à l'aise dans ces conversations qui opposaient régulièrement mes amies. J'hésitais entre la compassion pour leurs conditions de vie et l'exaspération de les voir tout endurer sans lever le petit doigt, Joumana exceptée.

Parfois, un drôle de djinn me soufflait qu'il fallait les pousser à la révolte, leur inculquer le virus de la contestation, déplorer leur mièvrerie, leur mettre le nez sur la mauvaise image que renvoie leur pays. Je renonçais à le faire, les lois de l'hospitalité m'empêchant de prendre parti ou de parler comme une suffragette.

Toutefois j'espérais, au moins, qu'elles mesuraient la vertigineuse liberté dont bénéficient d'autres femmes ailleurs. Or, elles rechignaient à louer la condition des Occidentales, les estimant sans foi ni loi, dénuées du moindre sens de la famille, obnubilées par leur carrière ou juste bonnes à faire fantasmer les mâles saoudiens, à peu de frais, d'ailleurs, puisque ces derniers ne consentiraient jamais à en faire des épouses légitimes.

Je m'aventurais à expliquer que, en Occident, tout le monde a la liberté de ses choix, les femmes le droit d'aimer ou de tromper sans courir le risque d'une lapidation, que l'infidélité est un moindre mal par rapport à la polygamie que certains considèrent comme de la prostitution légalisée. Salma agitait ses mains baguées en protestant, la polygamie oblige l'homme à prendre en charge la femme, à donner son nom aux enfants et à être équitable entre ses épouses, rien ne garantit ça chez les étrangers, c'est la jungle absolue ! Et Soha de renchérir que les femmes ne peuvent pas avoir plusieurs hommes à la fois, pour la simple raison que personne ne sera en mesure de connaître l'identité du père si elles tombent enceintes.

— Tu oublies les progrès de la science, ma chère ! Aujourd'hui, il y a l'ADN. Il te permet de savoir tout sur la paternité, ai-je répliqué.

Joumana mise à part, aucune ne paraissait convaincue par mes arguments. Sur ce registre, elles se refusaient à reconnaître la science occidentale, comme on refuse de goûter à un fruit inconnu.

Peu à peu, il me fallut admettre que l'émancipation à l'occidentale ne séduisait pas ces femmes. C'était un modèle trop net, trop tranchant, donc ennuyeux. Et il y avait chez les Saoudiennes, en dehors de la force de leur foi, quelque chose qui aspirait à des relations complexes et aux amours tumultueuses. En vain, j'essayais d'imaginer ces filles de harems en costume de suffragettes, je n'inventais que des personnages de clowns tristes.

Je recueillais davantage l'intérêt des mes amies en parlant des Marocaines plutôt que des filles de la City londonienne ou des faubourgs de Paris. La proximité culturelle et l'identité du passé religieux semblaient rendre plus attractive la réalité de mon pays. Il y a de tout dans mon royaume, en effet, le divorce et la répudiation, la polygamie et la monogamie, la palette entière des liaisons amoureuses, un cocktail complexe à base de charia, d'un zeste de Simone de Beauvoir et de quelques nuits de Shéhérazade. Seule Joumana préférait à notre Moudawana[1] le Code du statut personnel des Tunisiennes, une révolution dans ce domaine, pendant que Farah se moquait du président Bourguiba : « Il n'a pas hésité à déclarer à la télévision qu'il avait une seule couille ! »

Au moment où la discussion sur le statut des femmes devenait sérieuse, les Saoudiennes bâillaient soudain d'ennui et préféraient parler sexe.

1. Code régissant le statut des femmes au Maroc.

S’envoler en l’air

En contrepartie des recommandations que les Saoudiennes me fournissaient sur le « devoir-vivre-sage » en Arabie, je me devais de les édifier sur le « savoir-vivre-volage », ou supposé tel, des hôtesses de l’air. C’est dire si je les décevais en rapportant une réalité qui ne correspondait pas à l’idée qu’elles s’en faisaient.

Tout le monde fantasme sur les hôtesses, rares sont ceux qui les connaissent. D’aucuns croient qu’elles sont des privilégiées de l’amour mondialisé, qu’elles prennent les airs pour prendre leur pied, couchent aussi facilement qu’on avale un jus d’orange et qu’elles ont des primes au derrière, comme d’autres au travail à risque. Je m’inscris en faux. Il y a de tout dans mon métier. Il y a celles qui volent encore vierges à quarante ans, celles qui ont fui la misère comme moi, les rebelles à l’ordre familial, des divorcées qui ne veulent plus entendre parler d’un époux. Il y a aussi, c’est vrai, des aventurières, des candidates au mariage, des filles de la profession le jour qui se transforment en stars du porno la nuit, des nymphomanes, et cela dans toutes les compagnies du monde. Elles chassent les hommes, couchent dans chaque ville où elles font escale, comme naguère les marins, se font prendre dans les cabines de pilotage et sucer dans les toilettes des avions.

— Oui, mais toi, mais toi ?

Je ne fais rien de tout ça. Elles ne me croient pas. J'esquive en parlant des Asiatiques qui se soucient généralement de gagner de l'argent, des Libanaises déterminées à monter en grade et à chapeauter le personnel navigant, des Algériennes de bonne famille qui fuient l'ennui ou les barbes ostensibles, des Marocaines qui constituent leur trousseau avec la fameuse ceinture en or obligatoire, des Tunisiennes qui se targuent de pouvoir tout faire en liberté et de se payer le luxe de l'aventure. Les familles sévères font jurer à leur progéniture féminine avant même qu'elle ne traverse le tarmac de préserver leur honneur, les démunies de leur ramener des diamants, fermant les yeux sur la façon dont elle se débrouillerait pour arriver à ses fins. Une chose est sûre : la majorité des hôtesses qui travaillent sur les lignes du Golfe rêvent au fond, même si elles ne l'avouent pas toujours, de rencontrer un jour le prince qui fera d'elles une reine.

— Qu'elles sont stupides ! Les rois n'épousent pas les hôtesses de l'air, a ricané Salma.

Puis, s'avisant que la remarque pouvait m'offenser :

— Je veux dire qu'ils sont obligés d'épouser des Saoudiennes de sang royal.

— Le problème n'est pas celui-là, a corrigé Joumana. Ces filles ne comprennent pas que la liberté vaut tous les royaumes du monde. Car si le prince dont elles rêvent fera d'elles des reines aujourd'hui, il les transformera en esclaves demain. Est-ce qu'elles ne savent pas que les palais grouillent de concubines et que les cours empestent l'aigreur des coépouses qui s'entretuent à longueur de journée pour recueillir la plus petite faveur de leur maître ?

La remarque de Joumana m'a rappelé l'histoire de Chantal, que j'ai alors racontée à l'assemblée. De son drame j'avais pris connaissance quelques mois à peine après avoir été affectée à mon poste. Cette collègue d'origine allemande était tombée raide amoureuse d'un pilote de ligne du nom de Dahmane, originaire d'une tribu du Yémen. Tout le staff suivit pendant une année le feuilleton de leur passion. Leurs escapades entre deux vols, leurs vacances en Grèce ou en Finlande, les nombreux cadeaux que son amoureux lui offrait, sa famille possédant des puits de pétrole. Les crises de jalousie aussi, que le Saoudien faisait en voyant sa Chantal sourire plus qu'il ne convient à un collègue ou s'attarder à bavarder avec un passager. En toute logique, Dahmane a proposé à sa dulcinée le mariage, à condition qu'elle s'arrête de travailler et qu'elle ne quitte plus le pays. Elle a dit oui. Oui à tout.

— Qu'est-ce que ces idiotes ne feront pas pour les bites arabes ! a pouffé Farah.

— Chantal s'est convertie à l'islam, la veille de son mariage. Elle a revêtu l'abaya et s'est calfeutrée chez elle, au sein de sa belle-famille. Hélas ! Il a suffi de quelques mois pour qu'elle s'avise de l'erreur qu'elle venait de commettre. Son mari n'était plus le même. D'un jour à l'autre, il lui a interdit les voyages, les sorties et bientôt l'accès au téléphone, avant de convoler en secondes noces. Un matin, elle a trompé la vigilance de sa belle-mère et a réussi à s'échapper pour gagner l'ambassade d'Allemagne où elle a demandé refuge. On n'entendit plus parler de l'Allemande ni de son prince de pilote saoudien.

Sitôt mon histoire achevée, Soha revint à sa requête habituelle, insistant de plus belle :

— Mais toi ? Dis-nous, s'il te plaît !

Je savais que Soha cherchait désespérément les mille et un sortilèges pour s'attacher à jamais son mari et se fabriquer le profil de la meilleure amante. La pensée qu'il la trompait lui donnait des insomnies. L'idée qu'il pourrait la quitter pour une autre la rendait folle. D'où sa manie d'écumer les boutiques tout comme celle de se renseigner sur les manières d'être branchée côté sexe. Puisqu'elle n'avait pas l'occasion de connaître ni de recueillir l'avis des hommes, elle se renseignait sans cesse sur ce chapitre auprès des femmes. Or, à part Farah qui la briefait en toute impunité, spécifiant toutefois que chaque homme pouvait avoir ses exigences, elle ne pouvait espérer d'autres informations, et surtout pas de Joumana qui restait discrète sur sa sexualité. En attendant, elle se ruinait en chirurgie esthétique. Elle ne l'avouait pas toujours, mais chaque fois qu'elle s'absentait pour accompagner son mari, quelque part en Egypte ou au Liban, nous supposions qu'elle mettait à profit ses séjours pour se refaire le bout du nez ou se regonfler une lèvre qui s'était affaissée.

De fait, ses parents avaient été opposés à son mariage parce qu'Omar était issu d'une tribu d'un rang inférieur, même s'il avait réussi à devenir un grand négociant. Cette mésalliance valait au couple le mépris de la famille de Soha, dont les membres masculins pouvaient à tout moment la faire divorcer malgré elle, pour cause d'incompatibilité tribale – « Vous vous rendez compte ! Alors que j'aime Omar à en mourir », s'indignait-elle, la main sur le cœur.

Les velléités amoureuses de Soha avaient redoublé avec la diffusion par plusieurs chaînes arabes de feuilletons mexicains racontant des passions torrides qu'il nous arrivait de regarder ensemble. C'est le genre de série où les héros masculins sont d'un physique à dévergonder la plus sage des vierges et, en plus de leur plastique sans défaut, débitent des mots d'amour comme les tyrans des mots d'ordre. Ils ne cessent de faire des avances à leur dulcinée, de leur décrire le feu et le chagrin qui les dévorent, de leur embrasser le bout des doigts en jurant qu'ils les aiment à la folie !

Ces séquences faisaient pleurer Soha. Elle reniflait, sortait de son sac Gucci une lingette démaquillante avec laquelle elle se mouchait bruyamment. Je lui entourais les épaules pour la consoler. Elle sanglotait encore, se plaignait de ne pas avoir de chance, d'être une épouse mal servie. Des amoureuses comme elle, il y en avait une par siècle et par continent. Elle voulait qu'Omar s'exprime avec flamme, qu'il soit aussi attentionné et qu'il lui fasse les mêmes serments de fidélité. Chaque nouvel épisode semblait l'édifier sur le désert affectif dans lequel elle estimait se trouver et renforçait sa conviction qu'elle méritait mieux que l'amour terne et muet de son mari.

Toutefois, cinq minutes après avoir exprimé ses récriminations contre son époux, Soha ne songeait plus qu'à lui plaire et repartait en quête des secrets de beauté capables de l'ensorceler.

Or, dans toutes les médinas arabes, c'est connu, il existe un commerce tenu jalousement par les femmes et qui se décline en trois produits : les recettes de cuisine, les recettes de magie et les recettes de beauté. Les odalisques sont intarissables sur les premières, discrètes sur les deuxièmes, avares pour les dernières.

Car la belle aime à faire à croire qu'elle est belle de nature et ne livrerait à aucun prix le secret de son teint lumineux ni de l'impeccable tracé de rimmel sur ses yeux à une coépouse, à moins qu'elles ne soient par extraordinaire très intimes…

En revanche, sortie du cercle des proches, rassurée de n'avoir pas de rivale en face d'elle, la belle en question peut vous filer son trousseau d'astuces.

Je n'allais pas dresser la liste interminable des produits de beauté transmis de mère en fille dans nos villes du Maroc, tout le monde les connaît depuis que les Occidentales se sont entichées des hammams, s'enduisent de ghassoul et font provision d'huile d'argan. C'est pour cette raison que mes amies saoudiennes préfèrent de loin les miracles dits scientifiques de la cosmétique américaine et européenne, qui a l'avantage d'être chère. Dans les salons de Djeddah et de Riyad, la mode consiste à se tenir au courant de la dernière crème antirides, du fond de teint qui vous fait une peau de porcelaine ou du vernis tendance, plutôt que de faire l'éloge du henné. Pour une civilisation qui prônait à ses origines que le khôl est la plus jolie parure et l'eau le meilleur parfum, il y a eu du changement… Il aurait été donc ridicule de conseiller à Soha le mélange de pois chiche et de jus de citron, celui du blanc d'œuf et d'ivraie que ma pauvre maman continue à s'appliquer sur le visage, ni de l'édifier sur les vertus de la moutarde et du musc pour sentir bon des aisselles, ou celles de l'écorce de noyer réputée blanchir les dents. Toute cela relevait de la recette du pauvre.

Je me rendais compte, toutefois, que l'attitude des Saoudiennes changeait dès qu'il s'agissait de la beauté intime. Elles sont prêtes sur ce sujet à faire appel à leurs cousines des autres médinas et notent avec intérêt les recettes rapportées de chez moi, qui consistent à fleurir bon du minou grâce à l'eau de rose et au parfum de tulipe, aux lavements à l'alun, les bains de siège dans l'écorce de grenade pour se faire rétrécir le vagin, le beurre naturel qui fait glisser le membre de l'homme comme une lettre à la poste.

Remarquant l'extrême attention avec laquelle mes amies saoudiennes écoutaient mes enseignements, je prenais conscience que les Marocaines doivent leur réputation de *sahharat*[1] moins à leur maniement supposé des amulettes qu'à leur art de joindre l'esthétique au plaisir, de mixer le bon et le jouissif, d'aimer en beauté. Egrener le noms des plantes et des fleurs, décliner les méthodes, évoquer les gestes ancestraux de moudre, piler, enduire, dont la simple évocation stimule l'appétit des hommes.

Je revins ce jour-là encore au registre des déclarations amoureuses en reprenant une phrase de mon collègue Fouad :

— « Nous sommes une civilisation du regard, mais du mot aussi. Quand la chose est bien dite, parfois dite tout court, nous aimons, nous jouissons et nous mourons. »

— C'est vrai, ma foi, a applaudi Joumana. Ne connaissez-vous pas l'histoire de ce poète arabe qui tua sa femme pour pouvoir composer en son honneur une élégie et lui dire en mots doux combien leur séparation était insupportable !

Soha sanglotait :

— Quand je vous dis !

Une fois n'est pas coutume, nous nous régalâmes cette fois-là de poésie et de proverbes classiques que nous cherchâmes loin, dans nos mémoires de collégiennes ou d'Arabes, tout simplement. Conformément à ce que l'un de mes professeurs de fac avait coutume de dire : « Un peuple qui a fixé dans un texte, le Coran, l'unique miracle de sa religion ne peut être qu'un peuple de poètes ! »

1. Magiciennes.

Le feuilleton de ma cousine étudiante

Pour consoler Soha et distraire mes amies, je leur racontais les histoires de ma famille, celle de mes tantes qui avaient eu plus de chance que ma mère et habitaient encore dans la médina de Fez, de ma grand-mère Hinna qui adore visiter les saints et menace de ne pas mourir, de mes voisines du Maroc, mégères patentées. Elles en redemandaient, avaient l'impression de voyager, ce qui m'amenait à brosser les portraits des militantes qui recueillaient les orphelins de mon quartier, des bosseuses intrépides, des célibataires décidées à le rester, des épouses qui payaient leur mari pour qu'ils leur fassent l'amour. Je décrivais les femmes déterminées qui voulaient s'en sortir par n'importe quel moyen, celles qui s'échinaient à être de bonnes patronnes, de bonnes mères, de belles et bonnes épouses, qui gagnaient autant que le mari mais qui obéissaient au lit et n'avaient pas leur mot à dire dans les décisions du foyer.

Plus que tout, mes amies de Djeddah aimaient m'entendre évoquer les mœurs des branchées de Casa, les héroïnes sans tabous, les délurées qui avaient décidé de mettre le voile, selon la mode toutefois, celle qu'exhibaient les pages de la revue *Femmes du Maroc*. Je finissais par construire un vrai feuilleton où ma cousine Nora occupait la place centrale.

Tout naturellement, à chaque rencontre, l'on en vint à me demander des nouvelles de cette dernière. Je répondais sans mentir :

— Nora n'avait pas de quoi financer ses études et donc elle se faisait entretenir. Le dernier à prendre en charge ses dépenses c'était un chauffeur de taxi. Il l'amenait et la ramenait à la faculté. Toujours ça de moins, comme frais. En contrepartie, il exigeait de monter chez elle tous les soirs, se vidait de sa semence et, quand il était de bonne humeur, il lui donnait un peu de sa recette du jour. De plus, il lui racontait les aléas de son métier, les clientes qui partaient sans payer, celles qui proposaient de régler en nature, celles qui faisaient du chantage, menaçant de le dénoncer pour tentative de viol, celles qui se changeaient sur le siège arrière sans rien cacher de leur anatomie.

— Et tout ça peut se passer dans un taxi ? interrogeait Soha, stupéfaite.

— Sans que personne dise quoi que ce soit ! Il n'y a donc pas de policiers de la morale..., s'étonnait Salma.

Après avoir déroulé un épisode nouveau, il m'arrivait de repartir avec une bague en or ou un beau foulard. L'une ou l'autre de mes amies glissait délicatement l'objet dans mon sac. Je remerciais timidement. Mais je n'avais nullement honte. Je préférais recevoir un cadeau contre un récit plutôt qu'en échange d'une partie de jambes en l'air.

C'était un vendredi, j'attendais tranquillement, grignotant des graines de courge, que mes amies terminent de faire la prière. A plusieurs reprises, elles avaient insisté pour que je me joigne à elles, j'avais refusé, alléguant que je ne me sentais pas prête pour accomplir le rituel. Certes, il s'agit du pilier le plus important de l'islam, mais je sais que beaucoup de croyants s'en acquittent moins par conviction que pour plaire à leur entourage. Je n'aurais pas été jusqu'à le vérifier auprès de mes amies, aucune d'elles, y compris Joumana, n'aurait mis en question sa foi et sa pratique.

Sitôt les tapis de prière rangés, j'annonçai un nouvel épisode de la série Nora.

— Elle en a eu assez de son chauffeur de taxi à qui elle reproche d'être stupide et radin.

— Et alors ?

— Elle s'en est débarrassée en lui proposant de baiser sa colocataire. Il protesta au début, mais il finit par obtempérer. Il perdait une fille bien en chair pour une squelettique, presque noire de peau, mais ça le changeait de sa propre femme, c'était déjà ça, conformément au proverbe : « Il vaut mieux changer de monture que d'user ses fesses sur la même selle. » Nora a cherché ensuite toutes sortes de petits boulots pour continuer à financer ses études, y compris travailler dans une association de quartier. Mais elle n'était pas faite pour le bénévolat. Elle s'essaya à la vente clandestine d'alcool. Mais c'était dangereux. Il ne lui restait qu'à se mettre à l'« abonnement ».

J'étais à Casa, en effet, quand Nora était passée me voir. Je dépliai un carré de soie pour elle et lui tendis une petite bouteille de l'eau bénite *zamzam* que sa mère, ma tante Halima, réclamait.

Elle s'était plainte de sa condition, des études, de sa maman, justement, qui voulait qu'elle se marie. Toutefois, elle ne dit mot de sa situation financière, ce qui m'indiqua qu'elle avait trouvé un moyen de survivre. Et c'était effectivement un moyen dont j'entendais parler pour la première fois :

— J'ai dégoté un abonnement.

— Un abonnement ?

— Chez un Français.

— Pour quoi faire ?

— Il faut que tu reviennes plus souvent dans ton pays, ma chérie. Tu ignores ce qu'il s'y passe et les dernières pratiques à la mode.

— Probablement, mais abrège !

— Je vais chez Alain quatre fois par semaine et il me paie pour chacune de mes visites en monnaies sonnantes et trébuchantes.

— Tu fais le ménage, maintenant ?

— Mais non. Je couche avec lui pour 200 euros par mois. C'est moins fatigant que la serpillière, non ?

Et elle éclata de son rire qui faisait souvent retourner les têtes sur son passage. Un des ces rires ravageurs, qui la résumait toute, pas franc, enroué même, saccadé, semblant sortir de sa gorge en petites bulles phosphorescentes, abondantes, une vraie fontaine de plaisir…

Je dus ré-expliquer la formule : l'abonnement est une pratique qui consiste à se faire sauter par un étranger une fois ou deux par mois, aussi simple mais moins épuisant que le ménage, en effet, et ça rapporte plus gros.

La méthode épata mes amies du Golfe. Elles ne comprenaient pas comment on pouvait contrevenir à toutes les lois divines à la fois : coucher hors du mariage, pour de l'argent, et avec un étranger qui plus est. Toutefois, si l'attitude de ma cousine imprimait une légère indignation sur le visage de Salma, elle amusait Farah et laissait de marbre Joumana. Je comprenais que la rage de ces femmes et leurs frustrations étaient telles qu'elles concevaient les ruses féminines, non pas comme haïssables, mais comme nécessaires. C'était la logique héritée des siècles d'asservissement qui édictait que les femmes n'ont qu'une issue vis-à-vis de la loi des hommes : la contourner. Dieu même y serait favorable. Toutes les astuces sont donc recevables, et l'imagination féminine se doit d'être à la mesure de l'enfermement subi.

Ainsi découvrais-je jour après jour que, dans ce pays où tout s'affichait en termes de bien et de mal, l'essentiel se passait ailleurs, Dieu servant à garantir une apparence de vertu d'autant plus fragile qu'elle désignait en permanence le péché qui campait derrière.

Peu à peu, les nouvelles de Nora étaient devenues denrées nécessaires au quotidien de ces dames. Ma cousine accomplissait dans la réalité ce dont les Saoudiennes ne cessaient de rêver, au fond. C'est donc tout naturellement qu'elle devint leur héroïne, au même titre que les acteurs des séries télévisées. Avec l'avantage d'être accessible.

Je ne fus donc pas surprise d'entendre un jour cette proposition tomber de la bouche de Soha :

— Les filles, je suggère que nous offrions un pèlerinage à Nora.

C'était là une façon détournée de se permettre d'entendre l'intéressée raconter de vive voix ses aventures. Ma cousine le souhaitait également, je l'aurais parié. Non qu'elle voulût s'acquitter d'une obligation religieuse. Mais, comme nombre de musulmanes, le pèlerinage était pour elle un prétexte pour venir en Arabie faire du shopping et draguer, plutôt que pour tourner autour de la Kaaba. « Que Dieu damne les pécheresses ! », aurait vitupéré ma grand-mère.

Un congé maladie édifiant

J'ai eu de la chance que les douleurs se soient déclarées alors que j'étais chez Joumana. Une appendicite aiguë fut l'occasion pour moi d'apprécier le sens de l'hospitalité des Saoudiennes. Elles se sont levées comme un seul homme, se sont débrouillées pour m'acheminer au plus vite vers l'hôpital public réservé en principe aux seuls Saoudiens et bénéficiant des moyens les plus modernes. Joumana a prétendu que j'étais sa nièce, sa parole suffisait, l'infirmière qui nous a reçues n'a pas eu l'outrecuidance de la contredire. Le personnel hospitalier, exclusivement féminin, était composé d'une anesthésiste et d'une femme médecin égyptienne, du nom de Katy.

Vingt-quatre heures plus tard, mes amies étaient là au complet pour ma sortie, en compagnie de notre chaperon attitré, Rachid, le fils de Farah.

Joumana jura de ne pas me laisser partir alors que je venais d'être opérée. Je restai donc chez elle les deux jours qui suivirent et je rencontrai pour la première fois son mari. Je me tenais au salon, voilée pour la circonstance de la tête aux pieds, lorsque Abdallah fut introduit par sa mère. Il me souhaita un bon rétablissement en portant la main sur son cœur et tourna les talons. J'eus à peine le temps de remarquer sa taille moyenne, ses cheveux raides et son costume occidental.

Le lendemain après-midi, Joumana ne trouva pas mieux pour me divertir que de faire venir Soussou, le dépaysement était garanti, de l'avis de toutes.

Je savais déjà, comme ses voisins de quartier, que seule Joumana pouvait se permettre de faire entrer chez elle un homme qui n'était pas de la famille. Mais d'aucuns n'ignoraient pas que Soussou était homosexuel et c'était son bon d'accès chez les femmes. Que ce fût une pratique répréhensible n'empêchait pas de juger l'homme sympathique, et l'allure très efféminée du garçon l'introduisait chez certaines dames selon l'ancien usage des eunuques.

Soussou rentrait donc par la porte des femmes et demeurait des heures en leur compagnie. D'origine égyptienne, « descendant des pharaons », avait-il coutume de répéter en mâchant son chewing-gum, il se targuait de ne pas avoir son pareil au monde pour couper et détendre les cheveux. Et il faut avouer que Soussou maniait ciseaux, fers et brosses avec une rapidité vertigineuse, faisant voltiger les mèches en une sorte de ballet en l'air, avant qu'elles ne retombent en boucles sublimes sur les épaules.

Je me joignis donc à la séance de coiffage collectif, me prêtant au jeu des bigoudis et du séchoir pendant que mes amies chahutaient le coiffeur, comme à l'accoutumée, semblait-il :

— Dis-moi, Sou, comment ils s'y prennent les hommes avec toi ?

— Comme avec toi, ma chérie.

— Tu mens. Car tu sais bien que tu n'as pas ce que nous avons.

— J'ai bien un trou moi aussi.

— Mais pas le deuxième.

— Figurez-vous que celui que j'ai est très prisé par vos maris, taquinait-il.

Soussou protestait : il ne pouvait pas travailler et renseigner sur sa sexualité en même temps. Les femmes, mortes de rire, récidivaient :

— Est-ce qu'il jouit vraiment ? Et par où ? Fourre-t-il son machin quand un autre est en lui ? Comment éjacule-t-il ?

Soussou les rabrouait, les traitant de folles et d'obsédées sexuelles. Il faisait mine de se réfugier dans un coin du salon comme une biche apeurée. Puis il se metait à caresser ses mèches, ses épaules et sa poitrine comme s'il se prêtait à une masturbation.

Aucun des propos de Soussou n'offusquait apparemment ces femmes qui le traitaient comme une des leurs, une inférieure, cela va sans dire. Mais, lorsqu'elles passèrent à la séance maquillage, l'efféminé lança en fardant la peau laiteuse de Farah, comme animé par un sentiment profond de jalousie :

— Si je vous disais les noms de ceux qui couchent avec moi, vous tomberiez raides, mes chéries.

— Dis-nous, s'il te plaît, Sou ! supplia Farah.

— Jamais, tu veux que je sois décapité. Il suffira que l'une de vous aille le répéter. (Puis de provoquer encore :) Et ce ne sont pas des inconnus. Des hommes d'affaires, des ministres, des imams même.

— Arrête de blasphémer ! s'offusqua Salma.

— Par Allah ! Je ne dis que la vérité.

— Je te défie de trouver un des nôtres parmi tes clients, demanda Soha.

— Tu ne devrais pas être aussi sûre de toi, susurra Soussou en regardant ailleurs.

Puis il se leva pour minauder à l'adresse de la patronne :

— Tu n'aurais pas un peu de caramel, mon chou, je veux m'épiler les bras.

— Tu ne vas pas le faire chez moi !

— Si, si, applaudit Farah. Montre-nous comment un homme peut souffrir.

Soussou ôta son tee-shirt, découvrit ses bras et ses aisselles et se posta devant la glace.

Malgré l'horrible douleur qu'il s'infligeait en tirant sur ses poils avec le sucre caramélisé, Soussou semblait heureux. Il sautillait comme un gamin et ses yeux riaient alors que le sang giclait sous ses aisselles.

Cette fragilité masculine exhibée sous les yeux de femmes devenues maîtresses de la situation, cette verdeur de langage dans la bouche d'épouses censées être vertueuses et sages, ce rituel de beauté supposé les préparer pour des maris que les sous-entendus de Soussou laissaient supposer homosexuels, en y repensant, j'en vins à douter ce jour-là que Dieu habitât l'Arabie.

La même semaine, profitant de mon congé maladie, je suivis les filles au mall. Avant de sortir de chez Joumana, elles m'ont aidée à bien fixer mon voile sur le front, à tenir mon abaya du bon côté, main au niveau du genou gauche ou droit, afin qu'elle ne traîne pas à terre, gare à celle qui laisse apparaître le moindre vêtement de dessous ! Je ne pouvais même pas protester, mes amies savaient qu'au Maroc ce genre de tenue ninja commençait à être à la mode. Peut-être ces leçons me serviraient-elles le jour où nos islamistes établiraient la charia. J'ai appris surtout à marcher d'une certaine façon, ni trop pressée – on ne court pas dans la rue lorsqu'on est femme –, ni trop flâneuse, ni masculine, ni chaloupée, tout un art d'être là sans être là, de se frayer une existence parmi les hommes en veillant à passer inaperçue.

Rachid nous accompagnait, nous marchions derrière lui. J'avais l'impression de devenir une femme du pays, un animal domestique qu'on prend en charge, qu'on nourrit, qu'on balade.

Je m'étais déjà promenée dans la ville, juste après avoir terminé mon stage et décroché mon boulot. Je la redécouvrais autrement avec mes amies qui en connaissaient le moindre recoin. Arpentant ses avenues bordées d'arbres, et longeant ses grands buildings étincelants d'acier et de verre, j'observais surtout sa foule cosmopolite, ses travailleurs étrangers, ses airs de modernité d'autant plus contradictoires qu'ils juraient avec notre apparence de voilées d'un autre âge. Toutefois, je n'aurais pas songé à prendre une photo, c'était formellement interdit. Même s'il était facile de se procurer les téléphones équipés d'appareils photo au marché noir, ces objets étaient officiellement prohibés, surtout dans les lieux privés et lors des mariages car l'on pouvait prendre des clichés d'invitées dénudées et les faire circuler.

Le centre commercial grouillait de femmes qui flânaient dans les halls, montaient ou descendaient les escaliers roulants, s'asseyaient dans les restaurants où les espaces de jeux pour les enfants. Seuls les yeux parlent, ici. Les hommes glissent sur le marbre en baissant les leurs, les femmes en profitent pour les examiner à l'abri de leurs grosses lunettes de marque :

— Regarde comme il est bâti, celui-là, a chuchoté Soha.

— C'est rare pour un Asiatique, ils sont généralement menus, répondis-je.

— Je suis curieuse de savoir comment ils font l'amour, a repris Soha. Si leur zizi est proportionnel à leurs mensurations, ça ne peut qu'être décevant, a-t-elle pouffé, aussitôt fusillée par le regard d'un barbu passant tout près de nous.

— Il est connu que la taille des hommes renseigne sur la longueur de leur bâton, chuchotai-je.

— Détrompe-toi, a rétorqué Farah, ce sont les petits qui sont les mieux pourvus. Dieu n'oublie jamais de rembourser une part aux démunis…

Je trouvais amusant que ces hommes nous tiennent pour des ombres inoffensives au regard baissé, alors même que nous étions en train de les étudier, jusqu'à parier sur la taille de leur sexe. J'en arrivais à oublier la prison du niqab pour en découvrir les vertus. C'était la première fois de ma vie que je le portais. Pour autant, j'avoue que si j'eus un peu de mal à respirer par-dessous le voile qui me couvrait le nez et la bouche, si je me suis pris le pied une fois ou deux dans mon abaya, malgré le mode d'emploi fourni par mes amies, je ne tardai pas à conclure au plaisir qu'il y a à voir sans être vue. Tous ces hommes que j'avais loisir de fixer en toute impunité, sans qu'ils s'en doutent le moins du monde !

Oui, tout ombres invisibles que nous fussions, tout isolées du monde que nous paraissions, nous en possédions le moindre détail : le petit recoin de rue, le décor insignifiant sur un mur, l'écorce d'un palmier, le muscle rebondi d'un homme, le poil d'une barbe dans un rétroviseur.

Je me trouvais dans la position du voyeur, celui qui regarde de sa lucarne sans en donner l'air. Hyper confortable ! Plus encore : je me découvrais une surprenante envie d'observer les hommes comme si c'était la première fois qu'il m'était donné de le faire. Et je pris soudain conscience, en effet, que jamais je ne les avais bien vus ! Au Maroc, me promenant tête découverte, j'avais appris à ne pas fixer la gent masculine. A chaque régime, sa contrepartie !

Sous mon niqab donc, je pouvais « manger » les hommes des yeux et fantasmer sur eux. J'en vins à me demander s'il n'était pas plus logique de voiler les hommes afin de brider le désir des femmes. Ce que me confirma le chuchotement de Farah qui semblait avoir lu dans mes pensées :

— Si les femmes avaient des érections visibles, nous serions toutes en train de bander à la vue de ces beaux mecs !

Nous nous sommes dirigées vers les boutiques de vêtements. Autour de nous, les hommes précédaient les mêmes silhouettes noires et ralentissaient le pas chaque fois que ces dernières s'arrêtaient devant une vitrine. A moins qu'ils n'attendent leurs moitiés occupées à leurs essayages dans les toilettes, les magasins offrant rarement des cabines réservées à cet effet.

Devant la boutique où Soha voulait se rendre, il y avait déjà la queue, les messieurs dehors, les filles à l'intérieur.

Farah proposa de patienter et nous nous assîmes sur une banquette en face :

— Observez ce gaillard, *ya Allah* ! s'est exclamée Salma, comme il ressemble à mon cousin Walid !

— Sauf qu'il est plus grand que ton cousin, a répliqué Joumana.

— Et regarde celle qu'il chaperonne, elle est aussi grande que lui. C'est moche ! On dirait un homme, elle aussi, a soufflé Salma.

— On voit que tu as été bien dressée, a rétorqué Joumana. Tu penses que les femmes ne doivent en rien le disputer aux hommes, même pour la taille.

— Elle croit surtout qu'une femme doit être un objet non identifié et non encombrant ! a taquiné Farah.

Le portable de Soha a sonné. C'était son mari qui annonçait son retour du Caire pour le soir même. Du coup, notre amie a supplié :

— Il faut que je rentre vite ! Je n'aurais pas le temps de prendre mon bain et de faire venir ma masseuse, *ya Allah* !

Il a fallu écourter notre sortie et renvoyer notre séance shopping à une autre fois.

Dieu est américain

Je dus me rendre à cette autre évidence : si le regard engage les relations, c'est le portable qui les rend effectives. Il y a toujours un moment où je vois mes amies saoudiennes s'envoler comme une nuée d'oiseaux, les voilà qui font les cent pas, virevoltent ou se cachent dans un coin, le portable collé à l'oreille, elles donnent des ordres, reçoivent des invitations ou des vœux pour l'Aïd, recommandent une paire de chaussures, organisent une fête, confient un secret. Ces joujoux leur sont devenus indispensables, et leurs sonneries imitant des tubes à la mode les ravissent. « C'est mon âme, a l'habitude de dire Iqbal de son mobile, je le transporte même au lit, je le mets sous mon oreiller, il me tient compagnie. »

Joumana ne manque pas de faire remarquer :

— Tu sais, il ne nous a pas donné que de mauvaises choses, l'Occident. T'imagines ces fauves en cage sans portable ? Dieu est américain, ma chérie, et personne ne veut le concéder !

Iqbal a débarqué cet après-midi-là, les yeux rougis, l'humeur maussade.

Joumana a chuchoté à mon oreille :

— Bien sûr, j'ai oublié que l'ordinateur aussi nous est indispensable ! (Et de s'adresser à sa nièce :) Alors, qu'est-ce que vous vous êtes dit ?

— Il n'en peut plus, a ronchonné Iqbal. Il veut venir demander ma main.

— Tu es folle ? Tu ne le connais ni d'Eve ni d'Adam. Ton père ne voudra jamais. Il n'est même pas saoudien à cent pour cent.

— Et alors ? Il est arabe !

— Ce n'est pas suffisant aux yeux de tes parents.

— S'ils veulent pour moi d'un cousin, je refuse. Mes cousins, je les trouve débiles. Je ne veux pas de leur fortune, je veux de l'amour, moi !

Je croyais entendre la rengaine de ma cousine à l'envers. Nora répète à qui veut l'entendre :

— Je ne veux pas d'amour, moi, je veux quelqu'un qui a de l'argent ! (Avant d'insister sur un air d'une chanteuse marocaine :) Je ne veux pas aimer, je veux me marier.

— Ton amoureux de Palestinien traîne tous les drames de la terre avec lui, a continué Joumana. En plus, si ça se trouve, il n'a pas de travail.

— Normal, il étudie encore.

— Pour devenir quoi ? Quel avenir a-t-il dans ce pays ?

En écoutant les deux parentes discuter, j'imaginais toutes les fortunes saoudiennes, la manne pétrolière, les dollars planqués dans les banques du monde entier, déversés tout à coup dans les caisses marocaines. Quels projets ne ferions-nous pas ! Mon Maroc deviendrait la Suisse des Arabes et ses filles, en plus d'être éduquées, seraient assez riches pour ne plus avoir besoin de vendre leur corps ou leur labeur aux étrangers !

Autant dire qu'un pays pauvre est condamné à faire de ses femmes des prostituées libres et qu'un pays riche a vocation d'en faire des épouses esclaves.

En attendant, le pays pauvre dont je viens offrirait à mes amies quelques-unes de ses meilleures confiseries, en remerciement des soins prodigués lors de mon hospitalisation.

Pendant que Salma avalait les cornes de gazelle en se léchant les doigts, Joumana n'y touchait pas. Quel contraste entre les deux femmes ! La première avoisine les quatre-vingts kilos sans paraître vivre cet embonpoint comme un handicap, la seconde s'astreint au régime à longueur d'année. Elle préfère les comprimés aux vrais repas, pendant que Salma avoue sans complexe qu'elle consomme quelque trente kilos de sucre par mois. C'est comme ça, elle a tout le temps des fringales, avoue-t-elle, elle ne peut pas rester un quart d'heure sans se mettre quelque chose sous la dent.

— Déjà que la vie d'une femme offre si peu de plaisirs ! Alors, si on nous prive de sucreries aussi ! Et voulez-vous que je vous dise, ajouta-t-elle sur un ton qui nous parut révolutionnaire : je suis d'accord pour prier, me voiler, faire Ramadan, mais s'il n'y a pas de bonnes pâtisseries au paradis, j'hésiterai à y aller !

— Moi, je serai exigeante pour les beaux mecs, dans l'au-delà. Leïla, je ne te le cache pas, a ajouté Farah, depuis que j'ai vu la photo de ton collègue, je fantasme sur les stewards. Je mouille déjà à l'idée d'en trouver au paradis !

Et mes amies ont rouvert le chapitre « steward ». J'avais déjà remarqué qu'elles frétillaient chaque fois que je prononçais le nom de Fouad. Elles avaient bien enregistré qu'il est originaire de Marrakech, que c'est un Alaoui de bonne famille et le plus proche de mes amis. Sa photo les ayant renseignées sur son physique, elles se plaisaient à envier sa femme, à croire qu'il avait un sacré tempérament, l'avaient décrété d'une grande intelligence et d'une rare douceur, qualités qui ne sont pas vraiment régulières chez mon compatriote.

En concert : Les stewards sont beaux, séduisants, dociles et portés sur la drague. Fouad pourrait les résumer tous, n'est-ce pas, Leïla ?

Salma : Je suis sûre que ce sont de bons coups.

Joumana : Comment le sais-tu ? Je vois d'ailleurs que tu t'es mise au langage vert…

Salma (en me serrant les mains) : Disons que j'en ai l'intuition. Leïla peut la confirmer.

Moi : Je n'en sais rien.

Soha : Allez ! Raconte-nous, il y en a bien qui t'ont fait la cour, à commencer par Fouad, tout marié qu'il est ?

Moi : J'ai pour principe de ne pas fréquenter intimement mes collègues.

Soha : D'accord, mais tu as pu être attirée par l'un d'eux ?

Farah : Il se peut qu'elle préfère le profil maçon, avec de gros doigts, des pectoraux d'athlète et l'allure sauvage. Enfin, je vous raconterai une autre fois.

Commençaient-elles à tomber amoureuses du steward ? Etait-ce chez elles le goût des choses interdites, comme chez les hommes, ou sont-elles programmées pour trouver du charme à n'importe quel mâle étranger au sérail ?

A n'en pas douter, ici, plus que partout ailleurs, un homme est un homme. Il peut être aveugle, sale, moche, il demeure un homme et jouit du respect dû à son sexe. Il a toujours un degré de plus que la femme, fût-elle une star, un prix Nobel ou une beauté à couper le souffle !

Seule Iqbal semblait peu curieuse de Fouad. C'est elle qui nous a interrompues. Elle venait d'entrer, le pas lourd, les yeux hagards. Et elle a lancé cette phrase qui a mis fin à notre bonne humeur :

— Tante Joumana, si vous ne vous arrangez pas pour que je voie Samih, je me tuerai.

Et elle nous tourna le dos.

Il y eut quelques minutes de silence avant que Joumana ne se décide à parler. Elle nous a appris que son époux venait de confisquer l'ordinateur de la jeune fille, ayant remarqué qu'elle utilisait trop Internet. Par conséquent, Iqbal n'avait plus d'autre moyen de communiquer avec son amoureux que de laisser tomber une lettre chaque fois qu'elle passait à côté de lui. Le jeune homme la ramassait et s'arrangeait à son tour pour lui remettre un mot en recourant à divers stratagèmes : la faire chuter de sa fenêtre, le déposer dans un bac à sable devant chez elle.

Mais le procédé des mots jetés dans la rue, trop périlleux, ne pouvait pas durer et Iqbal voulait rencontrer réellement le garçon. Ce qui ne pouvait se faire qu'à travers une demande en mariage en bonne et due forme.

Quelques instants plus tard, l'incident était clos et je fus sommée de m'expliquer sur mes projets amoureux. J'annonçai que mon rêve ne différait pas au fond de celui des autres hôtesses, rencontrer l'homme de ma vie parmi les passagers, riche de préférence. Sauf que ces derniers regardent les passagères assises à côté d'eux plutôt que les pauvres hôtesses. Pis, j'assistais à un nouveau phénomène, leur confiai-je : des pouilleuses que Dieu a pourvues de jolies frimousses dépensent tous leurs deniers dans un billet bisness pour repérer à bord le futur amant ou mari. Peu importent le voyage et la destination, leur motif étant de trouver le bon porte-monnaie qui assure l'avenir. Super bien coiffées, les fesses sanglés dans des jeans moulants, elles font mine d'être occupées à lire, alors qu'elles guettent le nabab qui leur jettera un regard pour leur sourire. Très souvent, à la fin du voyage, je voyais les cartes de visite tomber sur les genoux, les plus offensives terminant le voyage assises à côté de leur proie, voire en sa compagnie à la sortie de l'aéroport. L'affaire était dans le sac.

— Ah, je vois que tu as de la concurrence, ma fille ! Faut qu'on te trouve une solution pour que tu te fasses remarquer.

— Se faire remarquer n'est pas le problème, je suis en première ligne. C'est ce qui vient après qui compte. Est-ce que le type a de bonnes intentions ou pas ? Or, souvent, une hôtesse de l'air est faite à leurs yeux pour batifoler dans le ciel, pas pour fonder un foyer sur terre.

— A ce rythme-là, tu vas vieillir sans trouver le bon parti, a soupiré Salma.

— Mais elle est encore jeune, a protesté Soha.

— A presque vingt-huit ans, on n'est plus très jeune. Si tu étais saoudienne, personne ne te regarderait et ta famille aurait honte de garder une vieille fille sous son toit. On marie les nôtres à treize ans.

— Pendant que, chez nous, les filles reculent de plus en plus l'âge du mariage, dis-je, pour pouvoir terminer leurs études ou décrocher un boulot. En plus, il y a un âge légal. On ne peut pas marier les filles à l'âge de douze ans.

— Et pourquoi, donc ? Vous n'avez pas à faire exception en tant que musulmans. Le Prophète a bien épousé Aïcha alors qu'elle n'avait que neuf ans, a lancé Soha.

— Douze, a corrigé Salma.

— Non, neuf, tu n'as qu'à relire ta religion.

— Oui, mais le Prophète a laissé Aïcha grandir avant d'y toucher, est intervenue Joumana.

— Sans compter qu'à l'époque du Prophète, saluts de Dieu sur lui, la mentalité était différente, a cru bon d'ajouter Salma. Les filles étaient sans doute psychologiquement prêtes à connaître l'homme, plus que les nôtres aujourd'hui.

— Et pourtant, elles n'avaient ni Internet, ni les films licencieux, s'est amusée Farah.

— Bon, stop avec cette discussion, a dit Soha. Si un de nos hommes nous entend, il nous accusera de blasphémer. Laissons aux mecs la religion et ses lois. Occupons-nous des sentiments de nos cœurs et des exigences de nos corps.

— Tu m'étonnes ! a ironisé Joumana.

La conversation dévia sur les enfants et toutes postulèrent que, avec la nécessité de se marier jeune, il y a celle d'avoir des enfants. Mes amies pouvaient tout admettre, sauf le refus d'engendrer une progéniture. Même Joumana la militante partage cet avis. Je comprends leurs préoccupations, ce sont celles de ma mère – « Que feras-tu lorsque tu seras vieille ? Personne ne voudra de toi, tu seras jetée à la rue. Les enfants, c'est ta couronne et ta fortune des mauvais jours. Sans enfants, personne sur qui veiller, pour qui trembler. Et puis qui t'enterrera le jour où tu mourras, hein ? Qui laissera de toi une trace après ta disparition ? »

Salma a récidivé avec son savoir religieux de seconde main :

— Allah dit que l'argent et les enfants sont les plus belles choses de la vie.

Même Farah y est allée de son couplet :

— Tu peux regretter d'avoir pris tel risque, tel amant, d'avoir eu telle aventure. Mais un enfant, tu ne regrettes jamais de l'avoir fait ! Et d'abord, il est à toi. Car les hommes ne se posent pas la question si leur enfant est leur enfant.

— Il est vrai aussi qu'il ne faut pas faire un enfant avec n'importe qui ni dans n'importe quelle condition. Il faut que ce soit avec un fils de bonne famille, a nuancé Soha, oubliant qu'elle s'était mariée contre la volonté de son clan.

La même rengaine qu'au Maroc, pensais-je encore, le souci de classe, la pureté du lignage, la garantie d'un arbre généalogique qu'on aurait secoué pour en faire tomber les débiles mentaux et les putes. Un *chrif*[1] par-ci, un descendant de nanti par-là, et ça vous fait le *ould ayla*, fils de bonne famille que je suis censée attendre.

« Demain est un autre jour », ai-je pris l'habitude de répondre à haute voix. Et ma réponse semblait satisfaire mes amies, malgré leurs convictions, plus désireuses au fond de me pousser vers l'aventure que de me voir casée avec une ribambelle de gamins.

1. Noble, de par son lignage avec le Prophète.

Un marché insidieux

Ainsi, j'avais beau protester, affirmant que je voulais un prétendant sérieux pour me ranger, mes amies, qui n'en étaient pas à une contradiction près, répondaient désormais que j'avais tout le temps de gagner la prison du mariage et m'encourageaient à « vivre ». Personne ne le croirait, mais il fallait se rendre à cette évidence : ce sont les Saoudiennes qui me poussaient au vice, moi, la Marocaine ! Que je sois célibataire et supposée sans expérience du sexe ne me désignait pas moins pour devenir leur French Doctor ès galipettes, du fait de mon métier et de mon origine.

Elles invoquaient le besoin qu'elles avaient, pauvres recluses, d'en savoir plus sur les hommes. Bref, je compris qu'elles se contentaient pour elles-mêmes de la théorie et qu'elles comptaient sur moi pour les leçons pratiques. Elles voulaient me voir jouer à l'amante, sans pour autant que je renonce à porter le titre de *sabiyya*[1], que j'expérimente le sexe, sans passer pour une putain. Pour satisfaire leur curiosité, j'allais devoir faire un sacré exercice de dosage entre ce que je pouvais leur confier et ce que je devais garder pour

1. Jeune demoiselle vierge.

moi. La frontière était mince entre l'aventure et le vice, le jeu et la débauche. Et ces femmes qui m'ouvraient leur porte comme à une sœur pouvaient le lendemain me la fermer au nez pour raison de moralité. Mon intuition me disait que, entre la pute et la gentille aventurière, il fallait absolument rester dans le second rôle.

Elles votèrent à l'unanimité que chaque aventure ramenée me vaudrait un présent pour mon trousseau. Je savais qu'elles tiendraient promesse. Et qu'il ne fallait pas les décevoir.

— Tu pars où, prochainement ? a demandé Soha.

— En Turquie.

— Eh bien, ce sera l'occasion de nous dire comment sont faits les hommes turcs.

— Il ne m'est jamais venu à l'idée de coucher avec un Asiatique.

— Ce ne sont pas des Asiatiques, ce sont des musulmans, a cru devoir corriger Salma.

— Les musulmans sont partout, ma chérie, y compris en Turquie, a nuancé Joumana.

— Tu le feras pour nous, n'est-ce pas ? a repris Soha.

— Tu veux dire coucher avec l'un d'eux ?

— Il suffira de flirter, tu sauras le faire.

Oui, je savais le faire. Je devais même m'astreindre au flirt jusqu'à mon mariage.

Le marché était sournois, faussement innocent, comme la plupart des entreprises féminines. Mais il me fallait l'honorer pour remercier mes hôtesses de leur hospitalité, de leur générosité, du courage enfin qu'elles montraient en admettant chez elles une étrangère au métier suspect, sans s'arrêter aux réflexions de leurs maris ou au qu'en-dira-t-on. J'avoue aussi que j'escomptais de cette entreprise quelques gains financiers, sans aller jusqu'à me décider à en vivre.

Au début, je me suis contentée de leur apporter des photos de magazine. Je faisais très attention à ce que je laissais dans mon appartement, cependant. Tout le monde savait que la police religieuse inspectait nos logements parfois en notre absence. Malheur à l'hôtesse de l'air ou au steward chez qui on trouvait des images salaces, une vidéo ou une bouteille d'alcool. J'opérais moi-même dans les revues : avant que les douaniers n'y découpent les photos de femmes nues, je faisais jouer habilement les ciseaux, et je planquais les photos les plus osées pour les filer à mes copines.

Les photos ne leur suffisaient pas. Elles avaient besoin de témoignages frais… Il m'a fallu leur en fournir. Et, lorsque je manquais d'aventures personnelles, je me débrouillais pour m'en procurer par d'autres moyens et racontais les coucheries de mes collègues glanées sur les vols. Faute de « terrain », je revenais avec des blagues salées.

Comme je ne pouvais enquêter sur le sexe auprès de mes collègues saoudiens, ils m'auraient prise pour une folle, l'idée me vint d'associer Fouad à mes investigations. Je l'entretenais déjà de mes conversations avec les Saoudiennes et de leurs confidences intimes. Il en était devenu accro, ça le faisait fantasmer.

Un jour, je lui lançai, agacée :

— Tu es marié. Tu peux même coucher avec toutes les femmes de Casa. Pourquoi t'intéresses-tu à ces dames que tu ne pourras jamais avoir ?

— Parce que je ne pourrai pas les avoir, justement.

— Et comment peux-tu les désirer, alors que tu ne vois rien d'elles ?

— C'est que tu n'as rien compris au désir.

— Le désir masculin ?

— Je n'en sais rien. Mais un homme sent naître le désir dès qu'il perçoit un obstacle sur son chemin. Si la nudité est à portée de sa main, il s'en fiche, ça ne le fait pas bander. Mais s'il pense qu'il va avoir à découvrir, à effeuiller, à dénuder, il se met à lever. La mécanique du désir est liée à l'interdit du regard, ma chérie.

C'est ainsi que j'ajoutai quelques notions supplémentaires au chapitre « Regard » dont j'allais rendre compte à mes amies. Je demandai alors à Fouad si c'était là une spécificité arabe ou non, puisque les autres peuples, européens ou asiatiques, n'ont pas besoin de voir les femmes voilées pour les désirer. Pourquoi n'éprouvent-ils pas de difficultés à tomber amoureux de filles qui se découvrent ? Et, en fin de compte, pourquoi Dieu a fait les musulmans plus portés sur cette mise en scène ?

— Si tu vivais en Europe et que tu voyais tout le temps des femmes sans voile, elles t'exciteraient moins, c'est ça ?

— Disons que j'irais plus vite au but. Or tout empressement est mauvais. Et tout chemin sans obstacle ni surprise est ennuyeux.

— Alors pourquoi le bon Arabe que tu es fantasme-t-il sur le nu intégral du porno ?

— Parce que ce sont des situations qui se passent dans le cadre d'une relation illicite. En plus, ces actrices du X ont rang de putes, et comme une pute est une pute, quelle que soit son origine, et que tous les hommes fantasment sur les putes, eh bien, les Arabes aussi.

Je n'ai pas compris grand-chose mais j'ai insisté :

— Et si le personnage d'un film porno est une musulmane ?

— Là, ça devient hyper intéressant. C'est l'interdit puissance dix. On ne voit plus seulement la pute qui se dénude et qui n'en a pas le droit selon la morale, mais la musulmane qui n'a pas le droit de se dénuder ni d'être pute et qui commet les deux péchés. C'est le nirvana !

Après ça, on dit que mes coreligionnaires sont équilibrés !

Je décidai donc de mettre Fouad dans le coup, en l'informant du marché passé avec mes amies. Je ne sus point s'il fallait expliquer cet élan de confidence par le fait que nous fussions des compatriotes loin du pays, ou en raison des deux verres de champagne que j'avais dans le nez, ce soir-là, alors que nous venions de débarquer du vol Riyad-Beyrouth. En tout cas, je laissai tomber, les yeux mouillés :

— Il faut aider ces femmes à tuer l'ennui. Il faut les amuser, et seules les choses du sexe les amusent.

— Et alors ?

— J'aimerais que tu me racontes, par exemple, comment se comportent les hommes au lit et quel type de femmes ils aiment. Mes amies adorent ce genre d'indiscrétions.

— Et elles paient pour ça ?

— Tu n'y penses tout de même pas !

— Et pourquoi pas ? Tes amies sont bourrées de fric. Elles sont prêtes à payer davantage pour des histoires que pour des robes que personne ne voit en public et des manteaux de fourrure qu'elles ne mettront jamais !

Je ne tardai pas à revenir vers Fouad quelques vols plus tard, mais il ne voulait pas en démordre. Elles paient, je raconte. La littérature du sexe, c'est un boulot hard, il faut écumer les bars, être à l'affût des faits du genre, rentrer dans l'intimité des copains, soudoyer les vicieuses, faire parler les coiffeurs et les chauffeurs de taxi, exactement comme les journalistes.

J'eus honte de faire part des exigences de Fouad à mes amies, elles allaient croire que tous les Marocains sont vénaux. Quand j'osai quelques allusions, quelle ne fut pas ma surprise de constater que l'idée les excitait à fond. Non seulement l'information leur parviendrait à chaud, mais elle leur serait rapportée par un homme. Autrement dit, je n'étais plus que le narrateur intermédiaire, elles savaient que l'auteur authentique était Fouad, qu'elles pourraient l'entendre à distance, dans la position interdite de se voir confier les choses les plus salées par la bouche d'un homme étranger. Le fantasme !

Journaliste du sexe

Désormais, j'avais non seulement un collègue steward, mais un reporter-investigateur du sexe qui me rapportait des confidences masculines de toutes sortes. Au lit d'une belle ou assis dans un café, sur une plage ou dans un bar, il faisait parler ses interlocuteurs et revenait la mémoire chargée comme une mule de ces histoires bizarres qui me confirmaient dans l'idée que, partout dans le monde, et encore plus en terre musulmane, hommes et femmes passaient leur temps à s'intéresser aux affaires du sexe tout en donnant l'impression contraire.

— Tu sais bien que les Arabes pensent avec leurs couilles ! affirmait Fouad. Quand tu vois ces gens qui voilent leurs femmes, qui maintiennent leurs filles vierges et qui les élèvent dans la peur du sexe, tu en conclus qu'elles ne les intéressent pas du tout et qu'ils ont pris le parti de passer très peu de temps à leurs côtés. En réalité, il s'agit du contraire : ils sont tenus par le cul et ne conçoivent rien sans lui.

En femme jalouse, Soha a l'habitude de dire :

— C'est pour ça que Dieu a demandé d'enfermer les femmes. Il sait à qui Il a affaire. Il a tenu à séparer les sexes, sinon, tu aurais vu le bordel ! Ils seraient de vraies bêtes à forniquer jour et nuit.

— Le sexe, le sexe, ils n'ont que ça dans la tête, de l'Inde à l'Andalousie, rien à faire ! renchérit Joumana.

Je rapportai à cette dernière les propos de Fouad selon lesquels les Arabes seraient plus portés que d'autres sur la chose. Elle rétorqua avec ce geste d'agacement qui lui faisait ébouriffer énergiquement des doigts ses courtes mèches :

— Je pense qu'ils ne sont pas meilleurs ou pires que les autres. Mais ils ont une façon d'orchestrer le désir qui leur appartient. La séparation des sexes crée tellement de frustration que, une fois lâchés, ils enfourcheraient une chèvre à l'idée que c'est une femme !

L'interdit qui alimente le désir et booste la libido, Joumana n'en voulait pas. Elle trouvait même que les peuples qui côtoient les femmes nues tout en continuant à les désirer avaient davantage de mérite. Ils ont en outre l'occasion de raffiner les formes de l'amour et d'être inventifs dans les affaires du lit.

Sur l'insistance de Farah, je demandai également à Fouad de m'éclairer sur les pratiques des hommes saoudiens. Et le priai d'enregistrer les confessions du pilote Abderrahman. Je savais que, de même que les Saoudiennes déroulaient sans chichis leur vie privée devant moi, Abderrahman raconterait la sienne, le plus naturellement du monde, à Fouad, à qui il pouvait se confier du fait qu'il n'était pas un compatriote. Abderrahman avait la quarantaine fière et musclée, la peau blanche et de grands yeux d'où coulait un désir pressant chaque fois que passait l'ombre d'une femme. En ville, on pouvait le croiser dans une robe blanche impeccablement repassée, et une *guttura* flamboyante retenue par un *iglal* en poil de chèvre noir. De même qu'il lui arrivait de sortir avec un costume trois-pièces à l'occidentale et une cravate assortie, les cheveux gominés, la démarche pressée des gens modernes. Bref, c'était le plus élégant du personnel volant saoudien.

Fils d'un grand importateur de sous-vêtements de marque, il avait grandi dans les magasins de son père, à palper la soie des soutiens-gorge et à jouer avec les élastiques des culottes. Il aurait pu devenir homosexuel, il finit grand amateur du beau sexe. Un dragueur qui, lorsqu'il s'assura que je ne tomberais pas dans ses filets, s'en est allé raconter ses pièges à Fouad :

— Je repère les femmes par la couleur de leurs chaussures. Je leur glisse mon numéro de portable. Généralement, elles me rappellent. Je leur donne rendez-vous, puis je m'arrange pour les voir dans un endroit secret. Les jours où la pêche est mauvaise je me rends dans une de ces maisons closes interdites par la loi, mais dont mes copains se filent l'adresse sous le manteau, des maisons privées hyper secrètes où je peux louer les services d'une étrangère, philippine ou noire non musulmane.

— Ah, les voyous ! s'exclama Soha. Que Dieu les pende par le zizi !

Chaque fois que Fouad recevait sa paie de « journaliste du sexe », nous la claquions dans les restaurants chic des villes où nous faisions escale. Nous étions devenus les informateurs de ces dames, nous introduisions en cachette dans le gynécée des histoires qui alimentaient leur quotidien, leurs rêves, leurs stratégies sentimentales. Pourvoyeurs d'une littérature interdite, narrateurs d'un nouveau genre, nous nous plaisions dans ce rôle, aimant à croire que nous étions en train de nourrir les Saoudiennes en ingrédients de révolte et de fomenter la rébellion dans le royaume, sans que personne ne le sache, une rébellion bien plus dangereuse que les théories du complot habituellement attribuées à l'Occident. Elles finiraient par admettre leur condition de prisonnières et se cabreraient un jour. Mais nous terminions notre conversation par un grand rire, nous moquant de nos velléités de révolutionnaires, sachant que, comme tous les Arabes, nous épuisions nos énergies dans des bavardages en coulisses et de petites conspirations privées.

Que s'est-il passé dans la tête de Fouad ? Ouvrir ensemble le chapitre du sexe le poussa à penser qu'il était autorisé à me faire des avances. Du fait de l'anonymat dans des contrées étrangères, le personnel volant se croit tout permis et travaille à oublier l'exil dans des étreintes passagères. Fouad savait pourtant que personne ne m'avait prise en flagrant délit de frayer avec un collègue.

Ainsi, nous regagnions ce jour-là nos chambres d'hôtel, à Genève, lorsqu'il a retenu ma main en sortant de l'ascenseur :

— Et si on se tenait compagnie ?

— Qu'est-ce que tu racontes ?

— Nous avons assez de nous-mêmes…

— Je ne comprends pas ?

— Avant de livrer la marchandise comme tout commerçant honnête, nous devrions nous assurer de sa fiabilité. J'ai quelques recettes d'Eros, ne veux-tu pas qu'on les teste pour nos amies ?

Ne sachant si Fouad plaisantait ou s'il était sérieux, je m'en sortis avec une pirouette :

— Je crois que tu commences à confondre les rôles. T'imagines, si tous les auteurs de romans devaient vérifier dans la vie les scènes qu'ils écrivent et se mettre dans la peau de leurs personnages ! Allez, va dormir, dis-je en lui embrassant tendrement la joue comme à un enfant.

Et Fouad obéit sans rechigner.

Couchée dans mon lit d'hôtel quatre étoiles, je repensais à une discussion animée chez Joumana. Mon amie y allait de son couplet féministe, dénonçant la passivité des hommes saoudiens à venir au secours des femmes.

Joumana : Nous sommes toujours dépendantes de quelqu'un, mari, famille, village, tribu, roi, jamais seules ! Quelqu'un habite constamment notre lit, notre sexe, notre tête, et ne parlons pas du cœur. Jamais indépendantes, les femmes arabes !

Soha : Mais jamais solitaires non plus. Etre indépendante, c'est crever toute seule.

Joumana : Parce que tu ne t'assumes pas, ma chérie !

Soha : Disons que je ne veux pas courir le risque d'être désignée du doigt et marginalisée.

Joumana : Je ne comprends pas que nos hommes qui voyagent à travers le monde et fréquentent les grandes universités d'Occident continuent à fermer les yeux sur notre condition. Il n'y en a pas un qui aurait le culot de prendre notre défense ?

Farah : Nos hommes sont prêts à tout, sauf à nous voir changer de condition. Parce qu'ils perdraient au change tout simplement. Mets-toi à leur place.

Moi : Si ça peut vous rassurer, c'est partout la même chose chez les hommes arabes. Même les plus intelligents deviennent stupides dès qu'il s'agit des femmes. Leurs préjugés sont les mêmes : ne pas épouser la jeune fille avec qui on a batifolé, ni s'engager avec celle qui a eu le culot de les aimer avant le mariage. J'ai rencontré un professeur de faculté algérien sur un de mes vols. Il était brillant, défendait les opprimés du monde entier, pleurait pour la Palestine et regrettait l'ancienne URSS. Comme j'acceptais de dîner avec lui, j'ai été étonnée de l'entendre me tenir un langage si mielleux, des réflexions sur les femmes si rétrogrades que j'ai douté que ce fût la même personne qui se passionnait pour les droits de l'homme et la liberté des individus.

— Et après ?

— Après quoi ?

— Après le dîner, qu'est-ce que vous avez fait ?

Disons que je n'ai pas refusé sa compagnie. Mais ni lui, ni Fouad, ni aucun Saoudien n'embrasserait la cause des femmes, sinon dans un lit…

L'homme idéal

— Top ! Allez-y !

Ce n'est pas une compétition, ni l'objet d'un pari, voilà juste un jeu où les réponses doivent s'enchaîner sur un thème qui accapare souvent nos conversations : Quel est votre homme idéal ? Il faut avouer que, à côté des questions sur le sexe que nous abordions régulièrement, l'exercice paraît innocent. Et si nous nous obligions parfois à rester dans les limites de la pudeur, c'est que la belle-mère de Joumana était parmi nous. Nous l'associions volontiers à ce genre de jeu, sachant au fond à quel point elle était tolérante. La belle-maman acceptait sans rechigner, avec plaisir même, comme cette fois où nos appréciations se sont succédé :

— L'homme idéal est celui qui me rassure et me comprend.

— Celui avec qui je peux parler de tout.

— Qui m'offre des cadeaux.

— Qui me montre son amour.

— Mais pas trop..., a protesté la belle-mère.

— Pourquoi ? a interrogé Joumana. C'est vrai que vous éduquez vos fils avec l'idée de ne pas se confier aux femmes, ni de leur déclarer leur flamme au risque de manquer de virilité.

— Arrête un peu de nous faire la leçon. Laisse-nous parler avec nos cœurs, a reproché Soha.

— Ce qui ne devrait pas vous empêcher d'avoir de l'esprit, a grogné Joumana.

Le jeu recommença :

— Un homme sincère.

— Qui ne ment pas.

— Qui ne me trompera jamais.

La belle-mère de Joumana sourit :

— C'est la seule condition impossible à satisfaire, mes enfants.

Joumana encore :

— Et selon vous, belle-maman, quel est le mari idéal ?

Elle égrena :

— Celui qui s'intéresse à toi et aux tiens, qui essaie de s'approcher de ta famille. Celui qui te fait des compliments pour une belle chose que tu viens d'entreprendre. Celui qui ne compte pas l'argent avec toi et n'oublie jamais de te faire des cadeaux.

Soha a interrogé à son tour :

— Dites-nous, tante, à supposer que nous ayons trouvé le meilleur homme, comment le garder ?

Et la belle-mère de répondre par une liste qu'elle semblait avoir apprise par cœur et dont sans doute des générations de femmes héritent d'office depuis notre mère Eve.

Elle dit :

Pour garder son mari, il convient de :

1. Bien faire la cuisine, les hommes, on les tient par le ventre, le sexe vient après.

2. Y aller des compliments, les hommes sont des narcissiques et leur image compte plus que le reste, il faut leur faire croire qu'ils sont les meilleurs.

3. S'intéresser à ce qui intéresse son époux, fût-ce par hypocrisie. Que ce soit la politique, l'argent ou le foot, faire semblant d'être passionnée parce qu'il l'est d'une de ces activités.

4. Lui donner l'impression qu'il est le plus beau, le plus sympathique, le plus intelligent.

5. Lui offrir le cadeau qui le lui prouve.

6. L'encourager dans ce qu'il entreprend pour montrer que sa réussite vous importe plus que la vôtre.

7. Etre aux petits soins avec sa famille, il n'aura plus de problèmes de conscience.

8. Aimer sa mère, même du bout des lèvres.

9. Lui montrer que l'homme c'est lui, pour tout ce qui est prise de décision, travail pénible et toute autre initiative de responsabilité déclarée.

10. Au lit, lui faire croire que c'est lui le chef d'orchestre et que votre talent ne relève pas de la pratique mais d'une sorte de révélation que vous lui devez.

J'entendais parler la grand-mère et m'étonnais de l'écart qu'il y avait entre cette Saoudienne supposée ne rien savoir sur le monde des hommes et ma propre grand-mère qui peut vous indiquer l'adresse de Dieu, mais sans doute pas celle d'un sexologue.

La belle-mère de Joumana conclut par cette remarque :

— Oh, je vous vois très bien, les filles ! Qu'est-ce que vous vous lamentez sur les hommes, mais qu'est-ce que vous les aimez !

C'est là que Joumana est intervenue à nouveau :

— Ecoutez, belle-maman. Je vous connais assez pour deviner vos pensées. Vous avez dit tout ce qu'une femme saoudienne qui tient au bonheur de sa fille peut dire. Mais permettez-moi de déclamer haut ce que vous vous refusez à avouer. Je ne vous choquerai donc pas en vous faisant part de ce que je pense personnellement être un bon mari :

1. Celui qui ne prend pas une seconde épouse.

2. Celui qui encourage sa femme à s'épanouir hors de la cuisine et à exercer un métier.

3. Celui qui ne voit aucun inconvénient à ce qu'elle fraie avec ses amis garçons.

4. Celui qui est capable d'élever la voix pour lui épargner toute loi qui la brime ou touche à sa dignité.

5. Celui qui marche à côté d'elle et pas devant.

6. Celui qui ne fait pas rire le monde entier en la présentant sous les traits de l'esclave.

7. Celui qui n'a pas peur de sa sexualité et apprécie son appétit comme un signe d'amour et non de débauche.

8. Celui qui ne la tue pas parce qu'il a découvert qu'elle n'est pas vierge.

Quand elle eut terminé, Slama se contenta de soupirer :

— Tu rêves, ce mari-là n'existe pas, ma chérie !

Suivie par Soha :

— Oui, Joumana, tu confonds tes rêves et la réalité. Reviens sur terre, mon âme.

— Moi, je pense que c'est possible, même si c'est trop demander pour un Saoudien, répondit cette dernière.

Ce fut la belle-mère qui conclut à l'adresse de sa belle-fille :

— A comparer tes critères et les miens, qui apparemment se contredisent, je pense pouvoir dire sans me tromper, ni vanter les qualités de mon fils, que tu es tombée sur le bon mari : celui qui te permet, au moins, de rêver, et de mettre des mots sur tes rêves.

Alors, elle sourit, se leva et nous quitta, sachant qu'elle nous laissait plus songeuses encore. Soha pouvait maintenant poser les questions qui la préoccupaient avant tout et qui avaient trait au sexe. Nous étions habituées à la voir guetter le moment où la vieille dame s'apprêtait à chercher son tapis de prière ou à sortir visiter une parente. Elle allait nous interroger sur les meilleures positions au lit, les vêtements sexy, les caresses dont les hommes raffolent. Mais cette fois, pour les distraire de l'abattement qui les avait saisies, je précédai les demandes de Soha par une audacieuse entrée en matière :

— Je crois que c'est une question de feeling et de peau, dis-je. Tu peux être techniquement la plus extraordinaire des amantes mais sans faire bander ton mec.

— Les hommes aiment aussi les filles expérimentées et qui savent s'occuper d'eux, a avancé Soha sur un ton d'hésitation.

— Oui, mais pas trop, comme dit belle-maman. Il faut toujours leur laisser croire qu'ils sont les maîtres à bord. Et que ton expérience, elle vient de te tomber dessus, comme ça, par magie, parce que c'est lui, ton inspirateur suprême. A partir du moment ou un homme croit que tu consommes comme lui, il se cabre. S'il s'aperçoit qu'il sert d'objet sexuel, sa virilité en prend un coup.

Paroles de Joumana.

C'était exactement ce que me racontait un amant kabyle que j'avais à Paris et dans le lit duquel je glissais à chaque escale. Me confirmant la théorie du désir de Fouad, il préférait m'effeuiller, me humer et s'arrêter devant mon vestibule que de faire l'amour à des aguicheuses qui lui sautaient dessus et s'emparaient de son sexe sans crier gare. Je lui rappelais le « mur » qu'il ne devait pas franchir. Le simple mot « vierge » le mettait dans un tel état d'excitation que le reste semblait lui importer si peu…

Il jurait que certaines femmes venaient à sa rencontre nues sous leur manteau de vison et que d'autres aimaient trémousser du derrière devant ses yeux, avant qu'il les montât sans plaisir.

Depuis longtemps il s'était lassé de son épouse flamande et rêvait d'une amante de chez lui, aux yeux d'odalisque et aux mains tatouées, qui jouerait de son mystère et de ses interdits. Il m'avoua une fois que la dernière méthode qu'il avait trouvée consistait à sortir avec des prostituées à qui il demandait de se déguiser en filles du bled. Après l'amour, il leur glissait un billet sous l'oreiller.

— Fais gaffe à ne pas commettre le même geste avec ta femme !

— J'y ai déjà pensé. Comme je sais qu'il m'arrive de crier les noms de mes amantes pendant l'amour, je fais attention. Si dans mon inconscience amoureuse je mettais un billet entre les seins de ma légitime, ou sous son oreiller, je prétendrais que c'est pour les courses du foyer.

Pendant que Farah riait aux éclats, Soha ouvrait grands les yeux, dépitée, et Salma avalait une poignée de dattes fourrées aux amandes.

Pinceau et plomberie

Il fallait s'y attendre, Farah n'avait de cesse de me demander comment je m'y prenais pour faire l'amour tout en restant intacte.

— Comment peut-on priver un homme d'entrer dans son domaine et réussir à le garder ?

— C'est vrai, a insisté Soha, c'est quoi, cette technique du pinceau dont tu nous parles ?

Cette fois-là j'expliquai enfin ce qui se faisait de mieux pour garder vierge une femme tout en la déniaisant. Le recours idéal pour des célibataires volontaires ou forcées, leur permettant quelques escapades avant de rentrer définitivement sous le toit de la fidélité conjugale. Mine de rien, on se laisse caresser et embrasser, on chauffe et on s'échauffe, on va jusqu'au seuil et on revient ravie.

— Et que fait l'homme, exactement ?

— Tu laisses son sexe se promener sur ton corps à sa guise. Il peut s'engouffrer dans le sillon des seins ou celui des fesses, tourner autour du nombril puis descendre plus bas. Il toque à ta porte, balaie tout autour, il monte et descend, peint et repeint comme un maçon sa devanture, glisse le long des zones mouillées, toujours en restant poli, pas de mauvaise manière ni d'attaque surprise, jamais en forçant le passage, il y a de la promenade à faire, des sentiers cachés, des plis et des replis, de la salive pour renfort, le tout sans que personne sache jamais si un intrus a rôdé autour de ta maison.

Salma avait l'air subjuguée et je continuai :

— C'est une technique qui en apprend beaucoup sur la masturbation. L'homme est contraint de visiter les parties féminines où il ne se hasarderait pas s'il y avait un accès direct. Et les femmes se doivent de le récompenser en sachant flatter son membre, ce qui n'est pas garanti, car il paraît que seuls les hommes connaissent les meilleures techniques pour branler. Bref, le pinceau apprend à privilégier les préliminaires.

— « Qui sont à l'amour ce que la tempête est à l'orage », disait le Prophète, saluts de Dieu sur lui, sans que ses fidèles s'en inspirent, a commenté Joumana.

Salma laissa tomber d'un coup :

— Les préliminaires, je n'en ai jamais entendu parler.

— C'est quand ton type te jette sur le canapé et t'embrasse partout avant de te déshabiller, expliquai-je. C'est quand il aime te surprendre dans ta baignoire et te supplie de lui laisser un petit coin. C'est quand il reste des heures à te mordiller les oreilles, les tétons, le petit doigt du pied.

Soha me regardait avec une expression qui oscillait entre la fascination et l'effroi.

Quant à Farah, elle écoutait sans rougir. Je cernais de mieux en mieux sa personnalité. Elle était la plus délurée et la plus bavarde. Dans le langage policé de ces dames, ses mots éclataient comme des bombes. Elle n'hésitait jamais à nommer un chat un chat, parlait de sexe aussi naturellement qu'on parle d'une recette de cuisine, adorait les sous-entendus, s'exprimait avec clins d'œil et grandes tapes sur les cuisses, mimait les pratiques du sexe sans gêne aucune.

J'ai compris aussi que les périodes où elle était la plus diserte correspondaient à celles où elle n'avait pas d'amants, comme si elle devait combler par les mots ce qu'elle ne pouvait vivre par le corps. Les périodes où son silence se prolongeait et ses yeux s'absentaient, où elle ne faisait grâce de sa conversation qu'à son portable, signifiaient, au contraire, qu'elle avait trouvé l'homme qui la comblerait pendant un certain temps.

Et comme elle ne faisait aucun secret de sa vie amoureuse, toutes ses amies savaient que Farah ne se contentait pas de n'importe quel amant :

Farah : D'abord, il faut qu'il soit grand et qu'il ait un beau nez.

Soha : Pourquoi un beau nez ? Ce n'est pas primordial.

Farah : Je déteste les gros nez et les narines qui ressemblent à des marmites pleines de poils. La couleur de la peau m'importe peu, mais il faut que ce soit une peau qui sente. Bon ou mauvais, ça m'est égal, l'essentiel est qu'elle sente !

Soha : Même la *hilba*[1] ou le chameau ?

Farah : C'est mieux qu'une peau sans odeur, on a l'impression de coucher avec un mort. Je trouve aussi que les doigts caressent mieux quand ils sont calleux.

Joumana : Tu as intérêt à chercher ailleurs que dans la curie des fils à papa aux mains blanches et aux doigts qui ne

1. Fenugrec.

se sont exercés qu'à nouer leur keffieh ou à porter la nourriture à leur bouche.

Soha : Si on résume : odeur forte, doigts épais, peau sale, tu as une préférence pour les monstres, au final…

Farah : Je vais vous faire un aveu.

Le mot « aveu » dans la bouche de notre amie signifiait généralement le récit d'une aventure érotique ramenée de Beyrouth ou de Genève. Cette fois-là c'était Le Caire où elle voyageait accompagnée de son fils.

— J'avais loué à Zamalek une *chaqqa mafroucha*[1]. Un jour, il y a eu une fuite d'eau alors que je m'apprêtais à prendre mon bain et j'ai dû téléphoner pour faire venir un plombier. Lorsque j'ai ouvert la porte, je me suis trouvée devant un homme à la quarantaine patinée par le labeur, le teint nubien et les dents d'une blancheur de lait, habillé avec un polo rouge qui moulait sa poitrine et exhibait les muscles de ses bras, quelque chose que j'avais rarement vu ailleurs que dans les magazines pour homosexuels à Genève, *Wallah* ! Bien entendu, je n'avais pris aucune précaution particulière, j'étais dévoilée et je portais encore ma chemise de nuit. Il m'a demandé où se trouvait la fuite, je l'ai précédé, il m'a suivie, je sentais ses regards sur mon derrière et, je ne sais pas pourquoi, j'ai eu peur de m'évanouir. J'ai chancelé, il m'a retenue. Quelque chose m'a immobilisée sur place, face à lui, je le regardais dans les yeux, puis il y a eu comme un tourbillon, la porte s'est refermée…

— Après ? Après ? avons-nous toutes crié.

— Après, je ne me souviens plus, a dit Farah, les yeux mi-clos, complètement sourde à nos sollicitations.

1. Appartement meublé.

Les histoires de Farah se terminaient souvent ainsi. « Elles nous mènent au bord de l'eau et elles nous ramènent avec notre soif », comme dit le proverbe égyptien que doit connaître son plombier. Nous voulions savoir comment son amant était monté et comment il s'y était pris.

Elle se contenta d'un :

— C'était un bon coup. Et moi aussi, ça va de soi. (Puis argumenta sur le même ton :) Raconter l'amour le tue. Je vous fais l'amitié de laisser travailler votre imagination.

— Dis-nous, s'il te plaît ! suppliait Soha.

— Toi, tu veux des recettes pour séduire ton bonhomme. Tu n'as qu'à lire des livres et pas puiser tout le temps dans mes histoires. J'ai peur du mauvais œil !

Et Salma de conclure avec son penchant pour la remontrance :

— Fais attention, quand même ! Si tu te fais coincer, tu n'échapperas pas au ministère de la Répression du vice !

J'ai cru pouvoir corriger :

— Mais non, les châtiments ne concernent pas les femmes de votre rang. Il n'y a qu'à voir ceux qu'on exécute en public, ce sont des travailleurs immigrés pour la plupart.

— Tu as déjà assisté à une exécution ? demanda Joumana les yeux grands ouverts.

— Non. Mais mon collègue Fouad, oui.

Un silence tomba. Comme à la mémoire de ces têtes qui roulaient régulièrement sur le sable, de ces corps qui saignaient sous une pluie de pierres. Puis nos regards interrogateurs se dirigèrent vers Farah. Ce jour-là, je pensais que la belle rousse avait beau voyager par la mémoire et nous tenir secrets ses ébats, son débit ininterrompu indiquait qu'elle était en période de disette amoureuse. Oui, elle n'avait personne sous la main et je le lui ai fait remarquer. Elle a répondu du tac au tac d'un proverbe, venu de chez moi cette fois :

— « Mieux vaut une maison fermée qu'une mauvaise location. »

Exhibitions

C'est Farah qui a avancé cet après-midi-là, en tirant sur son narguilé :

— Je serais toi, dit-elle à l'adresse de Joumana, je m'arrangerais pour qu'Iqbal le rencontre, son amoureux.

— Tu es folle ? Si on les trouve chez moi, on les tuera tous les deux, et moi avec.

— Tu exagères ! Tu n'as qu'à profiter de l'absence de ton mari, tu soudoies tes domestiques et le tour est joué.

— Impossible. Impossible, a répété Joumana.

— Alors, c'est moi qui le ferai.

Les portables se sont éteints d'un coup et nous nous sommes approchées de Farah comme s'il s'agissait de notre propre destin, quelque chose qui nous engagerait toutes dans la même aventure.

— Tu diras à Iqbal de passer chez moi mardi prochain à l'heure de la prière du *Dhohr*[1].

— Tu sais au moins ce que tu fais ?

C'est à ce moment que la belle-mère de Joumana est entrée. Je ne sais si elle avait écouté des bribes de la conver-

1. Après-midi.

sation ou non, son regard n'en laissa rien paraître. Elle proposa de nous renseigner sur l'étrange histoire de cette femme dont tout Djeddah parlait avec fureur et qui l'amusait personnellement. Apparemment, il existait une folle qui sévissait dans les rues de la ville et qui avait décidé de mettre en rogne les hommes, tout en les empêchant de réagir. Elle agissait dans les centres commerciaux bondés ou dans les ruelles du souk. Elle choisissait sa proie, un homme, qu'elle observait attentivement avant de se poster dans un coin où il serait seul à la voir. Alors elle soulevait son abaya. L'espace d'une seconde, elle offrait son corps nu au regard de l'homme. Celui-ci n'avait pas le temps d'esquisser le moindre mouvement, qu'elle avait déjà disparu.

— Dans un pays où un homme peut passer toute une vie sans voir la cheville d'une femme autre que celle de sa mère, son épouse ou sa fille, lui montrer ses parties intimes, en pleine ville, est l'attentat le plus terrible qu'on puisse perpétrer contre lui. Le 11 Septembre, c'est rien à côté, commenta Joumana.

— C'est l'impuissance masculine à réagir devant un tel acte qui doit exciter cette femme, a conclu la belle-mère.

— Et pourquoi ne pas penser à de l'exhibitionnisme ? Il existe bien chez les hommes, je ne vois pas pourquoi il n'existerait pas chez les femmes, suggéra Farah. Je parie que, après chacun de ses exploits, elle doit rentrer satisfaite et comme lavée, a ajouté la belle sur un ton ambigu.

— Que voulez-vous ? a conclu Joumana avec cette ombre triste qui passait sur son regard. Il y a des nations où les femmes combattent comme des soldats et s'occupent à faire l'histoire de leur pays. Il y en a d'autres où l'acte de bravoure pour une femme consiste à montrer entre deux portes son...

Et elle n'osa pas prononcer le mot, par égard pour sa belle-mère.

Lorsque cette dernière nous eut quittées, Farah changea de sujet et nous tint en haleine avec sa coquetterie habituelle et ses rires qui faisaient frétiller ses seins en forme de poires qu'elle venait de se faire refaire. Elle promettait d'ailleurs de donner l'adresse du chirurgien à Soha, qui devait rejoindre son mari au Caire où il gérait ses nombreux magasins de tapis.

La discussion s'engagea sur les opérations chirurgicales dont raffolaient les femmes du royaume et qui mènent certaines d'entre elles jusqu'au Brésil.

— Tu verras, tu auras la plastique de Haïfa Wahbi, en mieux, a assuré Farah.

Soha qui adorait la chanteuse libanaise a eu l'air satisfait. Il faut dire qu'elle n'est pas la seule à être fascinée par ces femmes refaites, blanches et dodues, qui chantent à l'écran comme on fait l'amour sur une banquette, avec mimiques et simulations lascives, vêtues de robes échancrées jusqu'à la raie des fesses, parfois de nuisettes transparentes, sans pour autant être dotées d'un vrai talent. Mais telle était la mode depuis quelque temps. Les reines des avantages plastiques nés des grâces du bistouri avaient pris le pas sur les vraies artistes, et personne n'y voyait de mal, ni ne se plaignait. Se rincer l'œil valait mieux désormais que jouir d'une belle voix.

Soha connaissait par cœur les titres des albums de Haïfa, la liste de ses amants, les fournisseurs de ses robes, ses maquilleurs et coiffeurs attitrés, et elle se mettait debout au garde-à-vous chaque fois qu'elle la voyait apparaître sur l'écran. Elle nous ordonnait de nous taire, demeurait pétrifiée, les yeux exorbités, ses lèvres répétant mécaniquement : *Ya Allah !* On aurait pu croire alors qu'elle allait faire l'éloge de cette beauté, mais elle s'exclamait :

— Pourvu qu'une bombe comme ça ne croise jamais le chemin de mon mari !

— T'inquiète ! Ce genre de filles vise plus haut. Elles ont besoin du double de la fortune de ton chéri. Ce sont des princes qu'elles convoitent ou des magnats de la télé, les Talal, par exemple, les Maktoum et autres empires des finances du Golfe.

— Sait-on jamais ! soufflait Soha, les yeux dans le vague.

— Enfin, disait Joumana, aie un peu confiance en ton mari. Si tu continues à avoir cette peur d'être trompée, Omar le sentira et, inconsciemment, il commencera à chasser. Tu te vois avec une concubine ?

— Dieu m'en préserve ! Ne dis pas de malheur, cria Soha, les yeux humectés de larmes.

Elle ajouta, ce jour-là, en me regardant :

— En attendant, et pour parer au pire, je vais me faire refaire les fesses. Leïla, s'il te plaît, peux-tu aussi te renseigner sur les bons chirurgiens pendant tes escales ?

Comme, en ce mois de juillet, il faisait une chaleur torride, je proposai à Soha d'aller plutôt se baigner que de passer sur le billard, l'eau et le soleil lui donneraient un joli hâle et raffermiraient son corps. Ce fut peine perdue. Vanter les vertus du bronzage ne servait à rien auprès de mes amies qui considéraient le soleil comme l'ennemi même de la beauté, laquelle, par essence, exigeait une peau blanche.

Seule Joumana aurait pu se laisser convaincre par mon prêche et nous entraîner vers une de ces plages privées, exclusivement réservées aux femmes de la même famille. Sauf que Joumana souffrait d'un lupus qui la contraignait à ne pas s'exposer aux rayons du grand disque, et même de mettre un doigt dans sa piscine. Résultat : nous ne nous aventurions presque jamais sur les plages et n'avions qu'un seul moyen de nous rafraîchir, le climatiseur, sans quoi l'Arabie serait un enfer.

Nous avions toutefois une autre occupation, en cet été 2003 : regarder la déferlante américaine sur l'Irak à la télévision. Car il ne faut pas croire que les Saoudiennes restent insensibles aux heurs et malheurs des Arabes. Elles se tiennent informées du reste du monde et Joumana, par exemple, vous égrène l'actualité internationale comme personne. Elle parle des progrès économiques de la Chine, des différends au sein de l'Union européenne, d'Ingrid Betancourt, qu'elle appelle l'« otage non consentante », ou de la couche d'ozone. Mais c'est surtout l'Irak qui l'intéresse aujourd'hui et qui, d'une façon générale, requiert l'attention de toutes ces dames.

Nous suivions donc la traque de Saddam Hussein qui battait son plein, après avoir vécu la fièvre des attaques américaines. Le monde arabe se concentrait sur la figure du Raïs devenu le chéri de son cœur, parce qu'il tenait tête aux Occidentaux. Seule Joumana persistait à le tenir pour responsable des drames de son pays. Cependant, elle n'osait plus le dire depuis que Soha avait menacé de partir en l'entendant traiter de « dictateur » le maître de Bagdad.

Désormais, Joumana nous laissait la liberté de pourfendre l'Amérique et de clamer l'injustice de l'Occident. Sauf une fois où, en pleine guerre, alors que nous vivions scotchées au petit écran, l'Irak ayant effacé nos soucis personnels, elle s'était fâchée à haute voix :

— Vous suivez le feuilleton le plus sordide des vôtres, en vous plaignant d'être des victimes. Moi, mon ennemi ce n'est pas l'Amérique, c'est la bande à Saddam. Mon bourreau n'est pas le GI ni le Juif, c'est mon propre frère de sang !

Cette fois, même moi, je me suis sentie mal à l'aise et j'ai eu des soupçons quant à la fibre arabe de mon amie.

Seules les amours d'Iqbal pouvaient nous divertir des nouvelles de la guerre. J'attendais avec impatience de savoir ce qu'il était advenu d'elle et de sa rencontre avec Samih. Farah refusa d'abord de raconter, arguant que l'affaire était sous le sceau du secret. Soha et moi sommes revenues à la charge et, comme Farah ne sait pas retenir sa langue, elle a fini par parler.

Elle avait mis dans la confidence son fils et l'avait envoyé chercher le Palestinien. Rachid devait le faire entrer chez eux, comme il l'aurait fait pour l'un de ses amis.

Iqbal fut déposée un peu plus tard par le chauffeur de Joumana qui avait fini par accepter de participer à l'opération.

— Alors ?

— J'ai enfermé les tourtereaux dans une chambre et je leur ai expliqué : « Vous avez une heure pour vous déclarer vos amours. Ensuite, vous sortirez séparément de chez moi. Si l'un de vous croise un voisin ou une voisine, pas un mot. »

— Tu ne leur as rien dit d'autre ?

— Enfin, je n'allais pas leur apprendre à se parler !

— De vive voix, c'est autrement que par Internet.

— C'est vrai, a renchéri Joumana. Parfois, sortis d'Internet, ces jeunes ne savent plus faire grand-chose.

— J'arrange une rencontre, je ne vais pas les initier à forniquer, voyons !

— Tu aurais dû rester avec eux, lui a reproché Salma.

— Evidemment ! a approuvé Soha. En vertu de l'adage : chaque fois qu'un homme et une femme se retrouvent seuls, le troisième est le diable.

— J'en serais très étonnée ! Ces petits considèrent déjà comme un miracle de se retrouver en présence l'un de l'autre dans le réel. Alors, ils ne vont pas songer à baiser !

— En tout cas, j'espère que c'est la première et la dernière fois que tu leur arranges un rendez-vous de ce genre, a prévenu Salma. Sinon, tu peux être impliquée dans un…

— Complot amoureux ? J'aime ! Ça m'excite et j'ai l'impression de retrouver ma jeunesse.

— Sauf que tu risques de ne pas voir venir ta vieillesse. La loi de ton pays n'a pas de cœur, ma chérie, ni d'égard pour l'amour, a conclu Joumana. Tu serais traînée sur la place publique et lapidée, comme une femme du peuple.

Les délices de Tunis

En cet automne 2003, une escale de deux jours à Tunis m'a confirmée dans l'idée que partout dans le monde arabe les cœurs saignaient pour l'Irak. Même ce pays laïc, porté sur la joie de vivre, sombrait dans une sorte de mélancolie que j'ai crue déceler chez mon homme d'affaires tunisien, un beau quinquagénaire, dont je venais de faire la connaissance dans l'avion et qui m'avait invitée à dîner le soir même à Sidi Bou Saïd.

— Ces Américains, ils nous ont bien baisés ! Ils disent que Saddam est un dictateur, tu vas voir maintenant... qu'est-ce qu'il va advenir de ce pays ? Saddam, au moins, a construit une nation, il a permis à tous les jeunes Arabes de rêver. Eh oui, ma poupée ! Tu n'étais pas encore née que je militais au sein du Baath pour faire mes armes.

Plus tard, alors que nous dissertions sur les Tunisiennes, mon banquier se déclara effaré de voir que les plus jeunes d'entre elles n'aient qu'une envie, tomber sur le gros lot et épouser un richard – il feignit d'ignorer qu'il était le premier à les induire activement en tentation. La mode consistait d'après lui à convoler avec des étrangers pour vivre à l'aise, pas forcément pour avoir des papiers européens :

— Je ne connais pas un Tunisien qui puisse se passer longtemps de la beauté de nos baies et de la douceur de nos cieux.

Poète, mon homme d'affaires se plaignit ensuite longuement de son épouse, trop prise par son boulot de médecin, devenue presque asexuée à force de bosser.

— Ce n'est pas parce qu'une femme travaille que ce n'est plus une femme.

— En tout cas, personnellement, j'ai besoin de quelqu'un qui soit plus attentionné et plus, comment dire…

— Plus dans la demande ! Pour aimer, vous avez besoin que la femme vous soit inférieure, tout au moins dépendante, et entièrement consacrée à votre personne.

— Je n'ai pas invité une Marocaine pour qu'elle tienne le discours de nos Femmes démocrates[1] !

Aussi, comme je ne voulais pas gâcher la soirée, j'ai conclu :

— Mon cher Sami, sache que toutes les femmes rêvent de liberté. Après, chacune gère ses frustrations à sa manière.

Trois verres de vin plus tard, et mon Tunisien oubliait jusqu'au nom de Saddam et de l'association féminine la plus célèbre du pays. Le monde pouvait s'écrouler, il n'y avait plus que lui, moi, et la perspective de niquer.

Dans ce pays où les femmes ont pourtant des droits, il était impossible à un couple comme nous de prendre une chambre d'hôtel, comme partout ailleurs dans le monde arabe. Un document prouvant que nous étions mari et femme était nécessaire. Nous avons recouru à la ruse que tous les hôteliers connaissent dans ce genre de contexte, le réceptionniste

1. Association tunisienne luttant pour le droit des femmes et la démocratie.

nous a donné à chacun une chambre, sachant très bien que nous allions nous retrouver quelques minutes plus tard dans le même lit et que l'on nous servirait le lendemain matin le petit déjeuner sur le même balcon. Tout le monde s'en fiche, en réalité. J'ai même appris que les hôtels de ce pays servaient du vin à leur client même pendant le mois de Ramadan. Au Maroc, si tu n'es pas un chrétien patenté, tu n'as pas droit à une goutte du sang du Jésus. Et si tu oses la demander pendant le saint mois, tu es passible de prison.

On dit que les Tunisiennes sont belles, les Marocaines répondent qu'elles préfèrent les hommes de là-bas. Doux, sympathiques, intelligents et pas l'esprit féodal. En tout cas, c'est ce que mon banquier a prouvé ce soir-là, où il me caressa et m'embrassa sans me forcer à lui céder du terrain, selon la technique expliquée plus haut.

Une de ses compatriotes, qui est aussi ma collègue, a fait preuve de la même gentillesse bien tunisienne en se renseignant sur les meilleurs médecins de chirurgie esthétique pour Soha. Le pays devenait, paraît-il, la Mecque de la spécialité. Elle m'a rattrapée sur le tarmac avec un paquet de brochures que je feuilletai en arrivant à Djeddah et qui vantaient les cliniques où, en plus des bienfaits de la thalasso, l'on exhibait les miracles de la lipo-sculpture, des nez bien dessinés et des seins de déesse.

J'avais remarqué que ma collègue tunisienne avait beaucoup minci et qu'elle avait le teint très pâle.

— Je te raconterai quand nous nous reverrons, dit-elle en m'embrassant.

Et elle tint sa promesse une semaine plus tard.

Elle était supposée travailler durant tout le mois, mais un changement de planning l'avait libérée plus tôt. Elle avait eu l'idée de faire une surprise à l'homme auquel elle était mariée depuis l'été et qu'elle avait peu vu, en rentrant à l'improviste. Elle lui avait acheté une belle Swatch, deux cravates et un flacon de son parfum préféré avant de prendre les airs. Sitôt à l'aéroport de Tunis-Carthage, elle avait sauté dans un taxi et, arrivée chez elle, catastrophe ! elle a trouvé son amoureux dans les bras d'une femme mûre.

— La pauvre ! s'est exclamée Joumana de conserve avec ses amies, pendant que je rapportais la mésaventure de ma collègue. Est-ce qu'on a idée de profiter de l'absence de sa femme pour la tromper ?

— Il fallait s'y attendre, a dit Soha. Quand on a un métier comme le vôtre, on ne se marie pas. C'est la porte ouverte à toutes les tromperies. Il faut rester chez soi et encore, on n'est sûre de rien.

— Oui, mais quand on vient de se marier, qu'on aime son mari et qu'il vous aime, vous pouvez avoir un minimum de confiance, ai-je répliqué.

— Non, ma fille, l'amour ne voyage pas, comme on dit, il lui faut un foyer stable et vous êtes les plus exposées parce que vous êtes rarement dans vos foyers, a affirmé Farah.

— Je suis même étonnée que certaines d'entre vous aient trouvé un conjoint, a lancé Salma avec sa veine moralisante. Il faut vraiment un homme tolérant pour accepter de voir sa femme passer le plus clair de son temps dehors, se faire draguer par les mecs, harceler par ses collègues…

— Et que compte faire ta copine ? a coupé Joumana.

— Elle ne veut plus le voir. Elle divorce.

— Elle en a le droit ? a demandé Salma, interloquée.

— En Tunisie, les femmes divorcent tout autant que les hommes, sinon plus, et heureusement. Ce n'est pas comme nous, prisonnières à vie.

La discussion tourna alors sur les avantages et les inconvénients du divorce et Salma proposa de demander son avis sur le sujet à l'animateur vedette d'une chaîne de la région, dont les prêches tout autant que le charme étaient en train de conquérir les musulmanes du monde entier, Amrou Kahled[1].

Puis la conversation revint sur les femmes tunisiennes et le groupe se scinda en deux. D'un côté le camp de celles qui défendaient les filles de Bourguiba, dont Joumana et moi, de l'autre celles qui les condamnaient :

Salma : Les Tunisiens ne sont pas de vrais musulmans. Parce qu'un pays qui déforme l'islam et touche au Coran n'est pas un pays musulman.

Soha : Il paraît même qu'ils ne jeûnent pas et ne font jamais la prière.

Moi : Ce n'est pas vrai. J'ai des collègues tunisiens, ils parlent l'arabe mieux que vous et moi, et ils s'acquittent de leur religion comme tous les musulmans.

Salma : Je persiste à croire que c'est un pays qui n'a plus rien à voir avec l'islam.

Joumana : N'exagérons rien !

Farah : J'y étais en visite avec mon fils. J'ai rarement vu un peuple aussi moderne et aussi musulman à la fois. Ils ont su conjuguer l'islam avec le monde contemporain et sortir leurs femmes de notre condition du Moyen Age.

1. Célèbre animateur de prêches sur le petit écran, d'origine égyptienne.

Joumana : Bravo !

Soha : C'est vrai, après tout… abolir la polygamie n'est pas une mauvaise chose. Enfin, que Dieu leur pardonne et pardonne à tous les musulmans.

Essayages et confidences

Je venais de raconter mon dernier vol, chahuté par une équipe de foot algérienne qui s'était amusée à harceler tout le personnel de bord, quand j'ai vu entrer Safié. La domestique portait une grosse valise dans chaque main, précédant une dame qui avait le visage découvert et le voile négligemment posé sur la tête. La visiteuse s'écroula sous son propre poids et eut du mal à prononcer ses premiers mots tant elle semblait essoufflée. Mes amies se levèrent pour flanquer de grosses bises sur ses joues, dont chacune devait peser une livre. Je fis de même.

Ce jour-là, Joumana avait prévu une séance d'essayage et demandé à sa couturière de venir avec les derniers modèles à montrer. Une fois bien assise à même le tapis, cette dernière ouvrit ses valises qui débordèrent d'habits de toutes sortes, tenues occidentales, joggings, mais aussi abayas en lin et soie, robes d'intérieur, les unes plus chargées de paillettes que les autres.

— Celle-là est la copie de la robe que Nancy Ajram a portée lors de son dernier gala à Beyrouth, a dit Soha en désignant une robe fourreau en lamé. Je l'ai vue sur Rotana TV.

Il y avait aussi des postiches de la couleur des cheveux de Madona, des tenues sexy à la Chakira, deux robes confectionnées par Elie Saab, le modéliste libanais dont raffolent les femmes du Golfe et du Moyen-Orient.

Mes amies choisirent qui un chemisier, qui une robe d'intérieur, et Joumana insista pour m'offrir un carré Hermès. Je remerciai, sachant que le présent irait directement sur le cou de Nora qui adore cette marque.

Soha nous montra le dernier cadeau de son mari, un portable dernier cri, inscrusté de strass et de diamants. Il le lui avait offert pour la Saint-Valentin :

— Cette fête ne fait pas partie de nos traditions, a tancé Salma. Ce sont les infidèles qui nous imposent ce genre de bêtises.

— N'empêche, a dit Joumana, c'est une occasion comme une autre pour que nos hommes sachent que l'amour, ça se fête aussi.

Je savais que les Saoudiennes s'étaient mises à la mode du 14 février, bien que les autorités religieuses y fussent opposées, la jugeant hérétique. Chaque année, la fête donne lieu à un jeu de chat et souris entre la police qui pourchasse les livreurs de roses et les clients clandestins qui raflent tous les articles de couleur rouge ou en forme de cœur, que les marchands relèguent au fond des magasins pour les vendre sous le manteau.

Farah tâta le portable, testa son clavier, le remit dans son écrin en cuir et déclara en le redonnant à sa propriétaire :

— Quant à moi, je vais m'offrir un ordinateur. Rachid est censé me trouver le plus performant.

La couturière s'apprêta à se lever, apparemment peu intéressée par tout autre article que ses chiffons.

Nous savions que Farah s'initiait à l'informatique grâce à Iqbal, qui lui rendait ce service en contrepartie des rendez-vous arrangés avec son Palestinien. C'était d'ailleurs le prétexte qui servait à la jeune fille d'autorisation de sortie, bien qu'elle ne s'y employât qu'à moitié, l'autre moitié de sa visite étant consacrée à ses rencontres amoureuses.

Ainsi, en attendant les beaux jours pour repartir en Europe, Farah s'était mise à surfer sur le Net une bonne partie de la matinée, puis, le virus l'ayant atteinte, la voilà qui surfait la nuit aussi et il lui arrivait de manquer nos rendez-vous, à moins qu'elle ne débarquât les yeux rougis, l'esprit à moitié ailleurs.

Après le départ de la couturière, nous lui avons demandé ce jour-là des nouvelles de ses correspondants virtuels.

— En ce moment, je corresponds avec un certain Jean.

— Un infidèle maintenant ! Et en quelle langue ? a interrogé Salma.

— Celle de l'amour.

— C'est-à-dire ?

— Qui consiste à dire je t'aime quel que soit l'alphabet utilisé.

— Sérieusement, ce *khawaga*[1], tu ne pourras jamais le voir de tes yeux. Si cela se trouve, il n'existe pas. Oui, tu devrais savoir qu'un homme qui porte un nom étranger est un homme qui n'existe pas.

Nous avons éclaté de rire, Joumana et moi.

— Salma a raison ! est intervenue Soha, ce Jean avec qui tu corresponds est un *Nasrani*[2], en toute vraisemblance. Je

1. Etranger, généralement européen.
2. Nazaréen.

veux bien que tu rêves, mais fais-le raisonnablement, afin que tu ne sois pas déçue une fois revenue à la réalité.

— Et qu'est-ce qu'il te dit, Jean ? a interrogé Joumana.

— Des mots comme vous n'en entendrez jamais dans la bouche de vos bougres de maris…

— J'espère que tu ne lui as pas révélé, à ton Jean, que tu as déjà été mariée ?!

— Si, et il s'en fiche. Pour lui une femme qui aime, c'est toujours pour la première fois qu'elle se donne.

— Et un homme qui aime ?

— Je n'ai pas demandé.

Farah leva les yeux et nous sûmes qu'elle était partie ailleurs. Suivit son sourire, traître comme son regard. La veuve joyeuse nous gratifiait de son absence, comme toujours lorsqu'elle était lancée dans une nouvelle aventure. Son être tout occupé à travers Internet nous manquait alors. Mais il nous fascinait aussi. Les absences de Farah, ses voyages virtuels, ses silences ostensibles l'enveloppaient d'une sorte de beau mystère que trahissait son corps : sa démarche devenait langoureuse, ses prunelles de braise, ses gestes lents, aussi lents que le regard de Joumana sur elle, Joumana qui, j'en étais sûre, la désirait sans le savoir.

Soha semblait pensive. Dès que nous rêvions aux mots d'amour que les hommes sont censés dire aux femmes, son visage s'assombrissait. Farah enfonçait le clou en prétendant que les déclarations comptent autant que l'acte lui-même. Les feuilletons mexicains avaient déjà instruit Soha, la voilà édifiée. Joumana ironisait chaque fois :

— Donnez à ces femmes la liberté d'aimer et elles deviennent des romantiques absolues ! En réalité, dans l'amour, elles n'aiment que les mots. Si elles ajoutent le sexe, c'est par dépit, pour enfreindre la morale des hommes, et à défaut d'aimer véritablement.

Ce ne fut pas une surprise lorsque Soha nous apprit qu'elle venait de se disputer avec son époux. Elle lui avait reproché de manquer d'attention à son égard et d'accéder à son corps sans toquer à sa porte, pas une petite formule gentille, une caresse, un bisou dans le cou, rien.

— Il me fait l'amour en silence, sans invite ni compliment, a-t-elle tempêté, maintenant je veux des déclarations et à la louche ! (Avant de laisser tomber :) Je crois que je vais le quitter et retourner chez mes parents.

Salma a failli étouffer en avalant de travers un morceau de gâteau.

— Ne songe pas au malheur et éloigne le Diable, donc ! a conjuré Farah.

— Mon mari ne m'aime pas.

— Comment le sais-tu ?

— Il n'y a qu'à regarder Rodrigo le Mexicain, lui sait aimer.

— Laisse tomber les feuilletons, ce n'est que de la fiction. Ton mari te comble de cadeaux, il prend soin de toi et de tes enfants, a commencé Salma…

— Je m'en fiche. C'est de l'amour que je demande, pas des objets.

— Ma chérie, si toutes les femmes du royaume veulent être traitées comme les héroïnes des feuilletons, si elles agitent la menace de quitter leur mari parce qu'il ne les adule pas à la manière des fictions, elles risquent toutes de se retrouver sans époux, s'est moquée Joumana. Des hommes comme Rodrigo, ça n'existe qu'à la télévision, ma mignonne ! Tu connais un musulman, toi, qui se met à genoux devant sa fiancée, qui menace de se suicider pour elle et qui pleure comme une femme, *ya Allah* ! Mais il passerait pour un pédé ! Et puis, il n'y a pas que l'amour. Il y a d'autres plaisirs dans la vie : le travail, les voyages, la liberté.

— Tu peux parler, toi qui ne travailles pas et qui passes ton temps à chercher noise à nos gouvernants, s'est fâchée Soha.

— Justement, c'est pour faire en sorte que les sottes de ton espèce aient autre chose à faire dans la vie que d'admirer leur mari et de se tuer à leur plaire.

— L'amour remplit une vie, renifla Soha.

— Et il la frustre aussi ! Surtout s'il n'est pas partagé.

— Qu'est-ce que tu insinues ? a interrogé Soha, soudain paniquée.

— Que tout mettre dans l'amour, c'est courir le risque d'être déçue. Et, ce jour-là, vers quoi donc peut-on se tourner, sur quoi se rattraper ?

— Dis-nous, toi, tu n'as jamais aimé ton mari, ou quoi ? a prononcé Salma avec cet air innocent et offensé qui faisait lever ses sourcils en accent circonflexe.

— Si, a répondu Joumana, mais raisonnablement. Ce n'est pas le seul motif de vie que j'ai choisi. Et si on m'y avait autorisée, je ne me serais jamais mariée.

— Tu n'es pas sans connaître le destin des vieilles filles...

— Vieilles, mais libres. Seules, mais sans souci d'enfants, ni tracas conjugaux. De loin, j'aurais préféré ça !

Il y a de ces révoltes secrètes dans les harems ! De ces frustrations profondes ! Et ces silences qui, soudain, jetaient dans nos rencontres un goût d'effroi.

Après les sanglots de Soha accusant son mari de la priver de preuves d'amour, ce fut au tour de Salma de se révolter aussi. Trois semaines s'étaient passées avant nos retrouvailles, car Joumana était en déplacement à Riyad, chez les parents d'Iqbal. Décidément un mauvais vent soufflait sur le groupe.

Jusque-là, Salma n'avait pas osé se confier. Mais trop, c'était trop. Cela faisait des mois que son mari ne la touchait plus. Voilà ! Nous ne l'avions peut-être pas remarqué mais, chaque fois que nous parlions de sexe, elle n'avait pas grand-chose à dire pour la simple raison qu'elle n'y goûtait plus, au sexe !

— J'en ai assez ! Mahmoud ne « dort » plus avec moi depuis la naissance de Walid.

— Ah bon ! Et pourquoi ?

— Allez le lui demander !

— Et tu ne dis rien ? s'offusqua Farah.

— Que veux tu que je lui dise ? Fais-moi l'amour, s'il te plaît ! prononça-t-elle en rougissant.

— A quand remonte votre dernier rapport ?

— A deux ans au moins.

— Je comprends pourquoi tu es si pâle, *habibti*[1].

— Aussi sèche qu'une plante mal irriguée.

— Bientôt ton sexe ressemblera à une toile d'araignée, pouffa Farah, avant de se reprendre devant l'air malheureux de notre amie.

— Il y a six mois, il a essayé mais il n'y est pas arrivé.

Elle a ajouté après un silence :

— Il est très gentil avec moi. Il est prêt à tout pour me rendre heureuse, sauf lorsqu'il s'agit de ça…

1. Mon amour.

— Tu veux dire qu'il refuse même de te toucher ?

— Il fait en sorte d'arriver au lit après moi, il me tourne le dos et il s'endort. J'ai parfois l'impression que je le dégoûte.

— Tu as quand même essayé d'attirer son attention sur la situation ?

— Au début, je n'ai pas osé. Et puis, il y a trois mois, j'en ai parlé. J'ai demandé s'il y avait quelque chose qui n'allait pas. Il a dit non. J'ai repris la même discussion deux semaines plus tard. Il a répondu que ça ne l'intéresse pas vraiment, il croit qu'il a un problème anatomique et que, de toute façon, une femme qui se respecte ne parle pas de ces choses-là avec son mari…

— Vous avez pourtant eu deux enfants ! a cru encore pouvoir se moquer Farah.

— Je pense que ce sont à peu près les seules fois où il m'a fait l'amour.

— Il faut savoir qu'on est un peu moins porté là-dessus avec l'âge, a cru enseigner Soha.

— C'est pire ! Au fait… Il…

— Il, quoi ?

Salma a rougi en prononçant :

— Il ne bande plus.

— Même quand tu es à côté de lui, tout contre lui ? a demandé Farah en ignorant sa gêne. Même quand tu es complètement nue ?

— Je ne vais pas me mettre nue devant mon mari !

— Allons, ça ne se fait pas ! C'est *haram*[1] ! a ironisé Joumana. Tu penses ! Elle va aller en enfer, si elle se débarrasse de son abaya devant son légitime. Mais enfin, tu es folle ou

1. Illicite.

quoi ? Dieu nous a permis tous les jeux avec nos maris. Y compris de les embrasser partout et eux aussi !

— Ça ne va pas ? Tu veux qu'Allah me maudisse !

— Vous savez quoi ? a dit Farah qui semblait joyeusement catastrophée par l'ignorance de Salma en matière de sexe, il va falloir dévergonder cette dinde. Et d'abord, pour commencer, je vous propose ceci : la prochaine fois, nous irons faire du shopping.

— Du shopping ?

— Oui, ma chérie. A quoi te sert l'argent de ton mari si tu ne le dépenses pas pour lui plaire, le séduire et l'attacher éternellement à ton lit ? a répondu Farah. Il te faut quelques tenues qui te dénuderont plus qu'elles ne te couvriront. Le plus urgent est de réveiller l'appétit de ton homme. Après, nous verrons.

Sous-vêtements et nudités

En escale à Paris, je fonçai vers un kiosque à journaux où j'achetai un exemplaire d'*Union* que je fourrai rapidement dans mon sac, de peur d'être vue par un passant. Je voulais rapporter cette revue et quelques autres, plus salaces, pour Salma. En vitrine, il y avait aussi la couverture de *Têtu*, mais je me suis abstenue. J'avais remarqué que le bel étalon à la poitrine d'athlète et aux yeux de biche qui faisait la couverture du numéro ressemblait un peu à son mari, et je m'en amusais. Mais Salma ne pourrait même pas imaginer une littérature exhibant des hommes bâtis comme Hercule, aux sexes proéminents sous des slips qui ont du mal à les contenir, pour le simple motif de séduire d'autres hommes.

De fait, elle a failli s'évanouir en découvrant les photos de couples en action.

Mais elle oublia ses émotions sitôt que nous nous apprêtâmes à sortir. Je jetai mon abaya sur la *gallabiyya*[1] que Joumana m'avait offerte, une longe robe transparente et richement brodée que portent les Saoudiennes chez elles

1. Robe ample ressemblant à l'abaya.

pendant le mois de Ramadan. Seule Salma ajouta le *khimar*[1] à l'abaya.

Nous étions, en effet, dans la deuxième semaine du mois saint. Comme chaque année à cette époque, Djeddah s'illumine le soir de ses enseignes, ses bougies et ses lampadaires, de ses croissants et étoiles phosphorescents. Les psalmodies et les appels des muezzins montent en même temps que le vacarme des grosses berlines et des 4 × 4, dont les conducteurs s'amusent à jouer du klaxon, une distraction masculine très populaire. Des tentes et des chapiteaux sont aménagés pour y distribuer des repas aux démunis – souvent des Pakistanais ou des Indiens – ou aux jeûneurs de passage. Les magasins ouvrent dès que les *tarawihs*[2] sont finies, la foule envahit alors les rues. Parcs de loisirs et centres commerciaux sont pris d'assaut.

Nous avons pris la direction de la corniche, pourtant toute proche, dans deux voitures séparées, l'une conduite par le fils de Farah, l'autre par le chauffeur de Joumana. Celle-ci emmenait pour l'occasion ses jumeaux, qu'elle comptait laisser s'amuser au parc Atallah Happyland en compagnie de leur nounou.

Le quartier est connu pour abriter de luxueux hôtels et de grandes galeries marchandes qui rivalisent en luxe avec le vieux Djeddah ou le Tahlia-Street. Le long de la promenade, restaurants et lieux de loisirs se succèdent, un peu comme à Dubaï, la rigueur des mœurs en plus, car les *mutawwa* ne cessent de rappeler aux femmes de mieux se couvrir la tête.

1. Morceau de tissu couvrant le visage.
2. Prière surérogatoire qui vient après celle du *icha* (dîner) et se termine vers 22 heures.

Une fois à Herra Mall, nous nous sommes dirigées vers la boutique dont Soha était une cliente assidue. Des dizaines de femmes y faisaient leur choix sur des photos exhibant des mannequins portant des maillots de bain glissés au-dessus de robes ou de pantalons. Couvertes jusqu'au bout des ongles à l'extérieur, ces dames se préparaient à tenter leur mari en petite tenue, une fois chez elles. C'est à croire qu'elles prenaient leur revanche ainsi. Une chose est sûre, l'industrie des dessous féminins rapporte autant que celle des abayas, avec le frisson en plus, du fait que ces boutiques spécialisées sont généralement tenues par des hommes.

Celle-là était la propriété de Fadi. Les Soudiennes huppées s'arrachaient sa marchandise, réputée venir de Paris ou de Londres, de Rome surtout, la capitale des dessous affolants ! C'est à lui que Farah demanda de nous montrer les modèles. L'homme s'est exécuté, évitant de nous regarder dans les yeux, se contentant d'ouvrir les paquets et de déplier la marchandise. Il avait un accent libanais et des manières de fille. Et se répandait en des formules de bienvenue, des « *Hadher sitti*[1] », « *Ahlin*[2] », tout le temps qu'il s'activait, la main passant d'un bonnet à l'autre, pliant un string, réglant une bretelle.

N'était-ce pas très insolite, ces femmes au corps caché, qui tâtaient les articles destinés à parer leurs parties intimes, sous le regard d'un homme ? J'avais l'impression qu'elles lui découvraient ainsi leur anatomie. Je ne réussissais pas, quant à moi, à séparer l'objet de sa fonction, de sa symbolique, des images auxquelles il renvoie. Mes amies ne semblaient pas prendre les

1. Tout de suite, Madame.
2. Bienvenue.

choses de la même manière. Sauf Joumana qui a dû s'apercevoir de mon étonnement et qui s'est contentée de glisser :

— Pour être logique, il faudrait que ce genre de magasin soit tenu par des femmes.

Le boutiquier semblait avoir entendu, mais il fit semblant d'être occupé avec sa marchandise.

— On veut celui-là, a commandé Farah en désignant un string brodé de strass. Ce porte-jarretelles aussi. Et la nuisette rouge….

Elle interrogeait du regard Salma, la destinataire de ces accessoires. Celle-ci se contentait de la laisser faire, non sans avoir décliné sa taille. Ensuite, chacune des femmes du groupe choisit un ou deux articles pour son usage personnel.

Joumana se tourna vers moi :

— Et toi, Leïla, tu ne veux rien ?

— Non, merci, répondis-je, j'ai ce qu'il faut.

— On voit qu'elle est célibataire. Prends-en un pour ton trousseau, ma chérie, je te l'offre, tiens ! dit Farah.

— Le fait d'être célibataire n'empêche pas d'être coquette, a commenté Iqbal à qui je montrai mon cadeau une fois de retour chez Joumana.

Tout le monde a fait de gros yeux. Une jeune fille qui se respecte ne parle pas comme ça. Elle secoua ses tresses et monta dans sa chambre le pas léger.

Sitôt assises à siroter nos cafés turcs embaumant la cardamome, accompagnés de dattes fourrées et de *muhallibiyya*[1], j'osai de nouveau avouer mon étonnement devant ces boutiques de sous-vêtements tenues par des hommes.

1. Crème à base de riz.

Salma fut d'accord avec moi :

— Personnellement, je trouve que c'est gênant, en effet. Ce serait bien plus facile si c'était une femme qui assurait les ventes.

— Arrête de dire n'importe quoi ! a sifflé Soha. C'est une des rares occasions où nous pouvons parler à un homme. Tu n'en as pas assez de n'être entourée que de nanas ! Qu'un mec caresse les culottes et zyeute les culottes devant nous, ça ne fait qu'ajouter à leur valeur.

— Une culotte trempée dans la lessive d'un regard masculin n'en est que plus sexy, a renchéri Farah.

Nous avons ouvert nos paquets et déballé leur contenu. Chacune a voulu essayer tout de suite en se cherchant un espace où s'isoler. Joumana s'y opposa fortement et nous ordonna de le faire ensemble, dans le salon. Après tout, nous étions entre femmes, nous partagions les mêmes lieux, les mêmes destins et parfois les mêmes maris. Alors pourquoi ne pas nous regarder dévêtues les unes les autres ? Nous avons fermé les portes pour que les domestiques n'entrent pas et avons commencé à nous effeuiller.

Il nous fallut du temps pour convaincre Salma de défiler devant les miroirs du salon en même temps que nous. Elle a eu beau protester, Farah l'a engueulée en ces termes :

— Si tu n'oses même pas marcher nue devant des filles que Dieu a faites comme toi, comment pourras-tu le faire devant ton mari, espèce de mule ! Allez débarrasse-toi entièrement de ta jupe et enfile-moi ça.

Quelques minutes plus tard, nous étions toutes en strings et soutiens-gorge à nous dandiner. Farah en était encore à fixer les boutons du porte-jarretelles sur ses bas :

— Ces satanés Occidentaux, ils n'ont pas trouvé un moyen plus simple de boutonner ces machins ?!

— Ils n'ont pas à se soucier de ton ignorance. Tu n'es même pas censée porter des bas dans ton pays, a dit Joumana.

— Et pourtant, il faut en mettre, a affirmé Soha.

— Vaut mieux, a susurré Farah. Même par 50 degrés. Cela excite tellement nos hommes. Je me demande comment ils réagiraient si on faisait la grève des bas pour motif de grosse chaleur.

— Ils iraient voir au Maroc, répondis-je, et tout le monde rit de bon cœur.

Nous nous sommes alignées les unes à côté des autres, devant le grand miroir du salon, pour nous observer mutuellement et y aller de nos critiques :

— Farah, une culotte de cheval trop prononcée, faut me tailler là-dedans, dis-je.

— Pourquoi ? Tu ne veux tout de même pas que je ressemble à ces mannequins anorexiques ? Par expérience, je sais que les hommes aiment les femmes potelées. Mais toi, ma chérie, tu devrais songer à te refaire la poitrine, elle n'est pas bandante.

— Quand j'aurai de quoi me l'offrir, dis-je, déjà convaincue.

— T'inquiète ! On se cotisera s'il le faut, a proposé gentiment Soha.

— Je participe à la cagnotte ! a lancé Salma.

— Toi, la grosse, l'a interrompue Farah, tu devrais te surveiller et… C'est quoi, ça ?

— Quoi ? a interrogé Salma, effrayée.

— Je devine des poils sous la culotte. Non ! Je n'en crois pas mes yeux. Aurais-tu le sexe non épilé ?

— …

— Mais alors, je comprends !

— Tu comprends quoi ?

C'est à ce moment qu'Iqbal a voulu entrer dans le salon. Farah l'en a chassée tout de suite : une vierge n'a pas le droit de voir la nudité de femmes mariées, cela la renseignerait sur les choses du sexe et trahirait ce que font les hommes dans le privé avec ses sœurs de race.

Une fois la jeune fille partie, Farah a mis de la musique et entamé un pas de danse. Nous l'avons imitée. A frétiller des épaules et à jouer de nos cheveux, nous ressemblions aux danseuses du Crazy Horse. Il ne nous manquait plus que des plumes aux fesses.

Farah a poussé l'audace jusqu'à enlever son soutien-gorge et nous a mimé un strip-tease tel qu'elle nous a confié en avoir vu à Genève. Elle tournait lascivement autour d'une colonne en marbre. Joumana était écarlate. C'était la première fois que je voyais rougir mon amie.

Leçons pratiques

Nous restait alors à briefer Salma sur ce qu'elle devait faire afin de stimuler l'appétit sexuel de son époux. Nous nous mîmes à improviser, l'une après l'autre, puisant dans nos expériences ou dans ce que nous avions lu ou regardé à la télé. Je m'en remettais au savoir des femmes de mon clan, surtout à celui de Nora, une vraie encyclopédie en la matière.

Joumana prit un papier et nota de sa main la liste des recommandations afin que Salma ne les oublie pas :

— Envoyer les enfants passer la nuit chez grand-mère. Les hommes ne se laissent aller vraiment que quand ils se sentent dans la position de l'amant libre, et non de l'époux ou du papa.

— Prendre un bain, chaud, long, avec mousse et crème. Puis se faire masser par une domestique. Traîner ensuite en peignoir, avec une tasse de thé.

— Se tartiner d'une pommade aux senteurs affolantes, après le gommage bien sûr. La dernière Chanel est sublime. Elle fait le grain doux et soyeux et rend accros les maris.

— Ne pas négliger de se passer une lingette qui sent bon dans le minou, avec de l'eau de rose, c'est ce qu'il y a de mieux. Secret de Marocaine.

— Ne pas oublier les aisselles, certains maris divorcent pour de mauvaises odeurs de cette partie du corps féminin.

— Faire dresser une table impeccable, sortir porcelaines, bougies et verres en cristal, le cinq étoiles, quoi !

— A l'arrivée de Mahmoud, se trouver fin prête, mais pas en robe, plutôt en nuisette, on peut dîner coquinement, après tout.

— Un peu de vin (que Dieu vous pardonne !) ne nuira pas.

— J'en ai plein les placards, a avoué Salma. Mon mari en consomme régulièrement. Il le transvase dans des bouteilles de Coca et les garde dans un buffet à cadenas.

— Si Mahmoud propose du champagne, ne pas refuser.

— Ne pas trop parler, jouer la garce sans le montrer vraiment. Langoureuse et mystérieuse. Se contenter de l'effleurer, avant de s'excuser et de s'enfermer dans la chambre. Jusqu'à ce que le loup vienne.

— Faire semblant d'être à moitié endormie, nue comme un ver !

— A toi de jouer, Salma ! Ce sera à toi de jouer.

Sauf que Salma est revenue en pleurant la semaine d'après. Elle a raconté que, lorsque son mari l'avait découverte en nuisette, il l'avait toisée avec mépris avant de fulminer :

— C'est quoi cette façon d'être attifée ? Et ces sourires niais ?

En voyant la table sur laquelle trônaient chandelles et champagne, il l'avait franchement agressée :

— Je croyais être chez moi, pas dans un cabaret à putes !

— Je me suis efforcée de ne pas pleurer, nous a-t-elle expliqué. Je me suis dit que je n'avais rien entendu, que c'était une feinte et qu'il allait se rendre. Je l'ai vu se précipiter sur les bougies pour les éteindre, verser le contenu de la bouteille dans l'évier et gagner la chambre à coucher. Lorsque je l'ai rejoint, il m'a tourné le dos et n'a pas tardé à ronfler.

— Ton mari est insensible aux procédés de ce genre, a conclu Soha. Il faut en trouver d'autres.

— Des cassettes porno, a suggéré Farah. Tout le monde peut en trouver sous le manteau.

— A mon avis, ce n'est pas ça non plus qui va tirer Mahmoud de sa torpeur. Si, pour quelques bougies et un peu d'alcool, il s'est cru dans un cabaret de putes, que pensera-t-il si Salma lui sort une cassette porno ? Il conclura qu'il est dans un bordel.

— Alors ? a reniflé Salma.

— Il faut voir si ce n'est pas la mécanique tout simplement. Ton mari peut souffrir d'une forme d'impuissance. Mais ça se soigne, ma chérie. Il y a le Viagra.

— C'est quoi ? a-t-elle demandé innocemment.

— C'est une pilule miracle à laquelle recourent les hommes pour bander. Personne n'ignore que nos vieux l'utilisent contre les méfaits de l'âge.

— Oui, mais comment veux-tu que je me procure ce « Vagra » ?

— On le fait venir du Caire, ça ne coûte rien, s'est surprise à dire Soha.

Tout le monde l'a regardée avec l'air de découvrir le pot aux roses. Instinctivement, je vins à son secours :

— Surtout pas ! Le Viagra égyptien est frelaté.

Et, bien sûr, la suspicion se porta tout de suite sur moi :

— Comment tu sais, toi, que le Viagra égyptien est frelaté ?

J'ai dû avouer que j'en avais rapporté à l'une de mes nièces dont le mari avait des difficultés à bander. Non seulement il ne l'honorait plus, mais il menaçait de rentrer dans les rangs du parti du *Al-adl wal-ihsan*[1], et elle ne voyait pas le rapport.

— Alors ? a de nouveau demandé Salma.

— Je me débrouillerai pour avoir une ordonnance d'un copain médecin à Paris, et je t'en achèterai là-bas, ai-je proposé.

— Tiens, dit-elle, en ouvrant son sac pour me tendre une liasse de billets.

Je ne refusai pas, sachant le prix faramineux de ces pilules que le monde arabe s'arrache en toute discrétion.

— Tu ne veux pas des capotes aussi ? s'est amusée Farah.

— Comment ?!

Je doute que Salma ait vu, de ses yeux vu, un préservatif. Pour elle, comme pour beaucoup de Saoudiennes, leurs hommes n'ont pas besoin de se couvrir. Le problème ne se pose pas et la capote est une aberration, aucun sujet du royaume n'ayant le droit d'avoir des relations hors mariage. En principe.

1. Parti islamiste marocain.

Mariages et désillusions

Salma a bien voulu m'inviter aux fiançailles de sa cousine Hind. C'était la première fois que ces dames consentaient à me « montrer ». Nous y sommes allées avec Soha et Farah, Joumana ayant décliné l'invitation.

Ces festivités ressemblaient à la *melka*[1] chez nous, et ma foi tout s'y passait comme au Maroc – youyous et henné, fiancée chargée de son poids d'or, immobile telle une statue, silencieuse comme une tombe –, sauf qu'il n'y avait pas l'odeur d'un mâle. J'avais les preuves des fastes que s'offre le royaume à travers l'abondance des bijoux, la splendeur des robes signées, la complexité des coiffures piquées de vrais diamants. Mais quand tant de belles toilettes ne sont pas destinées à plaire aux hommes, à quoi pouvaient-elles servir, sinon à éblouir d'autres femmes ? Il y avait bien quelque chose d'insidieux dans les déhanchements, dans les gestes alanguis, les sourires d'invite. Ce regard insistant entre créatures du même sexe ne m'apparaissait pas comme un signal de rivalité. Ni comme un moyen d'évaluer l'aisance et les signes extérieurs de richesse. Ce regard pouvait être

1. Fiançailles.

désirant, lové sur une lueur jouissive, comme s'il se refermait entre deux battements de cils sur le souvenir des hommes. Oui, l'on aurait dit qu'il remplaçait le regard des hommes, voire qu'il devenait ce regard.

Pendant que Salma était assise, une main sur la joue, et l'esprit apparemment ailleurs, Soha entra dans la ronde et je remarquai qu'elle dandinait bizarrement du bassin. A l'évidence, elle avait du mal à danser. Une heure plus tard, alors que nous avions regagné le palais de Joumana à qui nous racontions la fête par le menu, Farah demanda à Soha si elle souffrait de quelque chose.

Celle-ci fut obligée de confier :

— Ne le dites pas, mais je me suis fait refaire les fesses.

— Parce qu'on peut changer de fesses aussi ? s'étonna Joumana.

— Bien sûr ! On te met un coussinet de chaque côté et tu repars avec la cambrure d'une Africaine.

Salma ne réagit pas, et son silence, sa tristesse évidente nous alertèrent enfin. Nous avions négligé de lui demander où elle en était de « son affaire ». Il nous fallait l'écouter avec attention.

D'abord, elle soupira, les yeux baissés sur sa honte. Mahmoud lui avait jeté la pilule de Viagra à la figure. En quinze ans de mariage, il n'avait jamais commis une telle goujaterie, raconta-t-elle. Cette fois, elle sanglotait :

— Il m'a dit : « Tu crois que je suis impuissant ou quoi ? Et puis qui t'a fourni ces comprimés du Diable ? Il faut vraiment que je me montre patient avec toi ! Un tel comportement te vaudrait d'être renvoyée chez tes parents. »

Joumana a voulu consoler son amie :

— Quand nos hommes nous font l'amour, ils nous privent de mots doux et de préludes. Et quand ils nous disent des gentillesses, ils oublient de nous trousser, c'est comme ça.

— Beaucoup de femmes ne se soucient ni de l'un ni de l'autre, appuyai-je. Elles pensent que c'est déjà bien d'avoir un mari, qu'elles ont la chance extraordinaire de ne pas avoir une ou deux coépouses dans les pattes. Alors elles ne font pas la fine bouche.

— Elles devraient pourtant ! s'est indignée Soha.

— Justement, souffla Salma. Mahmoud est peut-être attiré par une autre femme. Avec sa fortune et son nom, aucune famille de Djeddah n'hésiterait à lui donner sa fille.

Et de pleurer plus fort, comme si sa souffrance longtemps cachée ne pouvait plus être endiguée.

La Marocaine en moi s'enhardit :

— Ils l'ont peut-être ensorcelé, ton Mahmoud.

— Qui et pourquoi ? a-t-elle demandé entre ses larmes.

— Des femmes qui sont jalouses de ton couple, des rivales, des belles-mères…

— Peut-être, soupira Salma. J'ai bien peur qu'on ne trame quelque chose contre moi. Faire épouser à Mahmoud une deuxième femme, par exemple. Je pense que je me tuerais si c'était le cas.

— Ne dis pas de sottises ! prononça Soha que cette histoire de coépouses exaspérait. Tu es jeune et belle encore, il ne va pas songer à ça.

— Je n'en serais pas étonnée, a contesté Joumana, sans pitié. C'est très fréquent chez nous !

Farah la taquina :

— Dis donc, toi, la pédante ! Tu as déjà écrit aux autorités pour le droit de conduire, puis celui d'être élue. Tu ne vas pas te fendre maintenant d'une requête pour demander l'abolition de la polygamie ! Tout le royaume te prendra pour une folle ! D'accord, les voitures, ça n'existe pas dans le Coran, tu peux revendiquer le droit de jouer avec un volant. Mais la multiplication des épouses est bel et bien inscrite dans notre saint Livre. Alors, fais attention à ce que tu dis.

— Il faut trouver une solution, les filles, coupa Soha en me regardant. Ne peux-tu pas, Leïla…

Je l'avais cherché. Et je me savais désignée pour une telle tâche. Aux yeux de ces femmes, le Maroc est réputé grouiller de *fqihs* et de *naggafa* aux recettes infaillibles.

Toutefois, je crus pouvoir me débarrasser de la requête :

— N'est-ce pas *haram* de recourir à de telles méthodes ?

— Non, même le Coran a prévenu contre les méfaits de la magie, a dit Joumana, se référant au texte sacré – il fallait bien qu'elle le connaisse pour contredire ses adversaires et étayer ses discours féministes.

— J'ai entendu dire que vous avez les meilleurs voyants au Maroc et de très bons guérisseurs, s'est expliquée Soha. Tu pourrais te renseigner pour Salma.

— Je donnerai tout ce qu'il faut, ma chérie. Demande et j'obéirai, a supplié Salma en se délestant d'un collier en perles qu'elle a posé sur mes genoux.

Je promis d'en parler à ma cousine Nora. Elle connaît mieux que moi les faiseurs de miracles qui rendent dociles les maris acariâtres, apprivoisent les amants rebelles et transforment de sages mères de famille en folles à lier. Nora relèvera le défi. La réputation du royaume chérifien en dépendait. Et l'avenir de Salma aussi.

Amulettes et aphrodisiaques

Ce ne fut pas si simple. J'ai dû activer le réseau des mégères de mon quartier, Nora en tête, à qui je donnai un keffieh de Mahmoud et sa photo, tous deux procurés par son épouse. Il fallait obligatoirement un objet appartenant à la personne à envoûter ou à désenvoûter, afin de deviner son sort ou lui concocter les mixtures appropriées.

Ma cousine Nora s'est proposé de motiver la bande à magie qu'elle avait recrutée, composée de deux anciennes femmes de ménage en leur promettant un visa pour l'Arabie et la moitié des frais du pèlerinage. Elles ont cherché dans tous les recoins de la ville, puis dans les faubourgs proches, avant que leur enquête ne les dirige vers le sud-ouest, non loin de la frontière mauritanienne. Elles ont mis la main sur une *sahhara* à la mode, une certaine Zineb qu'on disait mariée à un être de l'au-delà, instigateur de ses remèdes et de ses formules censés venir à bout de tous les maux. Elle aurait reçu les plus grands de ce monde sous sa modeste tente, certains citant le président français Jacques Chirac en personne.

Nora, qui pourvoyait aux besoins financiers du trio voyageur, s'arrangea pour m'envoyer, avec un collègue de Royal

Air Maroc, un paquet contenant deux amulettes dont l'une était remplie de poudre blanche. Il l'a planquée au fond de sa valise à roulettes, priant que les douaniers ne la confondent pas avec de la drogue. Il y avait aussi un petit sachet de graines et une feuille écrite à la main en guise de mode d'emploi : « Faire boire la poudre une fois par jour. Brûler les graines noires tous les matins à l'aube dans un brasero. Remplir du reste de la mixture blanche une amulette à déposer sous l'oreiller du mari. »

Le collier de perles a largement suffi pour les frais engagés. Nora m'a même rendu une liasse de billets lorsque je suis passée un mois plus tard chez moi, à Casa. Mais elle exigea qu'on lui paie le voyage en Arabie à elle seulement, elle mourrait de honte de trimballer deux analphabètes coiffées comme des gitanes et parlant le chleuh… Elle précisait qu'elle voulait faire la connaissance de mes amies et acheter quelques bricoles. Mais elle ne parlait point des bienfaits possibles de se pencher sur la tombe du Prophète, ni de faire le tour de la Kaaba. C'était loin de ses préoccupations bien terrestres.

Avant de partir, je glissai dans la main de maman la liasse de dollars – Ali va te les convertir en dirhams au bureau de change –, distribuai des foulards à mes nièces et cousines qui, à l'occasion, devenaient aussi nombreuses que les cheveux de la tête et aussi caressantes que des chattes – alors qu'elles ne manqueraient pas de froncer les sourcils dès que j'aurais le dos tourné pour émettre quelque doute sur la façon dont mes deniers avaient été gagnés. J'envoyai enfin aux vieilles tantes de l'encens et du musc d'Arabie et gardai pour grand-mère les fioles d'eau *zamzam* censée apporter santé et bénédiction.

Ce jour-là, en remettant à ma sœur aînée le bracelet en or qu'elle m'avait demandé, je remarquai l'expression de tristesse qui marquait son visage. Et je m'enquis d'elle plus tard auprès de maman.

— Ta sœur n'en peut plus.

— De quoi ?

Je notai son hésitation :

— Mais, maman, je suis une adulte, je peux comprendre !

J'étais sûre qu'elle n'allait pas tarder à me mettre dans la confidence, non pas en raison de mon âge – quel que soit celui d'une célibataire, il ne lui donne pas accès au monde du sexe –, mais en raison de l'argent que je dépensais pour la famille désormais. Cela me valait un statut hiérarchique que ni mon état civil ni ma date de naissance ne m'auraient accordé.

— Maintenant ce sont les voisines qui viennent me le dire : il faut qu'elle ouvre les yeux, cette pauvre Sana ! Dès qu'elle quitte la maison, son mari s'y faufile avec une fille.

En docteur ès mœurs féminines que j'étais devenue auprès de mes amies saoudiennes, je me suis sentie en mesure d'aider à résoudre le problème :

— Elle devrait tenter quelque chose, le menacer…

— Tu penses bien qu'elle l'a fait ! Elle lui en a parlé ouvertement, et tu sais comment il a réagi ? Il l'a battue. Alors, elle l'a giflé. C'est pour te dire que chez ta sœur en ce moment, c'est l'enfer. Même les deux petits reçoivent des coups lorsqu'ils viennent au secours de leur maman.

J'embrassais ma mère avant de partir, lorsque je vis Sana revenir essoufflée. Elle m'a tendu une gourmette en or :

— J'ai trouvé ça dans la poche de mon mari. Je voudrais que tu me vendes cet objet, ainsi que le bracelet que tu viens de m'offrir. J'ai besoin de cet argent pour financer la scolarité de mes enfants.

De retour chez mes copines de Djeddah, rien n'ayant réussi à booster la libido de Mahmoud, et en attendant que la magie fasse son effet, il nous fallut chercher une solution d'urgence, le mari de Salma lui ayant fait comprendre qu'il voulait faire chambre à part désormais. Ce qui signifiait pour son épouse la pire des humiliations. Non seulement la nouvelle configuration mettrait une croix sur toute vie sexuelle entre eux, mais, si leur entourage familial venait à le savoir, on en conclurait que Salma était déjà « finie ». Bonne à rejoindre le clan des vieilles et à attendre la mort.

— Mahmoud me semble de plus en plus accablé. Il traîne des pieds pour rentrer et il s'endort après avoir embrassé les petits et posé un baiser sur mon front, quand il est au mieux de sa forme.

Je proposai donc à Salma des aphrodisiaques. Et je revins un jour du Maroc avec une valise de crèmes, de pilules, de graines, toutes sortes d'énergisants sexuels que même Joumana se promit de faire essayer à son mari.

J'exposais tout le savoir sexuel de mon pays sous les yeux de mes amies, comme on exhibe les preuves de bonne santé ou les bonnes références d'un candidat à l'embauche.

Nous étions assises autour de la petite mallette dont je sortais et nommais au fur et à mesure les produits, avant d'en détailler la composition et les conseils d'usage. Il y avait là de quoi faire lever les verges les plus paresseuses, m'avait juré Nora, du *lamsakhen* (à base d'écorce de noix de muscade) à profusion, du *ashanouje* (nigelle) sous forme de miel, du gingembre, à cuire de préférence avec un hérisson, du *sellou*, gâteau bourré d'amandes et de graines de sésame. Sans oublier le carvi et le poivre à semer en abondance dans les mets.

Je mesurais la curiosité de ces femmes et leur désir de venir au secours de leur amie et de leurs couples respectifs. Mais si elles pensaient à aiguiser les appétits de leur époux, aucune d'elles ne semblait songer au sien, ni à l'alimenter ni à l'enrichir. Et je me suis demandé ce jour-là si, tout à leurs fantasmes, excepté Farah, elles connaissaient leurs propres désirs, leur propre plaisir.

Hymens et chaperons

Alors que ma carrière ne souffrait d'aucun obstacle et que des vents favorables la poussaient de promotion en prime, des nuages s'amoncelaient dans les cieux des mes amies saoudiennes. Après les malheurs au lit de Salma et les humeurs de Soha, qui fait la grève du sexe en exigeant des mots d'amour en prélude, voici plus grave.

Farah commençait à nous agacer avec son Jean du Web lorsque le drame est arrivé. Elle dut arrêter net ses projets de le rejoindre en Corse. Iqbal venait de lui faire la plus mauvaise surprise de sa vie – et à nous toutes par ricochet.

— Une vraie catastrophe, a murmuré Farah en entrant ce jour-là chez Joumana, précédée par Aya la domestique.

Pour la première fois, je voyais les signes d'une profonde inquiétude chez Farah, mine défaite et regard fiévreux.

— Iqbal, a-t-elle commencé après le départ de la domestique.

J'ai repensé à la jeune fille et me suis rappelé comme, ces derniers mois, elle semblait heureuse, arrivait en chantonnant comme une abeille, s'en allait en se mirant dans toutes les grandes glaces du salon, appuyait bruyamment ses lèvres sur nos joues, avant de les coller sur son portable. Voilà ce qui renseigne sur l'amour.

Salma, Soha et moi, nous demeurions totalement silencieuses sur le sujet, comme si le secret d'Iqbal n'était connu que de sa tante Joumana et de leur cousine par alliance, Farah. La solidarité des Saoudiennes entre elles semblait n'avoir d'égale que leur fragilité face aux hommes.

— Que se passe-t-il ?

— Quelqu'un a découvert ?

— Elle a commis l'irréparable.

Nous devions à tout prix cacher le scandale et agir au plus pressé. Il fallait être discrètes et efficaces. Des femmes, quoi ! L'urgence étant d'éviter à Iqbal le pire.

Je me suis fait remplacer les deux jours qui ont suivi afin de rester avec mes amies. Farah a fait recevoir Iqbal par Katy, la doctoresse égyptienne à qui elle avait fait jurer de garder le secret. « Bien sûr », avait promis la dame, elle n'avait pas lu pour rien sa compatriote Nawal Sadaoui, la plus célèbre des féministes.

Si cela avait dépendu d'elle, avait grogné Katy, cette membrane était à déchirer d'office chez toutes les filles à la naissance. Voilà qui épargnerait bien des misères dans le monde arabe et éviterait les guerres ! Pfff !

Elle disait cela, la main fourrée entre les cuisses d'Iqbal dont les yeux laissaient couler une rivière de larmes.

Le militantisme du médecin se lézarda lorsqu'il fut question d'argent. Elle demanda quelque quatre mille riyals pour délivrer une fausse ordonnance. Car il fallait bien inventer une maladie grave qui justifierait le déplacement de la « patiente » à l'étranger. « Aucun pays voisin ne possède le remède à ce mal inconnu. Seule l'Europe dispose du savoir et des équipements nécessaires », a-t-elle noté sur l'ordonnance à l'adresse des tuteurs masculins de la jeune fille.

Elle n'allait tout de même pas leur révéler que l'Europe était la mieux placée « pour recoudre les hymens en toute impunité ». On l'aurait jetée en prison avec ses patientes pour complot contre les règles du pays et la loi d'Allah.

— Bien qu'Allah n'ait jamais parlé d'hymen, a fulminé Joumana, en écoutant Farah nous rapporter le récit de la consultation.

— Mais ce sont quand même nos traditions, a commencé Salma, toujours moralisante…

— C'est au nom de la même tradition que ton mari ne te baise pas sans que tu puisses protester !

Consciente d'avoir blessé son amie, Joumana s'en excusa aussitôt en la serrant dans ses bras :

— Pardon, ma chérie, je ne voulais pas. Mais ces lois des hommes, ça nous rend dingues !

Je conseillai d'emmener la jeune fille à Paris et me débrouillai pour leur prendre un rendez-vous avec mon compatriote et ancien camarade de classe médecin qui avait atterri comme chirurgien dans une clinique privée du 16e arrondissement de la capitale française.

Farah se fit un devoir d'accompagner la jeune fille. Après tout, elle était responsable de ce qui venait d'arriver. Se posait toutefois un problème : aucune femme ne devant se déplacer sans un tuteur masculin de sa famille, il fallait qu'Iqbal voyage avec l'un de ses proches. Or les trois frères de la petite étudiaient qui en Grande-Bretagne, qui à Beyrouth. Il ne restait que le père, ancien diplomate à la retraite, lequel, par chance, connaissait la capitale française et appréciait ses soirées. Jeune célibataire, il avait aimé descendre au

Lutetia, près de Saint-Germain, préférant ce quartier jeune et branché à celui, plus huppé, des Champs-Elysées qui grouillait de ses compatriotes.

Le père fut tellement ébranlé devant le « mal inconnu » dont souffrait sa fille unique qu'il débarqua le lendemain de Riyad. Il serra conte lui la jeune fille pâle et muette et décida que le voyage en France aurait lieu dans la semaine.

J'étais particulièrement indignée par cette la loi qui obligeait les femmes à sortir accompagnées d'un homme, comme si elles étaient des êtres mineurs ou mentalement déficients. Toutefois, je m'étais retenue jusque-là d'exprimer ma colère, ayant remarqué combien les Saoudiennes étaient jalouses de l'honneur de leur nation et de leurs valeurs. Autant elles sont capables de s'autocritiquer, autant elles répugnent à voir les autres s'en prendre à leur patrie, ou aux textes religieux dont leurs compatriotes s'estiment les dépositaires.

Par conséquent, ce jour-là je n'aurais pas dû commettre l'erreur de déclarer :

— Les organismes internationaux sont contre cette pratique.

Que n'avais-je pas dit ? Les Saoudiens estiment en général que ces institutions représentent l'Occident judéo-chrétien arrogant et jaloux. Et mes amies partirent dans un délire d'accusations.

Soha : De quel droit s'immiscent-ils dans nos usages et dans notre religion ?

Salma : Ma dignité n'est pas dans l'obéissance aux diktats des étrangers, mais dans le respect de mon souverain et de mon pays.

Farah (entre sérieux et moquerie) : Lesquels sont là pour nous protéger contre le vice.

Salma : Ce qui confirme bien que nous y sommes portés naturellement.

Farah : Disons que nous tenons particulièrement à défendre notre identité saoudienne.

Soha : Certaines pratiques sont les repères de notre culture.

Joumana : Je refuse qu'on nous dicte de l'extérieur ce que nous devons faire, ou ne pas faire. Les réformes doivent venir de l'intérieur.

Et Farah (à mon grand étonnement) : Nous n'avons pas besoin de recourir à des conventions internationales alors que notre religion a tout prévu. L'islam a consigné nos droits dans le Coran, c'est tout, faut pas chercher ailleurs.

Fermez le ban.

Deux semaines plus tard, j'ai mesuré à nouveau les velléités militantes de Joumana et sa propension à soutenir les revendications des suffragettes occidentales. Et je fus édifiée par les contradictions des Saoudiennes.

En l'absence de Farah et d'Iqbal parties à Paris, je la voyais seule ou avec Salma et Soha. Le contraste me paraissant d'autant plus frappant entre Joumana nourrie d'idées d'avant-garde et rêvant de changer son pays, alors même qu'elle avait la chance d'avoir un mari moderne et une belle-mère complice, et Salma figée par les tabous et les frustrations, ne concevant point de révolte, bien qu'elle vécût sans amour dans un quotidien morne et peu valorisant. Les désaccords étaient flagrants entre les deux femmes :

Joumana : Que sommes-nous aux yeux des autres nations ? Des femmes sans tête ni corps. Des objets. Même les animaux peuvent trotter en toute liberté.

Salma : Tu sais bien que, si on laissait libres les femmes, elles n'en feraient qu'à leur tête. Regarde les Occidentales. Elles n'ont pas le respect de la famille, elles ne s'occupent pas de leurs enfants et elles couchent avec le premier venu.

Joumana : Détrompe-toi, ma chérie, et ne sois pas prisonnière des préjugés de nos hommes. Ils te font croire que ces femmes sont des vicieuses et des débauchées, alors qu'elles sont aussi responsables que toi et moi, elles s'occupent de leur famille et de leurs enfants et elles travaillent autant que les hommes !

Salma : Justement, elle sont obligées de se prendre en charge, alors que l'islam nous permet à nous d'exiger des hommes qu'ils nous entretiennent.

Joumana : Mais qui te dit que je veux être entretenue, moi ?

Salma : Tu dis ça, ma chérie, mais tu es contente d'avoir des domestiques, des bijoux et des journées à ne rien faire.

Joumana : Non, je m'ennuie ! Il y a tellement de métiers que j'aurais voulu exercer. Médecin, pilote, avocate, tiens, même serveuse dans un café ! Ça a une liberté de mouvement vertigineuse, une serveuse de café.

Salma : Je persiste à croire qu'il est sage de nous garder à la maison. Personne ne peut nous agresser ou porter atteinte à notre honneur.

Joumana : Tu veux que je te dise la vérité ? Nos hommes ont une peur bleue des femmes, c'est tout. Parce que, le jour où nous serons égaux, ils n'auront plus personne à qui commander. Ils verront le vide et la bêtise dans lesquels ils se tiennent et nous tiennent. Ils nous considèrent comme des trous, rien d'autre. Cacher nos corps, nos vies, et pourquoi ils ne nous enterreraient pas vivantes ?

Salma : Ne blasphème pas, tu sais bien que l'islam est venu pour mettre fin à cette pratique.

Joumana : Mais nos hommes en ont inventé bien d'autres qui équivalent à des enterrements !

Je suis restée silencieuse, mon opinion aurait été considérée comme un soutien inconditionnel à Joumana, dont je partageais, bien sûr, le raisonnement. Mais je n'allais plus tomber dans le piège de passer pour une donneuse de leçons. Ainsi que le dit le proverbe musulman : « Le croyant ne se fait pas piquer deux fois dans le même nid. »

Prostituées de tous pays…

Par malchance, mon planning ne prévoyait aucune escale à Paris. Sinon j'aurais pu aller saluer Farah et Iqbal qui logeaient au Lutetia. J'ai pu seulement téléphoner à mon compatriote médecin pour prendre de leurs nouvelles et, apparemment, tout s'était bien passé. Le soir même, je devais assurer le vol Djeddah-Damas.

C'est dans la capitale syrienne que je rencontrai les filles les plus nues de la planète, et elles étaient… maghrébines ! Fouad et moi, qui effectuions le même vol, logions au Méridien, un hôtel huppé où descendaient les grands de ce monde, hommes politiques, financiers de haut vol, journalistes de renom.

Avant d'aller dîner, nous avons fait un tour dans le bar situé à gauche de l'entrée. Il n'y avait que des hommes, et ça empestait le cigare. J'ai voulu rebrousser chemin.

— Viens, a dit Fouad, tu boiras bien un verre avec moi.

— Il faut vraiment que les Syriens veuillent garder les yeux fermés, dis-je en me frayant un chemin entre une dizaine de prostituées qui attendaient le client.

— Du moment qu'elles ne sont pas syriennes, ils s'en fichent.

— Et si c'était des Syriennes ?

— Le crime d'honneur existe encore dans cette région, ma gazelle.

C'est alors que deux des prostituées assises non loin de nous se sont tournées vers Fouad.

— Ah, vous êtes marocains ! Moi aussi ! Je m'appelle Sofia.

— Et moi Myriam, a minaudé sa voisine. Je suis algérienne, mais je me fais passer pour une Marocaine.

Et les deux filles, sans attendre d'invitation, se joignirent à nous.

J'étais partagée entre la fibre maghrébine qu'éveillaient en moi ces deux jeunes filles et l'effroi de parler à deux créatures qui étaient des scandales ambulants. Elles étaient habillées comme des jumelles, avec un semblant de jupe qui laissait voir leur culotte et un simple soutien-gorge. Leurs cheveux striés de mèches blondes tombaient sur leur dos nu. Elles devaient avoir vingt ans, tout au plus.

Sofia, sans me prêter attention, se tourna vers Fouad, qui était encore en uniforme.

— Alors, *hbibi*, tu ne veux pas d'une nuit chaude et parfumée du bled ?

— Non, ma chérie, quand je travaille, je ne m'amuse pas.

— Allez, je te fais un tarif, puisque t'es de chez moi.

— Arrête de minauder et dis-nous plutôt ce que tu fabriques ici.

— Ma foi, ce que fabriquent toutes ces filles que tu vois. On gagne notre vie, nous. On n'a pas eu la chance que t'as.

— Et tes parents sont au courant ?

— Bien sûr que non, idiot ! Je leur ai dit que je faisais des voyages organisés.

— Et combien fais-tu de voyages organisés par an ?

— Trois à quatre.

— Généralement, on dépense pour voyager. Toi, tu voyages pour gagner ta vie, c'est ça ? dis-je.

— Tu as oublié d'être bête, toi ! a commenté Myriam avec un rire qui résonna aux quatre coins du bar sans qu'une tête se retournât.

— Elle est *zouina*[1], ta collègue. Tu t'appelles comment ? a demandé Sofia.

— Laisse tomber et dis-moi plus tôt pourquoi tu ne fais pas ce métier au bled, comme tu dis.

— Ça ne paie pas là-bas, mon lapin, alors qu'ici les Machriqi[2] bavent tellement devant les Marocaines qu'ils nous laissent une bonne partie de leur tirelire. En plus, la Syrie c'est le seul pays où nous pouvons entrer sans visa, alors !

— Et tu as le droit de travailler sans être embêtée ? demandai-je.

— C'est le genre de travail où on préfère la main-d'œuvre étrangère, vois-tu ! Le cul des Syriennes est bordé d'or !

Soudain, son visage s'assombrit et elle soupira :

— Sans cet argent et celui de Myriam, Soraya, Firouz et Ghizlaine, que vous voyez là, les parents auraient crevé de faim...

Je pensai à l'instant aux conditions de vie de Joumana et de ses amies.

— Et encore, estimons-nous heureuses, parce que nous sommes encore en vie...

---

1. Jolie.
2. Les personnes issues du Moyen-Orient.

Sofia n'acheva pas sa phrase. Un grand moustachu venait d'entrer. Elle se précipita sur lui et lui entoura la taille. Myriam se leva aussi prestement :

— Et toi, pourquoi tu te fais passer pour une Marocaine ? lui demanda Fouad.

— Tout le monde sait que ce sont elles, les putes. C'est une nationalité d'emprunt, en quelque sorte.

— Oh, ces garces ! Quelle réputation elles nous font ! a fulminé mon collègue.

Deux semaines plus tard, je retrouvai mes amies de Djeddah, chez Farah cette fois, et j'appris le détail de son séjour parisien.

Elle avait fait réserver deux suites. Dès le lendemain, le père d'Iqbal fut surpris de voir entrer une femme en jean serré et petite chemisette, les cheveux balayant son dos, qui accompagnait sa fille. C'était Farah en Parisienne.

Les yeux du papa brillèrent de désir, mais il les baissa aussitôt.

— Je le voyais tiraillé entre la peur pour sa fille et le désir naissant pour sa cousine dévoilée sous ses yeux. Comme si chaque homme devait impérativement sauter une femme dès lors qu'elle apparaît sans voile. Eh bien, moi, je n'avais aucune envie. Et je n'allais pas manquer l'occasion d'être à l'étranger pour coucher avec un cousin, voyons ! Non merci…

D'après Farah, l'opération ne dura pas longtemps. Mon compatriote s'occupa lui-même de recoudre la jeune Iqbal. De retour à l'hôtel, Farah put annoncer la bonne nouvelle au papa : la doctoresse égyptienne de Djeddah avait fait un faux diagnostic. Iqbal se portait comme un charme, elle n'avait aucun pépin de santé. Le père remercia Dieu et se promit de faire un don à une association de musulmans français pour édifier une mosquée, promesse qu'il oublia après deux dîners bien arrosés.

Il leur restait une semaine de séjour à Paris que Farah mit à profit de son mieux. Elle laissa Iqbal se remettre de ses émotions et écuma les restaurants libanais des Champs-Elysées, adora le restaurant Dieppe avec sa cuisine casher, s'installa dans les boutiques de l'avenue Montaigne, la cigarette à la bouche, une tasse de café posée sur un coin du guéridon, à faire défiler pour elle, et rien que pour elle, des mannequins de la maison. Il fallait bien l'aider à choisir les robes de haute couture qu'elle comptait rapporter.

C'était la première fois que je me rendais chez Farah. Elle habitait sur la corniche elle aussi, une demeure décorée kitch comme un boudoir, et bien plus petite que celle de Joumana.

La coutume veut, en effet, qu'on aille féliciter le voyageur à son retour et nous nous rendîmes chez elle en cortège. L'accueil fut chaleureux et amusant. Outre la table garnie de produits Fauchon et de blocs de foie gras, censés combler notre soif d'Occident, nous avions droit chacune à un cadeau. Joumana reçut une pile de revues françaises, Soha et moi du parfum. Mais notre surprise éclata en cris et en rires quand nous vîmes le présent destiné à Salma.

Lorsque celle-ci ouvrit le paquet, elle découvrit un sexe d'homme en pleine érection.

— Un vibro-masseur ! s'est exclamée Joumana. Mais comment as-tu fait pour le ramener dans tes bagages ? Tu n'avais pas peur d'être fouillée ?

— Si, mais seulement s'il y avait eu une fouille au corps, a répondu Farah, le sourire flamboyant.

— Tu veux dire....

— Mais oui, les filles. Je l'avais planqué où il fallait et, ma foi, ce n'était pas désagréable !

Salma ne savait pas quoi faire de son cadeau ni quoi en penser. Nous ignorâmes volontairement sa gêne et nous tournâmes vers Farah qui nous raconta l'opération d'Iqbal, puis sa rencontre d'une nuit avec Jean.

— Ce n'est pas vrai ! Tu as réussi à le voir !

— Je l'ai appelé. J'ai dit que j'étais à Paris. Le soir même, il a frappé à la porte de ma chambre. Il avait un bouquet de fleurs dans une main et une bouteille de champagne dans l'autre.

— Il était comment ?

— Beau comme un diable.

— Et alors ?

Farah se contenta d'esquiver comme à son habitude :

— Tout ça, je n'aurais pas pu le faire si j'étais mariée. Alors que, célibataire, j'ai tous les avantages du monde : la liberté, le plaisir et la discrétion. (Et, se tournant vers moi pour échapper à d'autres questions :) Dis-moi, Leïla, Paris est devenue une ville arabe. On ne compte plus les Maghrébines qui font le trottoir sur les Champs-Elysées !

Je ne savais s'il fallait m'offusquer ou rire de cette remarque. Elle ne faisait que confirmer une réalité : celles que les Français appellent les « beurettes » sévissent dans les lieux de débauche comme à Damas, je l'avais vu de mes propres yeux. Elles vous arrachent un client en deux tours, leur font perdre l'esprit en dignes héritières des sortilèges de harems, se font glisser les dollars entre les seins, s'installent sur les genoux des vieux du Golfe afin de mieux les plumer, le vin coulant jusqu'à leur nombril !

— Et, quand ils baisent avec elles, ils sont plus excités parce qu'elles parlent un peu l'arabe, paraît-il.

— Et pourquoi ? a demandé Salma, étonnée.

— Normal, sauter une Arabe redouble leur plaisir puisque c'est doublement interdit.

Je ne faisais bien sûr que rapporter les propos de mon amant algérien.

— Et sauter une infidèle ? interrogea Soha.

— Ça ne compte pas aux yeux des nôtres. Ne sont-elles pas des infidèles, comme tu dis ?

— Et qu'en pensent leurs épouses légitimes ? interrogea Joumana avec son sourire ironique.

— Elles ferment les yeux, a répondu Farah. Les musulmans pensent que les Européennes ne sont pas un danger. Elles ne risquent pas de s'incruster ni de demander qu'on les épouse. On peut tout voir chez une hérétique, sauf une maman respectable. D'ailleurs c'est pour cela que, même lorsqu'elles se marient à nos hommes, elles n'ont pas le droit d'hériter.

— Parfois, ton idiotie m'étonne ! s'est exclamée Joumana. Lorsqu'un homme trompe sa femme, il la trompe, il ne faut pas lui chercher des excuses.

— Tu as raison, a répondu Farah prête à se rendre aux arguments de sa cousine. Un con est un con, fût-il illégitime. Qu'il soit celui d'une Arabe ou d'une Occidentale, il est avant tout le lieu du délit.

— Vous comprenez le piège dans lequel on veut nous pousser, les filles, a insisté Joumana. Nos hommes nous ont fait croire qu'il y a des infidélités possibles et non comptables aux yeux de Dieu, sous prétexte que les étrangères avec lesquelles ils nous trompent ne sont pas de notre religion. C'est faux !

— Oui, mais enfin…, a commencé Salma.

— Je sais ce que tu vas rétorquer ! Pour toi, les hommes sont supérieurs à nous, compléta Soha. Par conséquent, ils sont habilités à faire ce qu'ils veulent.

— Je ne l'invente pas, c'est dans le Coran, s'est défendue Salma.

— Faux ! Le Coran dit que les hommes sont supérieurs aux femmes « en ce qu'ils dépensent pour elles ». C'est une supériorité économique, en quelque sorte, pas ontologique, expliqua doctement Joumana.

— Ça veut dire quoi, ontologique ? a interrogé Salma.

— Qui n'est pas lié à l'être de la femme, ni à son âme, ni à son intelligence, mais à son porte-monnaie, a répondu Joumana.

— Mes chéries, vous êtes bien gentilles ! susurra Farah.

C'était généralement la phrase qui annonçait la fin de nos rendez-vous, les urgences amoureuses de la veuve la plus sympathique de la planète nous servant de conclusion.

Un sexe idéal ?

Nous avions oublié la mésaventure d'Iqbal, la frustration de Salma, et nos après-midi se sont, à nouveau, remplis de rires et de plaisanteries. Nous lisions les revues que je leur rapportais dans ma valise, avec photos de modèles nus et couples imbriqués, toujours à mes risques et périls. Nous écoutions des disques d'Oum Kalsoum et de Fayrouz et regardions sur Rotana les clips de Haïfa Wahbi, Amrou Dhiab, Elissa et Nancy Ajram.

Les péripéties rocambolesques, parfois tragiques, de certaines vedettes du Maghreb venues chercher la gloire au pays des Pharaons nous renseignaient sur les milieux artistiques du Caire et sur les relations dangereuses qui pouvaient s'y nouer. Soha tremblait pour son mari. Si, d'aventure, il rencontrait l'une de ces starlettes… Farah se moquait d'elle en prétendant qu'un marchand de tapis est le dernier des hommes à s'intéresser à l'art de la chanson, qui plus est à dilapider sa fortune pour leur plaire.

Tout est parti d'une remarque de Soha. Elle était atteinte, nous avoua-t-elle, d'une infection vaginale qu'elle n'arrivait pas à soigner, et il était hors de question d'aller consulter pour une horreur pareille.

— Quand l'urine sort de mon vagin, ça me fait très mal.

Je corrigeai :

— Tu veux dire de l'urètre.

— Comment ? s'est étonnée Soha. Il y a un seul trou, c'est le vagin d'où descendent toutes les saletés.

— Comme les règles, a renchéri Salma.

— Comment fait-on quand on est vierge ? Si le vagin est fermé, comment fait le sang pour couler ?

— Explique-nous, toi, la Marocaine, tu as dû suivre des cours d'anatomie féminine au Maroc, m'a interpellée Joumana.

Je songeai que même mon amie qui se targuait d'en connaître un chapitre sur la lutte des femmes ne savait pas comment elle était faite.

— Disons que les plus lettrées ont appris au moins à regarder leurs corps, avançai-je.

— Et toi, tu regardes ton corps ? a demandé Farah.

— Ça m'arrive, mais je ne vais pas passer mon temps penchée sur mon sexe pour le détailler.

— Tu mets une glace en dessous et tu regardes, trouva-t-elle comme solution.

Toutefois, le peu d'informations puisé dans mes cours d'anatomie au collège ne suffit pas à satisfaire mes amies, et je découvris que je n'étais pas mieux lotie qu'elles. Je fis remarquer que, autant que les intéressées, les hommes ignoraient le corps des femmes, couvert de pied en cap.

— Mais alors pourquoi est-ce que nous ne parlons que de sexe, nous les Arabes, si personne ne sait ce que c'est ?

— Nous en parlons, justement, parce que nous n'avons pas reçu d'éducation sexuelle dans notre enfance, dis-je, c'est le lot commun des musulmans de la terre entière.

— D'ailleurs c'est *haram* de parler de sexe en public, se reprit Salma. Nous commettons ce péché chaque fois que nous ouvrons ce chapitre.

— Tu te trompes. Même les chaînes de télévision s'en occupent maintenant.

— D'accord, mais seuls les imams ont le droit d'aborder le sujet et nous ne sommes pas des imams, insista Salma dans un de ses accès fréquents de puritanisme.

— Parce qu'ils sont des scientifiques et des sexologues attitrés, peut-être, tes imams ! Tu sais bien que, s'ils s'accaparent la parole là-dessus, c'est pour te dire à toi, pauvre femme, combien de fois tu dois te laver, te purifier, t'abstenir, céder à ton mari, courir le risque d'être répudiée si tu te refuses à lui, etc. Tu appelles ça de l'éducation sexuelle ? Moi, je dis que ce sont des prêches en faveur de l'abstinence et que ça dénonce une peur panique du sexe.

Joumana conclut la discussion en proposant :

— Vous savez ce que nous allons faire la prochaine fois ? Je vais inviter ma belle-sœur Hossa qui est médecin à l'hôpital des femmes. Elle va faire un vrai cours aux vraies dindes que nous sommes, nous qui n'arrêtons pas de revendiquer le plaisir sans savoir quelles sont les voies qui y mènent. Tiens, le plaisir ! Nous n'avons qu'à décrire cet outil censé nous le procurer. Commençons par savoir combien il peut mesurer de manière générale.

Nous nous prêtâmes au jeu :

Salma (oubliant ses scrupules religieux) : Ça peut être long ou court…

Soha : De dix à vingt-cinq centimètres.

Farah : Dix ! C'est trop petit comme engin, il sort de l'étui dès que tu éternues !

Moi : Le bout peut être rond ou pointu, doux ou granuleux.

Farah : Il a deux couilles, parfois trois.

Soha : Comment ça, trois ? Une excroissance, la troisième boule ?

Joumana : La question est plutôt de savoir si le troisième bonbon ajoute à la virilité.

Farah (en rigolant) : Ou s'il tape mieux à notre vestibule, c'est toujours plus marrant, les intrus.

Soha : Moi, j'ai plutôt entendu parler d'hommes qui n'en ont qu'une.

Salma : Mais ça ne les empêche pas de faire l'amour ni d'avoir des enfants…

Moi : Si la bête est obligée de se taper le travail de deux, elle doit être épuisée à la fin.

Farah : Et si elle fait la grève, aucun remplaçant, mes chéries !

Joumana : Je ne pense pas que notre désir pour un homme soit lié à la taille de son sexe. Il faut que l'homme soit beau, c'est tout, il me semble.

— Passons à la poitrine, maintenant.

Soha (avec une moue) : C'est tout ? C'est trop rapide pour faire le tour du zizi.

Joumana : Nous y reviendrons. Paraît que les hommes n'aiment pas qu'on touche à leurs seins.

Salma : Déjà que Mahmoud ne touche même pas aux miens !

Soha : Et les oreilles, et le dos et les jambes, tu as une idée, Leïla ?

Moi : Non, je ne connais que la position préconçue pour mon métier et qui ne permet pas d'examiner les hommes : soft, rapide et debout.

— Ça y est, on l'a eue ! s'est écriée Soha, elle fricote en cabine.

J'esquivai :

— Décrivez-moi un homme canon.

Soha : Celui de Salma !

Joumana : Grand, yeux clairs, chevelure abondante.

Salma : Brun, viril et avec bedaine.

La description des attributs masculins restait floue dans la bouche de ces dames, et leur jugement sommaire. Alors que personnellement j'aurais été inspirée par l'expression du visage, l'odeur de la peau, le dessin des lèvres, le mystère du regard, mes amies s'arrêtaient à l'allure générale, à la taille ou à la couleur des yeux. J'en conclus que, à force d'être séparées des hommes et empêchées de les observer en toute liberté, elles ne pouvaient les décrire que sommairement, leurs critères se résumant aux contours, comme le ferait un myope d'un paysage à distance. Inutile donc d'espérer les entendre sur la chute des reins de ces messieurs, ni sur les rondeurs de leurs fesses. Quand je pense que la même question aurait provoqué une avalanche de détails dans un magazine européen ! Exception faite de quelques connaisseuses, comme Farah, les Saoudiennes seraient bien étonnées d'y découvrir des critères hypersophistiqués tels que la fascination qu'exercent certains hommes laids, ou affectés d'une disgrâce, ou de manières inconvenantes.

Justement, la conversation prit un ton plus concret :

Farah : Et comment le voulez-vous au lit ?

Joumana : Empressé et patient à la fois.

Soha : Respectueux et poète en ce qu'il peut me dire des mots d'amour.

Salma : Qui n'a jamais couché avec une autre, je serais sa première.

Farah : Ça vous en fait un couple, ça ? Deux puceaux au lit, avec un prospectus si ça se trouve !

Moi : Quelqu'un qui aime les préliminaires. Pas un homme qui tombe sur moi comme si j'étais de la viande à consommer. Quelqu'un qui prononce des mots provocateurs, également.

Soha : Eh bien, si tu rencontres un tel trésor, je veux bien que tu me le prêtes !

Moi : Maintenant, qu'aimez-vous ? Le bouton ou la manchette ?

Salma : Tu veux dire ?

Moi : Qu'on vous embrasse le minou, ou pas ?

Joumana : Je ne dirais pas non. Il est bête, celui qui croit qu'une femme refusera un tel hommage à sa fleur.

Moi : Les positions ?

Farah : Autre chose que le missionnaire.

Moi : Le 69, comme disent les Français ?

Soha : Je n'ai vu ça que dans les films, en plus je n'aime pas les acrobaties. Nous manquons de salles de sport dans le royaume.

Moi : Et la baignoire ?

Farah : L'eau n'augmente pas forcément le plaisir. Moi, j'aurais dit la mer, mais c'est impossible.

Joumana : Et sur une table ?

Soha : On se prendrait pour la secrétaire et l'on soupçonnerait les pratiques de nos maris au travail.

Moi : Et par-derrière ?

Farah : La levrette ?

Soha : Evidemment.

Salma : Non, il y a l'autre porte…

Farah : La sodomie ?

— C'était du temps où mon mari me faisait l'amour, a laissé tomber Salma à la stupéfaction générale.

Mots, monts et merveilles

J'allais être édifiée sur le sexe des femmes la semaine qui suivit où je fus de passage à Beyrouth. Je profitai d'une nuit d'escale pour revoir un certain Tony qui m'avait donné son adresse sur un vol Riyad-Damas.

Laissez-moi vous dire, d'abord, que celui qui n'a pas expérimenté les soirées de Beyrouth connaît peu de chose de la belle vie. Surtout les soirées organisées dans les grands hôtels où tout concourt à restituer l'atmosphère des *Mille et Une Nuits*. On voit affluer les gens huppés, grosses fortunes, neveux et nièces de Hariri, les stars du petit écran. Et chaque fois un défilé de mode incroyable, des robes de grands couturiers, des bijoux à vous couper le souffle.

Seul bémol : la fabrique libanaise a une préférence pour les séries, et non le modèle unique. Les femmes s'y ressemblent toutes : poitrine refaite, nez arrangé, taille dégraissée. Il suffit d'en regarder une pour faire l'économie de les reluquer toutes.

J'ai compris que celui qu'on appelle le pays du Cèdre est par définition le pays de l'apparence. Il faut absolument offrir les signes extérieurs de l'aisance sans quoi vous n'êtes qu'un « chien coiffé », selon l'expression française. Je connais un compatriote qui travaillait à l'Université américaine et dont le chauffeur attitré refusait de le conduire parce qu'il estimait que sa voiture de fonction n'impressionnait personne dans la rue. Et l'on m'a raconté la mauvaise aventure de cette diplomate tunisienne qui s'est vu reprocher ses tenues simples, car on voulait qu'elle fasse la politique en dentelles et fanfreluches, sans quoi elle n'était pas la bienvenue. Ici, même les coiffeuses s'arrangent pour se faire payer les services d'un chauffeur, et les fausses vedettes font déplacer les esthéticiennes chez elles à l'instar des femmes de ministres, pour se faire maquiller et coiffer dans leur propre salle de bains.

Bref, toute une société qui joue aux riches à tout prix, alors même qu'elle vit sur fond de guerre larvée et grâce aux devises envoyées par sa diaspora.

C'est là que j'ai rencontré Marcelle, une chrétienne qui m'a invitée à une soirée où devait se rendre une vedette dont elle m'avait tu le nom pour me faire la surprise. J'ai vu les invités débarquer, dont plusieurs célébrités du petit écran à qui toutes les portes sont ouvertes, qui prennent plaisir à animer les soirées les plus chic, les galas de bienfaisance, et les lits aussi, bien sûr ! Je me suis retrouvée à dîner avec Haïfa Wahbi – c'était la surprise – horriblement refaite, on aurait dit une poupée en plastique. J'ai fortement pensé à Soha et à l'admiration jalouse qu'elle éprouvait à l'égard de la chanteuse libanaise et je pris la revanche de mon amie en levant à peine les yeux sur cette diva des fesses.

Ce soir-là, à Beyrouth, je flirtai longuement avec Tony dans une chambre d'hôtel qui donnait sur la corniche. La nuit tombait sur les montagnes tout autour et l'on voyait la lune danser au milieu, avec ses traînes de nuages. Je me laissais caresser par le Libanais, doux et prévenant, comme mes amies saoudiennes en rêveraient. Lorsque je me dénudai entièrement devant lui, son visage s'éclaira et il laissa tomber comme s'il découvrait la huitième merveille du monde :

— Oh, mon Dieu ! Tu as le sexe épilé. Comme c'est beau ! Je me convertirais bien à l'islam si on me garantissait un *ouss* comme le tien !

C'est comme ça que j'ai su que les Libanaises chrétiennes ne se rasaient pas forcément le pubis. De même que j'eus à tâter de la générosité des anciens Phéniciens. Le lendemain, avant de partir, mon amant me fit parvenir une boîte dans laquelle il avait glissé une bague avec un beau rubis.

Ouss, chez les Libanais et les Egyptiens, *zabour* chez les Tunisiens, *taboun* chez les Marocains, etc., les mots pour dire le sexe féminin changent d'un pays arabe à l'autre et nous nous amusions à les égrener tous, lançant des concours où nous étions pliées de rire, sachant que, si les hommes nous entendaient, ils nous prendraient pour des folles.

L'arabe littéraire fournit des dizaines de substantifs pour le sexe, mes amies avaient entendu parler du *Jardin parfumé* du Tunisien Nefzaoui, sans l'avoir jamais lu. J'ai dit, du haut de mon savoir anciennement acquis à l'université de Casa, qu'il y aurait soixante-six mots pour dire l'amour. Nous en avons égrené une dizaine : *hubb, hawa, ichq*… avant que Farah nous arrêtât, comme à son habitude :

— On ne vous demande pas de parler d'amour platonique, allez, ne soyez pas hypocrites, les filles !

— Tiens, le mot que les Français appellent orgasme, comment pourrait-on le traduire en arabe ? a demandé Joumana.

— Les Français disent aussi « la petite mort », si je ne me trompe pas, ai-je ajouté, en traduisant.

— Je ne connais que la grande mort, quant à moi, a grogné Salma. Celle qui m'enterrera sans que j'aie eu l'occasion de connaître la petite.

Salma avait l'art de trouver les belles formules au fond de son désespoir.

C'est ainsi qu'après avoir rapporté du Viagra, des amulettes et des recettes aphrodisiaques, je fus chargée de ramener de mon prochain voyage l'équivalent arabe du mot orgasme.

Nous avons dû reconnaître, en attendant, que si les pratiques de l'amour sont partout identifiables, les mots ne sont pas disponibles dans toutes les langues. Orgasme, petite mort, septième ciel, introuvables dans nos dictionnaires, sont à profusion chez d'autres peuples. Pour autant, nous voulions forcer l'arabe à accoucher du mot qui disait notre plaisir. Je faisais le pari d'y arriver.

Une enquête auprès de mes amis bilingues n'ayant pas abouti, il a fallu que j'interroge mes collègues maghrébins avant de passer le message à Nora, en lui demandant de le dénicher parmi les cracks de son université, moyennant récompense, comme d'habitude. Bientôt, si je continue à lui demander des services et à lui promettre rétribution, je lui devrai le royaume des Saoud tout entier !

Nous en étions à notre conversation sur le vocabulaire amoureux quand la belle-mère de Joumana se joignit à nous. Et je ne fus pas étonnée qu'elle eût vent de la teneur de nos propos :

— Il fut un temps où les Arabes étaient les plus grands chantres du sexe. Ils sont devenus si complexés sur la chose que le monde entier se pose des questions sur leur virilité !

Et vous savez quoi ? a-t-elle ajouté. Jadis, ils parlaient de la sexualité dans leur prêche. Les femmes pouvaient se plaindre de ne pas avoir de plaisir. Et lorsque les maris obligeaient leurs légitimes à des pratiques incongrues, elles s'en venaient devant le cadi et jetaient leur babouche à l'envers, façon de dire qu'elles se plaignaient d'une sodomie forcée.

Le mot sodomie dans la bouche de la vieille dame nous a scotchées. Elle a souri avant de conclure :

— De fait, le jour où vous réussirez à traiter les hommes comme des objets sexuels, vous apprendrez à vraiment prendre soin de vous.

Et elle se leva pour la prière.

Tabous et transgressions

Le mari de Joumana a été convoqué au palais. Notre amie nous l'a appris dès que sa bonne eut tourné le dos.

— Il faut que cela reste entre nous.

— Inutile de cacher quoi que ce soit au personnel de maison, il sait tout, ma chérie.

— De la graine d'espions ! a affirmé Soha, qui se méfiait de sa domestique érythréenne depuis qu'elle la soupçonnait de faire les yeux doux à son mari.

— Ne sois pas injuste avec tes bonnes, a rétorqué Farah. Tu t'es débrouillée pour sélectionner les candidates au ménage les plus laides de la planète. Tu ne vas pas prétendre qu'elles vont semer la zizanie dans ton foyer !

Je craignis que ne s'ouvre à nouveau le chapitre des domestiques et m'empressai de demander à Joumana :

— Et quelle est la raison de cette convocation ?

Apparemment, j'étais censée le savoir, car tout le monde m'a dévisagée bizarrement. Mais je n'étais évidemment pas au fait de tous les usages du royaume. Soha a fait l'effort de m'expliquer :

— La semaine dernière, Joumana s'est jointe au cortège des femmes qui manifestaient pour le droit de conduire. Et c'est Abdallah qui écope des avertissements.

Je me suis soudain rappelé une de nos discussions récentes à propos de la bêtise des hommes. Joumana, qui nous avait laissées seules un moment, avait surgi brusquement, son ordinateur portable sous le bras, et nous avait interpellées ainsi :

— Cessez de bavarder comme des idiotes pendant que les femmes s'émancipent partout ailleurs. Venez plutôt m'aider à me corriger.

Toutefois, personne n'avait semblé y prêter attention, elle-même n'avait pas insisté et la discussion s'était poursuivie sur le même sujet. Elle avait continué ensuite de travailler seule aux slogans qu'elle peaufinait pour la manif.

Le même jour, Salma, qui avait pris goût aux boutiques de sous-vêtements, nous apprit qu'elle avait le projet de rédiger une lettre aux autorités, leur demandant d'y faire remplacer les vendeurs mâles par des vendeuses.

Quelle ironie ! ai-je pensé. Pendant que Joumana battait le pavé pour que les affaires des hommes deviennent celles des femmes, Salma s'engageait pour que la gent masculine soit encore davantage exclue de l'espace féminin. A chacune son combat !

D'ailleurs, ce jour-là comme tant d'autres, c'est Farah qui a mobilisé notre attention. Elle a raconté les heures qu'elle avait passées la veille sur une de ces plages privées qui sont protégées par des murs jusque dans l'eau, de façon que les femmes puissent se baigner sans être vues. Comme elle s'était installée pour bronzer, toutes ses nièces et cousines avaient poussé des cris d'indignation, la traitant d'inconsciente et de folle.

— La peau brune n'a jamais aidé une femme à plaire. Comment pouvez-vous profaner la vôtre qui a l'avantage d'être aussi blanche que le lait de chamelle ? lui avait susurré une jeune femme qu'elle avait aperçue une fois ou l'autre en compagnie de ses nièces.

Farah s'était engagée dans une longue discussion avec l'inconnue sur le goût des hommes saoudiens pour les peaux blanches. Elles en vinrent à parler de beauté, de désir et tout naturellement de sexe. Au grand étonnement de Farah que rien, a priori, ne pouvait surprendre sur ce sujet, la jeune femme s'était mise à lui confier qu'elle s'amusait à séduire les hommes mariés.

Elle avait réussi à s'introduire dans presque toutes les maisons de Djeddah à cet effet. Oui, son idée à elle, voire son plaisir suprême, consistait à faire divorcer le plus grand nombre d'épouses du royaume. Comme ça. Par amour de la provocation. Contre les femmes, mais contre les hommes aussi. Contre son propre destin qui l'avait fait naître orpheline. Il faut dire, avait confié Farah, qu'elle était belle à se damner : de grands yeux noirs en amande qui semblaient loger la fureur du diable, une bouche charnue et des lèvres que la nature – et pas la chirurgie esthétique, je m'y connais ! – avait parfaitement bien dessinées. Et, comme elle était en bikini, notre amie avait pu noter la taille de gazelle, les hanches sculptées et jusqu'au renflement entre les cuisses qui renseignait sur un sexe appétissant et généreux. Bref, une houri du paradis. Qui s'était juré de détruire les unions conjugales, comme certains rapaces les nids d'oiseaux douillets.

— Et que cherche-t-elle en agissant ainsi ? a demandé Soha sur un ton méprisant.

— Le plaisir de séduire et de se faire offrir des cadeaux.

— Est-ce qu'elle consomme au moins ? ai-je interrogé.

— Elle ne m'a pas dit. Mais je ne manquerai pas de lui demander la prochaine fois que je la vois.

Je pensai en regardant notre veuve joyeuse qu'elle était le poumon vert de l'imagination de ses amies, occupées à lutter, qui pour reconquérir son mari, qui pour défendre ses droits. Ses aventures constituaient le « mall » où les autres s'offraient un shopping d'articles du sexe, gratuitement et en toute impunité. Quant à elle, elle ne se souciait aucunement de sa réputation et rien ne pouvait entamer sa détermination au fond, pour concevoir l'écart par rapport à la norme comme naturel et la transgression comme l'ingrédient nécessaire à la vertu. Un saut périlleux certes, mais nécessaire : en les enfermant, les hommes n'ont fait que les y entraîner. Si la vie d'une victime mérite d'être vécue, a coutume d'affirmer Joumana, c'est pour le bras d'honneur qu'elle fait à son bourreau. Les hommes n'ont qu'à ne pas nous pousser dans le vide !

Après deux mois d'absence où je voyageai sans répit, je retournai chez Joumana. Soha me lança en m'embrassant :

— Tu as raté la plus grande nouvelle de l'année.

— Tu as coincé ton mari avec la bonne ?

Je savais que ma réponse était d'un humour suspect mais Soha ne s'y arrêta pas.

— Nous avons été invitées par Farah.

— A un grand festin ?

— De cul, oui !

Et mes trois amies éclatèrent de rire. Joumana m'expliqua que Farah avait décidé de ne plus se contenter de relater ses recettes de drague, mais de révéler le détail de ses ébats. Elle avait invité ses amies à en suivre carrément une séance.

Au début, elles ont failli décliner l'invitation sans même entendre la suite. Salma avait d'énormes scrupules et des doutes quant à la sécurité des lieux. Soha craignait, au spectacle d'un étalon hors pair, de trouver très insuffisant son mari, qui déjà négligeait tendresse, mots doux et préliminaires, pour tout dire. Joumana avait invoqué l'éthique, celle de la vie privée. Mais la tentation était trop forte et les trois épouses y avaient succombé. Farah annonça que son fils passait sa journée à la plage et qu'elle ferait venir son amant chez elle, déguisé en femme. « Je le cuisine, il me monte et vous regardez. »

Elles s'y rendirent une fin d'après-midi où la chaleur frôlait les 50 °C, se délestèrent de leur abaya, le corps frissonnant d'appréhension, se posèrent à l'endroit indiqué, une fenêtre en moucharabieh qui laissait voir sans être vues.

Une heure durant, elles observèrent la scène, stupéfaites, rougissant et pâlissant tour à tour. Elles se rincèrent l'œil, se pincèrent les cuisses, mouillèrent, sans prononcer un traître mot.

— C'était mieux qu'une séance de cinéma, je te jure ! a affirmé Soha.

— Et encore ! On ne t'a pas appris la meilleure, Leïla. L'amant de Farah est un Marocain comme toi.

J'ai pensé spontanément : Fouad. Mais mon collègue et moi étions constamment sur les mêmes vols depuis quelques semaines, et les Marocains ne sont pas ce qui manque en Arabie.

— Ce n'est pas Fouad, précisa spontanément Soha.

Pour autant, ce doute me renseignait déjà sur les vœux secrets de mes amies. Je demandai :

— Est-ce que mon compatriote fait bien l'amour, au moins ?

— Bien, très bien même ! ont répondu ces dames en chœur.

Tant mieux ! pensai-je. Les attributs de nos hommes étant aussi importants pour la notoriété du pays que notre capacité à construire des hôtels ou à enrichir l'histoire des idées, j'estimais que l'honneur national était sauf.

Pour le reste, l'amant clandestin de Farah ne semblait pas faire partie de la catégorie que j'avais connue lorsque j'étais à la faculté, avec mon seul amant du cru qui, par malchance, avait la queue aussi atrophiée que son QI. Raison pour laquelle j'avais décidé d'aller voir ailleurs….

Maintenant que les Saoudiennes savaient comment les hommes marocains s'y prennent avec les femmes, il leur fallait connaître comment les Marocaines se débrouillent au lit. Je leur ai proposé de lire le livre d'une certaine Soumaya Guessous, *Au-delà de la pudeur*. Dès qu'ils avaient entendu dire qu'il y était question de sexe, les hommes s'étaient rués pour l'acheter. Mais ils s'étaient déclarés vite déçus. Les pauvres, ils s'attendaient à des scènes croustillantes, ils avaient dû endurer des analyses sociologiques sur les pratiques du mariage et les tabous qui engoncent notre société.

Partie avec les mêmes suppositions que les lecteurs marocains, Farah, qui n'avait écouté que la moitié de mon propos, a demandé :

— Est-ce qu'elle parle du plaisir suprême, cette Soumaya ?

— C'est vrai, on s'attendrait à des scènes d'orgie et d'échangisme, a lancé Soha, de son côté. Il paraît que ces dernières sont courantes chez vous. Une de mes bonnes, non pas l'Erythréenne, mais une native de Marrakech, me racontait qu'elle avait travaillé dans une famille de gens très riches. Elle voyait débarquer toutes les semaines une dizaine de couples en apparence tout à fait respectables. Sauf que l'on entendait plus tard les ahanements dans les chambres, comme dans un bordel. En fait, après le dîner, les hommes échangeaient les clefs de leur voiture, et chacun partait faire l'amour avec la femme de l'autre. Est-ce vrai ?

— Je n'en sais rien. Je ne fais pas partie de la bourgeoisie, je n'ai pas de mari, ni de voiture et l'échangisme reste pour moi un scénario virtuel.

— Et la drogue ? a interrogé Joumana. On dit aussi que vous êtes le pays du hachisch.

Je remarquai, à part moi, que l'opinion de mes amies n'avait pas évolué à l'égard du Maroc.

— Il m'est arrivé de fumer un joint pour en connaître le goût, mais je ne suis pas portée sur ces choses-là, non plus. En revanche, un narguilé avant l'amour, étendue comme une odalisque sur un sofa, le bonhomme à mes pieds, avant qu'il ne glisse plus haut, je ne dis pas non !

A peine avais-je ainsi répondu que je me repentis. Au lieu de démentir les clichés sulfureux sur mon pays, je m'amusais à les confirmer pour ne pas déplaire à mes hôtesses.

Lorsque je racontai à Fouad la scène de Farah et des voyeuses clandestines, il lança :

— Il est fou d'y être allé, le mec.

— Pourquoi ?

Il ne répondit pas. Je le taquinai :

— Tu sais ce que je vais faire ?

— Quoi ?

— Je vais proposer à mes amies de t'emmener chez l'une d'elles. Je te prêterai une de mes abayas et tu m'accompagneras. Ce sera ni vu ni connu.

— Tu veux vraiment ma perte !

— Je garantis que tu reviendras sain et sauf.

— Si je comprends bien, tu me demandes, sans ciller, de satisfaire la libido de tes nymphomanes.

— Non, je te promets qu'elles se contenteront de t'observer. De se sustenter de ta présence. Tu sais que, pour elles, parler et regarder un homme qui ne soit pas leur père ou leur mari est déjà orgasmique. Tiens, comment dit-on orgasme en arabe ?

Il lança sans daigner répondre :

— Dire qu'il y a des femmes qui se contentent de si peu : un mâle en chair et en os assis devant elles. Quand je pense que ma mère nous crie à la figure qu'elle ne veut pas voir les hommes qui, de son point de vue, salissent le paysage et obstruent l'horizon ! Cela dit, je refuse ta proposition.

— Même si tu es grassement rétribué ?

— Tu me fais honte !

Ma cousine en pèlerinage

J'attendis la saison de la *omra*, petit pèlerinage, et téléphonai à ma cousine pour qu'elle se prépare. Je lui envoyai un billet, auquel je joignis un autre pour son frère Imad, l'Arabie n'acceptant pas d'accueillir des pèlerins femmes sans *muhrim*.

— Quand on dit que les femmes font dépenser tout au double pour les hommes, c'est vrai ! Mais bien fait pour eux ! Ils n'ont qu'à nous laisser voyager seules, dit Joumana.

Nora m'avait suppliée : elle voulait que je la surclasse et que je relègue son frère au fond de l'avion. Je passai donc un coup de téléphone à un de mes collègues au sol, à l'aéroport de Casa, lequel s'empressa de me rendre ce service. Je savais ce qu'elle avait en tête.

Ma cousine avait décidé que le jour de son départ allait être son jour de chance. Elle trônait en classe affaires, maquillée comme pour un mariage, au milieu de messieurs aux barbes frémissantes et aux regards sévères, pendant que son frère se morfondait en classe éco.

J'avais demandé au même collègue d'asseoir la jeune fille à côté d'un passager « respectable », ce qui dans notre jargon voulait dire fortuné, Nora n'avait qu'à se débrouiller pour le reste. La technique était connue, et je vous l'ai déjà racontée.

Nora a passé son temps entre sa place et le petit coin, elle dépliait sa haute taille dans les couloirs, glissait d'un pas chaloupé, partait par gros temps et, grâce aux trous d'air, s'affalait chaque fois sur les genoux de son voisin avant de se confondre en excuses. Elle finit par nouer la conversation avec son Saoudien respectable, le fit rire avec des blagues marocaines, se passa mille fois la main dans les cheveux, nonchalante et lascive. A la nuit tombée, les lumières furent éteintes. Ma cousine étendit son siège, déplia une couverture sur elle et fit semblant de s'assoupir. Elle avait tourné la tête du côté du passager et disposé ses cheveux sur son épaule. L'homme fit semblant de s'endormir également.

Quelques heures plus tard, à l'aéroport où j'allai la chercher, je l'ai surprise en train de serrer furtivement la main de l'homme et de lui glisser un bout de papier.

— Malheureuse ! Il ne faut jamais serrer la main d'un homme ici.

— Pourquoi ? Il faut peut-être serrer sa zigounette ?! me glissa-t-elle dans l'oreille.

Avec elle, c'est toute la légèreté et la joie du pays qui débarquaient.

Nous déposâmes Imad dans sa chambre, dans un hôtel situé à quelques mètres de mon appartement, et reprîmes la route une demi-heure plus tard en direction du palais de Joumana où ma cousine était attendue impatiemment. Sur le trajet, je lui demandai dans un marocain que le chauffeur de Djeddah ne pouvait déchiffrer :

— Alors, c'était une bonne pêche ?

— Je ne savais pas que les voyages en avion poussaient au vice, répondit Nora laconiquement.

— C'est-à-dire ?

— Je voulais draguer honnêtement, mais il s'est passé quelque chose que je n'avais pas prévu. Dès que les lumières se sont éteintes, j'ai senti la main de mon voisin sous ma couverture.

— Et alors, tu as crié ?!

Elle s'approcha de façon à coller sa bouche sur mon oreille :

— Tu vas rire, mais j'étais tellement excitée que je me suis laissé faire. J'ai avancé ma main aussi. Son sexe était dur comme un bâton. Je l'ai caressé lentement. Nous avions tous les deux les yeux fermés, nos mains s'activaient sans rien laisser paraître. Ce monsieur, je ne le connaissais pas, je le masturbais sous une couverture, ça avait quelque chose d'irréel. J'ai senti sa semence couler sur mes doigts et, lorsque j'ai ouvert les yeux, une auréole marquait la couverture. Il a retiré sa main de sorte que je la lui ai remise de force entre mes cuisses. Attends ! Entrer au hammam n'est pas aussi facile que d'en sortir, mon cœur. Il m'a fait jouir. Comme pas possible. Dieu sait pourtant que j'ai l'habitude de naviguer dans la clandestinité. Mais cet interdit-là, avec un inconnu, entre ciel et terre, dans un engin qui fendait l'espace et pouvait ne jamais arriver à destination, m'avait ôté tout scrupule. Ce bordel sur dos de nuage, c'est à croire que Dieu n'existe pas.

Le chauffeur qui saisit le mot de la fin soupira : « Dieu est grand ! »

Cela peut paraître invraisemblable, mais à peine la belle-mère de Joumana couchée, ma cousine a entrepris exactement le même récit devant mes amies, sans complexe aucun, comme si elle les connaissait depuis toujours. Et plus ces dernières s'exclamaient sur son art de raconter, plus Nora en rajoutait, plus on lui demandait des précisions, plus elle s'exécutait, jusqu'à livrer le détail des gouttes de sperme recueillies dans sa main. Les femmes riaient de ce rire à la fois gêné et ravi, qui trahit la frustration et la curiosité extrêmes.

Elles avaient trouvé la perle rare : ma cousine me surpassait, elle faisait du terrain et n'avait pas honte de le dire, rapportait ses aventures sans rougir.

Lorsqu'on lui demanda, plus sérieusement, si elle entendait se marier, Nora répondit sans hésiter :

— Et comment ! Dès que je trouve un riche du Golfe.

J'ai vu soudain se dessiner ce sourire ironique que je connaissais sur le visage de mes amies et, pour la première fois, je compris que toutes les femmes étrangères, si elles les trouvaient sympathiques, enviables, fréquentables même, demeuraient à leurs yeux d'indignes prétendantes aux fils de leur tribu.

D'ailleurs Salma eut sa façon à elle d'enfoncer le clou :

— J'ai appris que des mamans maghrébines viennent chez nous avec leurs filles qu'elles sont censées accompagner pour le pèlerinage… mais qu'elles repartent sans elles.

— Et pourquoi ? a demandé Nora innocemment.

— Elles les laissent travailler…

— Si elles ont la charge de leur fille à l'arrivée, elles l'ont également au retour, dis-je. Je ne pense pas que la police des frontières laisse les mamans repartir sans leur progéniture.

— Oh ! Tu sais, a lancé Joumana, tous les douaniers du monde sont corrompus.

Un silence gêné plana sur l'assemblée.

Pendant que je m'absentais à nouveau pour mon travail, Nora se rendait tous les jours chez Joumana. Eblouie par le faste, elle se perdait dans le palais de la Saoudienne, empruntait la sortie réservée aux hommes, plaisantait avec les domestiques, laissait tomber exprès son voile, scrutait les mecs, les vitrines, les arbres, les canettes de Coca avec les mêmes yeux avides. Au-dehors, elle avait une envie folle de faire du shopping et, dès que je fus de retour, je dus écumer avec elle toutes les boutiques de Djeddah, les enseignes de luxe du nord-ouest de la ville, les Tahlia, Prince Sultan, King-road et autres Rawda Street qui fournissent le royaume en produits de luxe du monde entier.

Ensuite et enfin, nous partîmes pour La Mecque en compagnie de la famille de Joumana. Aussi, avons-nous eu le privilège de loger dans une riche demeure située non loin de la Kaaba. C'est dire que nous pouvions fanfaronner à côté de nos compatriotes qui s'entassaient dans des hôtels à dix par chambre, quand ils ne dormaient pas sous les tentes ou ne se faisaient pas écraser par la foule.

Toutes les langues, toutes les races et les couleurs de peau défilaient sous le même uniforme blanc, l'*ihrame*, fait de deux draps, l'un entourant la taille, l'autre jeté sur l'épaule, qui mettait sous la même enseigne de la foi riches et pauvres, sains et malades, heureux et malheureux. Cette démonstration d'une humanité sans privilèges, que le rituel rend à l'essentiel de l'existence, avait de quoi bouleverser le croyant le plus réfractaire.

Sans doute en raison de cette componction et de cette ferveur incroyables, les manifestations choquantes, comme les bousculades, les rues jonchées d'immondices ou les âpres disputes pour vingt centimètres de territoire, passaient inaperçues. De fait, le monde pouvait s'écrouler, les pèlerins ne s'en souciaient guère, ils étaient dans la maison d'Allah, toute dignité mise de côté. Ils pouvaient mendier, ramper, se faire piétiner, seul « Son visage » comptait, jusqu'à mourir dans Sa terre, la plus belle des perspectives. Combien de personnes âgées viennent ici avec l'espoir avoué d'y être enterrées, à la grande joie de leur famille restée là-bas ! Rendre l'âme en Arabie, c'est emprunter le chemin le plus court vers le paradis.

Il n'empêche… Je voyais ma cousine le regard lointain, les traits fixes, les yeux humides.

— Je t'interdis de passer l'arme à gauche ici, dis-je à Nora qui tournait autour de la Kaaba.

Elle n'a pas répondu de son rire habituel, qui nous aurait valu des regards de reproche. Je continuai d'autant ma mise en garde :

— Moi, j'ai besoin de te garder dans notre pays, au cas où je voudrais me souvenir de toi. Pas de mémoire réelle sans une vraie tombe.

Elle s'est éloignée, l'expression hostile.

Que Dieu me pardonne, je ne pouvais m'empêcher de repérer les scènes de drague entre hommes et femmes qui, selon mes amies, étaient courantes pendant le pèlerinage. Ces dames, toutes de blanc vêtues, passaient les yeux baissés, et soudain les levaient vers un beau Pakistanais. Ces fidèles dont le regard se fixait sur une cheville un peu découverte. Ces mains qui se frôlaient et s'échangeaient des messages.

A ma grande stupéfaction, Nora ne montra, elle, aucun entrain pour la chose et se déclarait scandalisée par mes observations.

Les femmes du Maghreb, elles, dépensaient des fortunes en bijoux, tissus et *gallabias*[1] de toutes sortes. Le phénomène s'est du reste accentué ces dernières années, selon les dires de mes anciens collègues : depuis la deuxième guerre du Golfe et la multiplication des chaînes arabes, ni Rome ni Istanbul ne sont plus la destination shopping préférée des Maghrébines. C'est l'Arabie qui vide désormais leur porte-monnaie, si elle ne consolide pas leur foi.

Je cherchai à nouveau ce jour-là Nora dans la foule. Je la trouvai dans la Mosquée Al-Haram al-Sharif, debout, comme pétrifiée.

De retour dans la famille de Joumana, elle refusa de sortir faire des emplettes.

1. Robe d'intérieur.

Le voile et la drague

Le vote de la loi contre le foulard à l'école, en France, a déchaîné les discussions chez Joumana. Al-Jazira que nous regardions n'a pas manqué d'attiser le feu en menant campagne contre la décision des Français. Les commentaires oscillaient entre indignation et compréhension, la première l'emportant bien plus souvent :

Soha : Les Français ne comprennent pas. Pour eux, le foulard symbolise la soumission de la femme.

Farah : Bien sûr que non ! Regarde-moi. Sans mon abaya, je n'aurais jamais pu faire ce que je fais, ni vivre comme je vis. Le voile me sert à manifester mon insoumission.

Joumana : Mais si tu avais à choisir, tu préférerais sortir sans voile, n'est-ce pas ?

Farah : Si quelque chose d'autre me garantit l'anonymat, oui.

Joumana : La liberté, ma chère !

Soha : Il ne faut pas oublier que le voile fait partie de notre identité.

Joumana : Ton identité est ailleurs.

Salma : Moi, je crois que les Français se fichent du voile, ils n'aiment pas l'islam, c'est tout. Ils sont jaloux de notre religion, ils n'ont plus que des mécréants chez eux.

Soha : Mais c'est étrange, tout de même. Pendant qu'ici nous n'avons qu'une envie, enlever le hidjab, les musulmanes de là-bas se paient le luxe de le réclamer. C'est le monde à l'envers. Il paraît qu'il y a des femmes qui mettent le niqab pour voler dans les malls de Djeddah, et même pour se prostituer.

Nora (restée silencieuse jusque-là) : Il y a aussi celles qui mélangent le vice et la conviction. Le voile ne les préserve pas du péché, même si elles sont de bonne foi. Par exemple, j'ai une camarade qui couche en secret avec un copain. Chaque fois qu'ils sont au pieu, elle supplie : « Fais ce que tu veux, enlève-moi tous mes vêtements, sauf le foulard, s'il te plaît ! » Vous imaginez la scène ! Le sexe à l'air et la tête couverte !

Ce furent je crois, les dernières paroles licencieuses de Nora, avant sa subite et étrange transformation.

Soha nous supplia de mettre fin à nos discussions sur l'affaire du foulard en France, qui lui semblait ridicule, pour que nous nous occupions de son cas. Voilà : elle a beau déployer l'artillerie nécessaire pour plaire à son mari et l'entendre dire des gentillesses, c'est peine perdue. Elle en a assez de lui faire la cour. Si elle continue, elle finira par se prendre pour une putain. Alors, elle a décidé de bouder. Elle cherche des recettes pour l'exaspérer. Omar est sommé de trouver le chemin de son cœur, avant d'accéder à son minou.

— Il faut que je fasse la grève du sexe, mais comment ?

— Tu t'inventes des migraines, a rétorqué Joumana.

— Le mieux, c'est que tu prétendes avoir tes règles, dis-je.

— J'ai connu une chiite qui, pour faire fuir son époux, lui disait chaque fois qu'il l'approchait : « Je crois que j'ai le sida ! », s'est esclaffée Farah.

— Et alors ? Il prenait ses jambes à son cou ?

— Pas du tout ! Il était persuadé que sa légitime désignait un vague à l'âme occidental et il l'enfourchait avec d'autant plus d'enthousiasme qu'il la croyait plus savante que les autres !

— Si tu ne peux pas faire la grève du sexe, fais la grève de la cuisine, suggéra Salma pour avoir son mot à dire dans une discussion plus proche pour elle du scénario-fiction que de la réalité.

— Comme si c'était moi qui cuisinais ! J'ai du personnel, voyons !

— Agite-lui la menace de retourner chez tes parents, dis-je.

— Les miens croiront tenir leur revanche.

— Prends un amant, a lancé Farah, provocatrice

— Un peu de sérieux, *habibti* ! a supplié Soha.

— Et si l'on sortait s'aérer l'esprit ? a proposé Joumana, pour détendre l'atmosphère. D'autant que nous avons promis à Nora de lui faire visiter tous les malls de Djeddah avant son départ.

— Bonne idée, a répondu Farah. Et ce sera l'occasion de réaliser notre pari. Journée visite pour Nora, journée drague pour toutes, avec mention spéciale pour celle qui reviendra avec le plus grand nombre de clins d'œil piégés dans son regard et, surtout, le plus grand nombre de numéros de téléphone dans son calepin.

Nous avons été déposées en pleine ville, par les chauffeurs de ces dames, accompagnées comme d'habitude du fils de Farah qui s'est contenté de marcher devant nous, l'air ailleurs, l'allure un peu efféminée, il faut le dire, nous laissant vaquer à nos affaires sans jamais surveiller ce que nous tramions. Recouvertes cette fois de nos *khimars* qui ne laissaient voir que nos yeux, nous avons sillonné les allées, faisant semblant de regarder les boutiques, alors que nos regards scrutaient les hommes.

Je ne sais si les Saoudiens ont un flair spécial pour repérer le désir des femmes, ni comment le niqab réussit à les renseigner à son sujet, mais tout le temps que nous marchions, une étrange odeur de complot embaumait les airs, un langage singulier s'imprimait sur les paupières et se traduisait dans la démarche lente de mes amies que j'ai appris à imiter. Un regard attentif aurait lu dans chacune de nos attitudes l'amorce d'une machination, dans chaque battement de nos cils une invite, une prière, une douce déclaration. J'en conclus que la cité saoudienne n'est au fond qu'une toile de fils inextricables faits d'amours souvent contrariées, retenues, bridées et par là même poussées à leur paroxysme. Ainsi, de cet état de désir interdit, qui ne cesse d'être fiché à la tentation constante d'une transgression, naît ce que les Occidentaux croient être le mystère oriental.

J'en étais là de mes réflexions quand un homme haut de deux mètres a marché sur un pan de mon abaya et passé son chemin sans s'excuser. J'évitai de me retourner comme l'enseignent les usages, mais, lorsque je me baissai pour nettoyer la marque de sa semelle laissée sur le tissu, je découvris un papier plié que je m'empressai de ramasser. Un numéro de téléphone était écrit dessus.

Au même moment, je me tournai vers mes amies et remarquai que Joumana et Farah étaient dans la même position, en train de prendre quelque chose par terre. Cela m'a rappelé les vendanges que je faisais chez un de mes oncles quand j'étais petite, et j'éclatai de rire. Catastrophe ! Un homme a foncé vers nous. Mon cœur a battu, de peur qu'il n'ait remarqué nos manœuvres. Il se contenta de lancer dans ma direction sans me regarder :

— Un peu de pudeur, madame, on ne rit pas dans la rue !

Le pari continua dans un restaurant réservé aux familles où mes amies se relayèrent pour aller au toilettes avec l'espoir de tenter quelques moustaches sur leur passage. L'incident du *mutawwa* m'avait enlevé l'envie de jouer, quant à moi. Farah chuchota deux mots au garçon égyptien. Comme elle nous l'avait révélée, nous connaissions sa méthode. Elle écrivait un faux numéro et chargeait le serveur de le déposer discrètement dans la poche d'un monsieur assis dans un coin avec son épouse.

Nora, qui était restée indifférente comme si cette histoire de drague était un mauvais film qu'on déroulait pour l'édifier sur la ruse des Saoudiennes, s'est soudain penchée vers moi :

— Leïla, Leïla, regarde le monsieur. C'est le doyen de ma faculté.

Ce n'était autre que l'homme à qui Farah venait de transmettre une missive.

— C'est étrange, a ajouté Nora. La femme voilée qui l'accompagne n'est pas son épouse.

— Viens, on va lui dire bonjour, pour l'embêter, plaisantai-je.

Elle a failli avaler de travers sa *kebssa*[1].

1. Plat principal et très répandu dans les pays du Golfe, à base de riz et de viande de mouton.

— Je n'ai pas intérêt. Il risque de me le faire payer à la fac.

Je tempérai son étonnement en lui apprenant que beaucoup de nos compatriotes avaient des épouses secrètes qu'ils faisaient vivre dans les pays du Golfe, ni vu ni connu, sous la forme de mariage la plus répandue dans la région, le *urfi* : il suffit de deux témoins discrets, d'un verset du Coran et le tour est joué. La maîtresse a l'impression d'être devenue la légitime par la vertu d'une union qui ne sera jamais rendue publique dans son propre pays.

Du danger de se faire piéger par les Saoudiennes

De fait, Nora était en pleine métamorphose. Elle ne cessait de nous entretenir de son envie de « retourner à Dieu » et de se repentir de ses anciens péchés. Depuis qu'elle s'était penchée sur la tombe du Prophète, elle était transformée, affirmait-elle. Elle raconta que, la veille du pèlerinage, un homme habillé de blanc, le Messager lui-même, saluts de Dieu sur lui, avait frôlé de ses doigts son visage et lui avait dit, mot pour mot :

— Maintenant que tu es venue jusqu'à moi, tu repartiras changée. Repens-toi et le paradis te sera ouvert.

Nora avait pleuré en racontant son rêve, et mes amies pleurèrent avec elle. Toutefois, l'émotion passée, ces dernières ne parvinrent pas à cacher leur déception et devinrent plus réservées à l'égard de ma cousine. Il me sembla même qu'elles commençaient à la traiter avec une sorte de compassion, voire de mépris.

J'avais beau secouer Nora pour qu'elle leur raconte quelques-unes de ses aventures amoureuses, elle persistait dans son refus, alléguant qu'elle avait du mal à évoquer ses vices en territoire de vertu. Dieu était plus proche ici que partout ailleurs, Il entendrait distinctement le chapelet de ses bêtises passées. De toute façon, depuis son rêve, quelque chose était venu effacer un grand nombre de ses souvenirs, ajoutait-elle.

— Elle se moque de nous, a conclu Farah, qui regrettait presque de l'avoir couverte de cadeaux

— Nous n'avons pas besoin de leçons supplémentaires sur la religion, nous y sommes jusqu'au cou, alors de l'air ! Leïla, s'il te plaît, réveille ta cousine, qu'on s'amuse !

Cette situation me poussa à trouver un moyen d'aérer l'esprit de mes copines dont l'humeur s'assombrissait face aux nouvelles manières de Nora. Je leur fis part de mon idée, elles y consentirent sans une once de culpabilité.

Lorsque j'en parlai à Fouad, il s'insurgea :

— Je te l'ai déjà dit, elles sont folles, ces Saoudiennes !

Je revins à la charge :

— Allez, tu ne vas pas avoir peur d'une poignée de femmes. Elles te proposent de te payer pour le seul plaisir de te regarder. Tu ne peux pas refuser !

— Tu diras à tes amies que je ne suis pas un singe de zoo. Si elles veulent tâter du Marocain, elles n'ont qu'à partir au Maroc.

Et, comme j'insistais, il avoua :

— Ecoute, je ne veux pas risquer ma vie. Je me suis renseigné, moi, et je ne suis pas assez fou pour courir le risque de finir pendu ou livré aux vautours comme une charogne dans le désert.

— Pourquoi ce scénario catastrophe ?

— Figure-toi que tu ne peux pas y échapper. Ces dames qui passent pour innocentes et inoffensives sont le mal incarné.

C'est ainsi que j'appris de sa bouche l'histoire qui circulait parmi nos collègues masculins. Celle d'un Tunisien qui aurait été kidnappé et abusé par cinq Saoudiennes de haut rang. Elles l'auraient forcé à leur faire l'amour, le maintenant prisonnier dans une chambre secrète, avec bandeau sur les yeux et scotch sur la bouche. Quand elles voulaient l'utiliser, elles le libéraient et il devait se soumettre à tous leurs caprices.

— Et comment ces affamées ont-elles récompensé leur otage ? En le jetant d'un hélicoptère en plein désert. Depuis, les stewards maghrébins ne veulent plus entendre parler des Saoudiennes.

Lorsque je rapportai l'histoire, Farah reconnut qu'elle en avait entendu parler, mais elle affirma que les gens fabulaient trop.

Soha, cependant, me confirma l'envie innocente du groupe. L'on comptait juste regarder de loin mon steward marocain, même pas le toucher, se trouver dans la proximité d'un homme étranger sans être voilées, observer ses gestes, voir les mots couler entre ses lèvres, ce serait comme faire connaissance avec le premier des hommes, Adam lui-même, que la bénédiction de Dieu soit sur lui !

Nous nous sommes séparées sur ces mots. Le projet excitait toujours mes amies, il leur fallait ce genre de plan, ces sorties étranges, ces parcours de travers pour se sentir vivre.

Nous attendîmes que Nora, qui brûlait de se rendre à nouveau à La Mecque, soit repartie avec son frère, pour mettre notre projet à exécution. C'est Farah qui organisa le tout, comme de coutume. Elle avait fourré dans mon sac une abaya en soie, qu'elle avait achetée pour la circonstance, et des chaussures féminines de couleur beige à petits talons qu'elle avait eu du mal à se procurer : la pointure 44 pour une femme, c'est plutôt rare. Elle n'avait pas oublié le sac assorti, les gants et les lunettes de soleil.

Nous nous retrouvions dans une chambre d'hôtel à Beyrouth, Fouad tournait sur lui même, ne sachant pas s'il devait rire ou se mettre en colère.

— Si ma mère me voyait ! sanglotait-il.

— Il y en a qui paieraient cher pour être habillées en femmes. Tu sais que c'est le péché mignon de certains hommes.

— Dis les homosexuels, oui ! Allah me préserve.

— Mais c'est pour la bonne cause. D'abord, tu vas faire plaisir à ces dames. Ensuite, tu n'as aucun effort à fournir ni une prestation particulière. Enfin, tu es chèrement payé.

C'était en effet l'argument qui avait fini par convaincre Fouad. Ces dames proposaient 2 000 dollars pour une demi-heure de présence masculine passive.

— Même les grands avocats ne gagnent pas autant pour une brillante plaidoirie.

— Petite effrontée ! Tu me pousses au vice, et tu nous induis en tentation. Dieu te punira !

— Tant que ce n'est pas de ma personne que je te tente, tu es sauvé.

Il s'est arrêté devant moi, l'air à la fois étonné et amusé. Ma réponse semblait avoir provoqué quelque chose en lui. Il s'est approché du rebord du lit où j'étais assise :

— Dis-moi, toi, qu'est-ce que tu fais dans ma chambre, toute nue ?

— Je ne suis pas nue !

— Aux yeux des musulmans, si. Par conséquent, j'ai tous les droits. Attends que je caresse ce grain de peau…

Et il avança les mains vers moi.

— Interdit ! Nous sommes ici pour négocier un marché pas pour nous faire des mamours. De toute manière, tu n'as aucune chance, je me suis fiancée la semaine dernière.

— Non ! Ce n'est pas vrai ! Et qui est l'heureux élu ?

— Tu ne le connais pas. Il n'est pas marocain.

Il savait que je mentais, mais c'était de rigueur et il me laissa sortir indemne de sa chambre.

La maison fut récurée plus que de coutume. L'odeur de benjoin embaumait les couloirs et les domestiques étaient sur leur trente et un, sans être du complot, bien évidemment.

Nous marchions Fouad et moi, côte à côte, enveloppés de nos abayas, Fouad silencieux comme une tombe. Hors de question qu'on saisisse une voix masculine sous le niqab. Je me contentais de le mettre en garde en chuchotant, chaque fois qu'il se prenait les pieds dans son abaya. Je pouvais même le taquiner, il lui était impossible de répondre.

— Tu ferais une femme parfaite. Belle silhouette, démarche fière et soumise à la fois. Tu t'es trompé de sexe, mon frère.

Je savais qu'il m'aurait insultée s'il l'avait pu. Mais, pour une fois que j'avais à ma disposition un homme contraint à la passivité totale et interdit de parole, je voulais lui faire sentir la condition à laquelle certaines femmes sont astreintes.

— Je trouve que, si l'on voilait les hommes et qu'on les réduisait au silence, le monde se porterait mieux.

Je sentis sa patience à bout. Son agacement se marquait dans ses pas devenus soudain plus grands que les miens.

— Qu'est-ce qui te prend ? Tu veux me demander ce que feraient les femmes si les hommes se soumettaient ? Très simple. Elles accompliraient les choses à leur place, et bien plus honnêtement. Attention ! Tu dois avoir le pas entravé des femmes, voyons. Sinon, tu risques le pire.

Je savais que je risquais autant que lui, mais je ne m'en souciais pas. Certes, nous pourrions être lapidés pour ce forfait… A tout le moins, subir le fouet avant l'expulsion du pays…

Une fois débarrassé de son voile et les portes fermées afin qu'aucune domestique ne s'aventurât, Fouad s'installa au milieu du salon comme un pacha et les dames se relayèrent pour le servir en café et confiseries. Il garda les yeux baissés.

Au début, personne n'osa parler. Mes amies restaient figées et tout leur comportement était empreint de gêne. La scène la plus ordinaire ailleurs dans le monde paraissait en ces lieux le comble de la transgression. Ces femmes avaient beau côtoyer père, frère ou mari, elles regardaient l'homme étranger comme un être tombé d'une autre planète. Bien sûr, il est aussi permis de considérer la chose sous un autre angle. Constater que de voir un homme et d'être vue par lui est un plaisir intense, la plus étonnante des surprises, qu'il suffit de peu pour faire le bonheur des Saoudiennes, et s'en réjouir.

Peut-être cependant mon plus grand sujet d'étonnement fut-il l'attitude de Fouad. Au centre de toutes ces femmes, ce coq des airs, un pur Alaoui, intelligent et beau, marié et coureur de jupons aguerri, était réduit à la fragilité d'un petit animal. Et sa timidité n'avait d'égal que le silence subjugué de mes amies et l'écho de leurs rêves intérieurs.

L'état de sidération dura tout le temps que Fouad fut là, et la conversation se résuma à quelques compliments.

Longtemps je me suis souvenue de cette scène. Il y avait là un langage minimum, comme dans ces séquences du cinéma muet : le souffle court, le regard exorbité, la parole empêchée, la fascination à l'état primitif, la peur avant l'assaut, la rencontre archaïque entre un mâle et une femelle.

Nous quittâmes, Fouad et moi, la maison de Joumana en abayas et sans un mot. Jamais nous n'en reparlâmes. Et l'expérience ne se renouvela pas.

Une semaine plus tard, je devais raccompagner ma cousine à l'aéroport, son visa venant à son terme. Mes amies étaient au complet pour lui faire leurs adieux. Elle les salua avec une tristesse qui n'échappa à personne. Bien qu'aucune de nous ne sût avec certitude s'il s'agissait là du chagrin des départs ou du profil austère que dessine la conversion.

Lorsque nous fûmes à l'enregistrement, elle insista pour être placée à côté de son frère Imad, qui devait la chaperonner à l'aller comme au retour.

Entre raison et foi

Pendant deux semaines d'affilée, Salma ne se joignit pas à nous, arguant qu'elle était très occupée. A son retour, nous apprîmes qu'elle avait dû venir en aide à une de ses amies. Mais elle n'avait pu empêcher le drame final et elle en était très affectée.

Le mari de cette femme obligeait une de leurs domestiques indiennes à coucher avec lui. La jeune fille, qui avait dix-sept ans au début de l'histoire, s'était pliée à ses exigences pendant des années. Un jour, n'en pouvant plus, elle était venue tout dire à sa maîtresse. Hakima, c'est le nom de celle-ci, qui aurait dû garder le secret pour elle, s'était décidée, malheureusement, à tout révéler à sa belle-mère.

— Laquelle a tiré les oreilles de son fils, j'espère, commentai-je.

— C'était à Hakima d'abord de tirer les oreilles de son mari, a corrigé Soha.

— Elle aurait dû, certes. Mais une fois qu'elle avait parlé, l'affaire lui échappait. Au lieu de punir le violeur, la belle-mère a sévi contre elle, a continué Salma.

— Ce n'est pas possible !

— La belle-famille lui a inventé une maladie mentale et l'a internée.

— Et la domestique ?

— Enfermée dans une cabane.

— Pauvres femmes !

J'étais encore loin de découvrir la fibre militante en moi, mais il y avait des moments où je me voyais guerroyer vaillamment contre le sort infligé aux créatures de mon sexe. Sortir la petite Indienne de son trou, ficher son violeur à sa place, coffrer la belle-mère pour complicité, courir à la rescousse de toutes ces jeunes filles qui n'ont pas droit à la parole, à la justice, à la vie, tout simplement.

Hélas ! Comme, à cette époque, je tenais davantage de ma mère, portée sur le consensus, je finissais par me persuader que je n'avais pas à me conduire comme un Zorro de la justice. Le métier d'avocat faisait partie de mes rêves enterrés. Les Saoudiens me faisaient vivre, et je ne pouvais développer d'opinions critiques sur leur pays.

La voix du muezzin s'éleva, et toutes ces dames se hâtèrent pour s'acquitter de leur devoir.

— Allez, viens prier, mécréante.

— Je ne sais pas prier.

— On va t'apprendre.

— La prochaine fois, *inchallah* !

C'était toujours la même scène. Je refusais de prier, elles se levaient, je restais au milieu à les regarder faire. Mais je me demandais : à quoi servent leurs prières si elles ne font rien contre le mal qui les entoure ? Pourquoi ce rituel rigide comme si Dieu était un petit comptable, alors qu'Allah, j'en suis sûre, aurait préféré qu'elles aillent au secours du faible ? Pourquoi cette ferveur et cette constance envers la pratique d'une religion dont elles critiquent par ailleurs certains préceptes ? Personnellement, si j'ai à redire à ma condition de musulmane, je ne prie pas.

Joumana vint se rasseoir à côté de moi et chuchota comme si elle venait de deviner mes interrogations :

— Nos génuflexions ne nous sauveront pas. Et nous savons, au fond, que les hommes n'ont jamais pris au sérieux la religion des femmes. Pour eux, nous manquons de foi et de raison. Alors, notre pratique, ils la considèrent comme une promenade de santé, ni plus ni moins.

Je confiai à mon tour :

— Qu'Allah me pardonne ! Si l'Arabie m'a montré toute l'injustice qui frappe les femmes, elle ne m'a pas édifiée sur la nécessité de devenir une bonne croyante.

Seules Iqbal et Joumana étaient intéressées par la question de leur condition. Mais la jeune fille passait son temps à l'université et je la voyais peu. J'avais appris que sa mésaventure avait été décisive. En quelques mois, l'ex-amoureuse était devenue d'un sérieux inhabituel pour son âge. Le voyage et l'épreuve lui avaient donné une maturité, et comme affranchie. Ils l'avaient surtout dressée contre les hommes. Chaque fois qu'elle entendait parler de ces derniers, elle tournait les talons.

Un jour, elle revint avec un piercing sur le nez. Un autre, avec un tee-shirt punk sous son abaya et, dans la tête, l'idée de former un groupe de rockeuses clandestines. Bien sûr, elle avait arrêté de prier. Jamais plus elle ne dit mot de son voisin, qui s'était évaporé dans la nature après l'avoir déflorée.

Elle s'était approchée de Joumana, écoutant ses discours, appréciant ses accès de révolte, et le rouge lui montait aux joues chaque fois que sa tante traitait les hommes d'impuissants ou de débiles.

Elle avait délaissé Internet pour la lecture et consommait des masses de revues qui parlaient des femmes dans le monde, demandant à toutes celles qui voyageaient de lui rapporter des livres sur le sujet.

— Tu vas finir pédante et ennuyeuse comme ta tante, ronchonnait Farah.

La dernière fois que je l'avais vue, elle nous avait raconté qu'elle était plongée dans une traduction de Freud. Farah, qui avait envie de proférer quelques cochonneries, l'avait interrompue :

— Peux-tu nous laisser seules ?

Iqbal savait que lorsqu'une telle demande lui était formulée, c'est que les femmes projetaient de parler sexe, et que cela devait se faire hors de son écoute. Elle s'éloigna en laissant tomber avec mépris :

— Bien sûr que je m'en vais, mais c'est de l'hypocrisie ! Je sais où il m'a menée, le sexe, moi. Vous devriez parler d'autre chose, occuper vos journées à chercher les moyens de changer votre condition d'esclaves, au lieu de gloser sur un plaisir que vous ne connaissez même pas !

Nous nous regardâmes, confuses. Nous sentions toutes que la jeune fille avait touché juste. Même Farah semblait gênée. Elle resta d'ailleurs silencieuse comme nous, ayant apparemment renoncé à ses audaces habituelles.

Alors, pour les distraire, je me lançai, une fois de plus, dans un récit que je tenais de Nora, avant sa conversion miraculeuse.

— A propos d'ADN..., commençai-je.

Je vis les visages se tourner vers moi, reconnaissants. Je m'enhardis donc :

— L'un des collègues du chauffeur de taxi ex-amant de Nora avait été arrêté par une femme enceinte qui se tordait de douleur. Elle l'avait prié de l'accompagner jusqu'à l'hôpital le plus proche. Elle était à deux doigts d'accoucher, se lamentait-elle. Une fois devant l'établissement hospitalier, la dame se plaignit de ne pas pouvoir marcher, et pria le chauffeur de l'aider. Il s'exécuta et alla jusqu'à l'accompagner dans la salle d'accouchement. Aux infirmiers qui lui demandaient de décliner l'identité de son mari, la femme désigna le chauffeur qui s'apprêtait à reprendre le volant. Il nia la chose, se récria, personne ne le crut et le lendemain il fut convoqué au poste de police :

« — Mais vous êtes fou ! Je ne connais cette femme ni d'Eve ni d'Adam, a-t-il protesté. En plus, je suis marié et père de quatre enfants.

« L'homme disait vrai, il était bien marié et père de quatre marmots. La justice demanda alors une expertise génétique afin de vérifier s'il était le père du bébé. Stupéfaction ! Les test conclurent non seulement que le bébé dont venait d'accoucher la dame n'était pas le sien, mais que le chauffeur était stérile.

— Ce n'est pas vrai ? s'est écriée Salma, en se tapant sur les cuisses. Et d'où venaient ses enfants ?

— L'histoire dit que l'épouse volage du chauffeur de taxi se donnait à son voisin de palier toutes les fois que son mari s'en allait travailler.

Nuits de noces

La remarque d'Iqbal avait porté et nous nous remettions à peine de l'histoire du chauffeur de taxi que Salma soupira :

— Du plus loin que je me souvienne, je n'ai pas connu le plaisir !

— Même pas pendant ta nuit de noces ? demandais-je.

— Tu plaisantes ? m'a lancé Farah qui paraissait outrée de ma question.

Soudain, Soha proposa :

— Et si chacune de nous parlait de sa *lilat ad-dokhla*[1] !

— Je suis désolée, dis-je à cet instant. Il faut absolument que je vous quitte. J'ai un vol à six heures du matin et je dois me lever à l'aube.

— Ah, non ! Reste, s'il te plaît ! protestèrent les trois femmes.

— Ça ne sert à rien. Je ne peux pas vous raconter ma nuit de noces, je ne suis pas encore mariée !

— Qu'à cela ne tienne ! Tu raconteras celle de ta sœur Sana, a suggéré Soha.

Je me résignai à écouter.

1. Littéralement, la nuit de l'entrée ou du passage.

C'est Soha qui ouvrit la porte des confidences.

— Contrairement à l'usage et au risque des châtiments, Omar et moi avions réussi à nous rencontrer en cachette et à échanger quelques baisers. Ce qu'il attendait, je le savais, c'était de découvrir le trésor caché sous mon abaya. De son côté, il était puceau, j'en étais sûre. Et j'en fus bien convaincue lorsque je l'ai vu détourner les yeux, au moment où je défaisais les rubans de ma robe. Mais, comme je ne voulais pas qu'il rate le spectacle, j'ai pris son visage dans mes mains pour le tourner vers moi. J'ai écarté la dentelle, déboutonné le corsage, doucement, timide et enjouée. En fait, quelques semaines avant mon mariage, j'avais emprunté à une amie une cassette où l'on montrait les moyens de séduire son mari sans en rien laisser paraître. Lorsque ma robe a glissé sur le sol, j'ai eu la stupéfaction de voir Omar s'écrouler. Il tombait dans les pommes. Je vous jure ! J'ai fait appeler sa mère. Elle a diagnostiqué un malaise connu chez nous : celui des hommes qui voient pour la première fois de leur vie le corps nu d'une femme. On devrait le nommer le « syndrome du puceau d'Arabie ». C'est un choc plus violent que de mettre le pied sur la Lune ou de voir le Diable en personne, plaisantait sa mère. Laquelle lui a donné à boire et l'a assis sur le lit avant de repartir.

« J'aurais continué mon effeuillage mais je craignais qu'il ne s'évanouisse encore, il nous fallait passer à plus sérieux et démontrer que j'étais vierge. Dans la salle de bains, j'ai ôté ce qui me restait sur la peau et j'ai enfilé un peignoir. Je ne l'ai enlevé qu'une fois sous les draps. Omar m'a semblé rassuré car il m'a lancé un regard de reconnaissance. Lorsqu'il a éteint la lumière, ses réflexes d'homme ont réapparu. Sa main s'est promenée en tremblant sur mon corps, je sentais qu'il ne risquait plus de malaise tant que son investigation continuait dans l'obscurité la plus totale. Mais il n'est pas allé jusqu'à me toucher les seins. Quant au sexe, n'en parlons pas. C'est là que j'ai lancé : « Viens ! »

« Je ne sais si c'est la voix ou le ton qui a eu la vertu de l'exciter. J'ai senti son membre batailler désespérément sans savoir où se fourrer et j'ai dû l'aider avec la main. Il y est allé tellement fort que j'ai senti une grande douleur et que je suis tombée dans les pommes à mon tour. Autant vous dire que mon Omar s'est bien enhardi depuis ! Bien que le rituel soit resté le même toutes ces années. Mon mari éteint la lumière, me pénètre, puis il s'endort. Une chose est sûre : ni lui ni moi ne perdons plus conscience en faisant l'amour.

Joumana, ensuite, a consenti à se livrer. Ce fut l'une des rares occasions où elle nous parla de sa vie intime. Son combat paraissait tellement l'en éloigner, et elle estimait en outre que les Arabes perdaient trop de temps à parler de sexe. Souvent, je finissais par partager son point de vue. Pendant que le monde s'ingéniait à conquérir le savoir, à inventer d'autres manières de penser, de se soigner, d'être plus heureux, tout simplement, nous nous perdions dans des arguties entre hommes et femmes, à les arranger, les composer, recomposer. Bref nous dépensions sur ce registre une énergie que l'Occident utilisait pour avancer dans la voie du bien-être de l'individu et du progrès de la société.

— Mon époux avait déjà voyagé dans le monde et connu les femmes, je crois même que c'est ce qui m'a séduite en lui. Quand ses parents qui sont issus de la même tribu que les miens sont venus demander ma main, j'ai exigé de voir sa photo et je me suis arrangée pour lui envoyer la mienne. De sorte que, cette nuit-là, nous étions un peu familiers l'un de l'autre. Il m'a embrassée sur le front, puis il est allé dans la salle de bains faire ses ablutions avant de revenir pour la prière. Je l'ai faite, debout derrière lui. Il a égrené les formules de remerciement à Dieu, puis il m'a pris la main et m'a fait asseoir sur le lit.

« Il m'a demandé alors de me déshabiller avant de commencer à me caresser le visage et le cou. Je le laissais faire, plus curieuse qu'émue. Je sentais son empressement, mais son assurance aussi. Il allait à mon corps comme à sa chose propre, il n'aurait pas pu concevoir que je ne sois pas consentante. Une fois nue, il m'a regardée et s'est écrié : « *Ma chaa-allah !* », avant de me porter et de me poser sur le lit, comme dans les films égyptiens. J'avais d'ailleurs l'impression de suivre ma nuit de noces de loin comme un spectateur.

« Il a mis un coussin sous mes fesses et m'a prise. Je sentais une grande chaleur me brûler le bas-ventre. Puis une douleur lancinante chaque fois que son sexe essayait d'entrer à nouveau. Je lui demandais régulièrement d'attendre un peu, il me répondait qu'il valait mieux faire vite, que je ne sentirais plus rien après. Je devais avoir un hymen aussi réfractaire aux assauts du sexe que mon cerveau l'est aux impératifs de la soumission, car l'attaque a duré plus d'une heure. J'avais l'impression d'un duel entre deux fauves, avec cette différence qu'il n'y avait pas de volonté de mise à mort. Bien que, à y réfléchir, dans ce combat-là, quel que soit l'homme face à toi, la sentence est déjà rendue et ta reddition acquise.

« Voilà, mes chéries ! J'aurais bien voulu vous faire pleurer d'émotion, mais c'est mentir que de prétendre que ce soir-là fut le grand soir de ma vie !

Farah, dont nous connaissons le douloureux passé, pour une fois répugnait visiblement à parler. Mais après le récit sincère de Joumana, elle se lança :

— Vous devez vous en douter, ce fut un vrai cauchemar ! Sitôt qu'il a prononcé la formule : « Bénis-la pour moi et bénis-moi pour elle », il m'a foncé dessus et m'a arraché mes vêtements. J'ai voulu fuir dans la chambre d'à côté, mais il m'en a empêchée. Je ne savais même pas à l'époque comment était fait un sexe de femme, ni comment Dieu l'avait scellé. Il m'a coincée au fond de la chambre et m'a portée de force jusqu'au lit. En deux mouvements, il a arraché ma robe et il s'est rué sur moi. J'ai crié, il a mis une main sur ma bouche et de l'autre il a relevé son *thobe*[1]. Il y est allé de plus en plus fort, avec des gestes de sauvage. Je criais mais il ne voulait pas savoir qu'il me faisait mal, seul le tenaillait le souci d'assouvir son appétit. Je me suis évanouie. Quand je me suis réveillée, j'ai vu le sang qui coulait entre mes jambes et j'ai vomi. Je me suis dit : si c'est ça faire l'amour, eh bien, je n'en veux plus.

Salma intervint alors, visiblement décidée à raconter son propre destin.

— Ce sont mes parents qui m'ont choisi Mahmoud. Il avait envoyé sa mère demander ma main, elle s'est contentée de me le décrire. Elle a ajouté qu'elle n'exigeait aucune condition, l'on eût dit qu'elle voulait absolument caser son fils.

« Le soir fatidique, il est entré et j'ai pu le voir en chair et en os. Il a mis sa main sur ma tête et il a lu la sourate : "Quiconque parmi vous acquiert une femme, un serviteur ou une bête, qu'il pose sa main sur son front et dise : 'O Allah,

1. Sorte de djellaba portée par les hommes du Golfe.

je te quémande son bienfait et sa prédisposition à faire du bien et protège-moi contre sa malfaisance et sa prédisposition à faire du mal'".

« Maintenant que j'y pense, je me rends compte qu'à l'époque déjà il n'y avait pas beaucoup d'empressement dans l'attitude de Mahmoud. Je l'observais à la dérobée, il était calme, presque absent. Il s'est avancé vers moi et ne s'est pas attardé à me dénuder. Il a à peine regardé mon visage, puis il a éteint la lumière. Je n'ai rien senti au début, sauf une de ses mains qui passait sur mon corps, pendant que l'autre était ailleurs. Cela a duré longtemps. Puis il s'est mis sur moi, j'obéissais avec la crainte de souffrir. Une heure s'est passée sans que je sente le « mâle » dont mes copines m'avaient parlé, qui était censé me déchirer. Je finissais par me demander si mon fiancé avait un outil pour m'ouvrir. Il a recommencé à plusieurs reprises, je gardais mes yeux fermés, jusqu'au moment où j'ai senti sa main tenir son membre et le faire entrer. Après, il est allé très vite. J'ai saigné tout de suite, il s'est étendu sur le dos, l'air épuisé.

Lorsque Salma a terminé, nous lui avons tout naturellement demandé des nouvelles de l'ardeur déficiente de son mari.

— Toujours rien, a-t-elle geint. En attendant, je pars au Liban avec lui.

— Le voyage le motivera peut-être.

— Qu'Allah vous entende !

Enfin, Farah se tourna vers moi. J'étais en train de me dire que l'amour n'existait pas. Qu'il y avait des arrangements, des codes, des règles et des devoirs à accomplir, point.

D'ailleurs comment aimer sans voir le visage de l'autre, l'apprivoiser, le toucher ?

— Nous savons que tu n'as pas encore vécu la nuit fatidique, mais dis-nous comment ça se passe au Maroc.

J'ai répondu :

— La même chose que chez vous, à quelques variantes près.

Soha a insisté :

— Tu sœur t'a bien raconté ça ?

Effectivement.

— Le fiancé de Sana n'a pas prié, enfin, je ne crois pas. Mais il était content de consommer enfin celle que, jusque-là, il avait pu caresser entre deux buissons et une fois ou l'autre dans notre cuisine, quand il la surprenait seule. La nuit de noces, elle a eu droit à un caftan en soie, à des amandes et des confiseries, déposées sur une table basse dans le dessein de booster la virilité de son mari. Par peur des sortilèges que les mégères pouvaient utiliser contre le couple, ma mère, qui accompagnait sa fille dans sa nouvelle maison, avait demandé qu'on brûlât de l'encens. Avant que le fiancé n'arrive, elle a aidé Sana à se déshabiller, en lui conseillant de maintenir un linge blanc sous elle pour recueillir le sang et de laisser faire son mari sur un des coussins posés à même le sol, c'était plus efficace que sur le lit. Sana obéissait à tout, depuis que les préparatifs du mariage avaient commencé. Elle avait reçu également l'ordre de parler le moins possible, ce qui est censé rajouter au charme de la mariée et asseoir sa bonne réputation. Puis maman l'a embrassée et elle est sortie en larmes. Sitôt dans la chambre, son mari a ôté ses vêtements et lui a fait goûter une confiserie. Elle entendait les gens de la famille frapper sur la porte et chanter et, lorsqu'elle a saigné, son époux a déposé de l'argent sur son ventre. Ma mère a exhibé le drap sur le mur afin que tout le quartier puisse admirer les prouesses de son beau-fils et, surtout, la virginité de sa fille. Ensuite, elle a posé le tissu sur un plateau, que j'ai porté moi-même chez les voisines pour recueillir de l'argent, de quoi nous assurer un bon mois de vivres.

« Mais je vais vous dire le meilleur, ajoutai-je à l'adresse de mes amies, visiblement déçues que je m'en tienne à des rituels plutôt que de raconter des histoires intimes.

— Quoi donc ?

— Vingt jours à peine après son mariage, alors même que Sana venait de prouver qu'elle était vierge, elle était déjà enceinte de trois mois.

— Ce n'est pas possible ! s'est exclamée Soha.

— Si, il paraît que ça peut arriver. Le sperme de l'homme peut s'infiltrer à travers la membrane. Sana avait donc conçu le bébé avec un simple flirt commis avant le mariage.

— Et qu'avez-vous fait ?

— On a dissimulé sa grossesse et, lorsqu'elle a accouché, maman a dit que l'enfant était né précocement.

— Fais attention, ma petite, qu'il ne t'arrive pas ce qui est arrivé à ta sœur ! s'est amusée Farah en m'entourant les épaules.

L'autre nuit de Salma

C'est par téléphone que nous avons suivi la nuit de Salma à Beyrouth. Avant son départ, nous lui avions expliqué que ce voyage, qui rompait le rythme du quotidien de Djeddah, devait lui permettre de se défaire de sa pudeur excessive et de s'inventer un comportement propre à reconquérir son mari. Un voyage, c'est le temps de changer de vie, de réaliser ses désirs, d'aller au bout de ses rêves, ni vu ni connu. C'est une incursion dans un espace où tout, contrairement à Djeddah, est estampillé halal. La vertu a sa terre supposée, c'est l'Arabie. Mais, une fois chez les autres, on peut transiger sur certains interdits sans épuiser son stock-option de bonnes œuvres dans l'au-delà. Allah aurait dit : « Respectez mon carré, ne le salissez pas, donnez-lui toutes les apparences de la foi et, pour le reste, faites ce que vous voulez ! »

Ce soir-là, Joumana a dû dépenser une fortune au téléphone, car nous nous relayâmes deux heures durant pour affiner le plan de conquête sexuelle de Salma, de la toilette à la gestuelle et à la fragrance du parfum.

Elle attendait dans sa chambre d'hôtel le retour de Mahmoud, pendant que nous lui dictions les consignes, comme s'il s'agissait d'une bataille :

— Tu vas te préparer comme il faut.

— Il y a mes deux garçons…

— Ils sont encore dans tes jupons, ces garnements ! Envoie-les faire un tour dans l'hôtel et débarrasse-toi d'eux.

— Ils risquent de se perdre !

— Tu paieras le réceptionniste pour les surveiller.

Farah est intervenue :

— Mets les dessous rouges que nous avons achetés chez Fadi. Le rouge excite toujours les hommes. Et n'oublie pas le porte-jarretelles.

— Adoucis ta peau avec de l'huile, lâche tes cheveux et pose tes jolis pieds sur des talons hauts.

— Je suis en sous-vêtements, je ne vais pas chausser de talons !

— Bien sûr que si, c'est bien plus sexy ! Et puis tu ne vas pas traverser la rue, tu vas aller et venir dans ta chambre. Tu verras, ça donne une belle démarche, ça accentue la cambrure, et ton mari va croire qu'il va coucher avec Claudia Schiffer.

— Vous m'embêtez, les filles, soupira-t-elle, à moitié convaincue. Vous savez très bien comment il va réagir. (Avant de lancer dans un souffle :) Il va arriver, il faut que je raccroche.

— Aie le regard mourant et le geste langoureux, insista Farah.

Elle a ronchonné :

— C'est *haram* tout ça ! A quoi je vais ressembler dans cet état ?

— Tu n'es pas loin de penser comme ton mari, idiote !

— Ce n'est rien, ma chérie, a tempéré Farah, Dieu accepte l'attirail, le comportement et le langage de toutes les catégories de femmes, du moment que c'est pour contenter un mari légitime.

C'est elle qui a rappelé :

— Il arrive, j'ai peur…

— Courage ! N'oublie pas, pour le lit : douce comme une gazelle et prête à griffer comme une lionne. Les hommes adorent les prudes qui baisent comme des catins.

Je ne sais pas comment cette phrase était sortie de ma bouche, mes amies se sont tournées vers moi.

— Bravo, la coquine !

Nous n'avons plus revu Salma pendant des semaines. Elle ne répondait plus au téléphone. Nous savions pourtant qu'elle était rentrée de Beyrouth. Soha s'impatientait car elle l'avait chargée de lui ramener l'adresse d'un médecin de chirurgie esthétique qui faisait fureur au pays du Cèdre. Joumana a décidé de lui rendre visite en se faisant accompagner de son mari. Elle la trouva alitée.

Pendant qu'Abdallah conversait dans le salon avec Mahmoud, Joumana demanda à Salma les raisons de son silence. Celle-ci refusa de s'expliquer. Seules les larmes répondaient pour elle. Joumana pleura à son tour. Elle ne s'arrêta que, lorsque de retour chez elle, après lui avoir fait l'amour – c'est connu que le sexe ou l'alcool porte à la confidence chez les hommes –, son mari lui confia la plus étonnante des nouvelles :

— Tout le monde sait que Mahmoud est…

— Mahmoud est quoi ?

— Il n'aime pas les femmes.

Soha et Farah parurent horrifiées par ce que Joumana leur rapporta. Mais cette dernière s'efforçait de comprendre :

— Nos traditions nous poussent à l'homosexualité, avec la séparation des espaces.

— C'est vrai, a répondu Farah, en se rendant au raisonnement de son amie. Comment veux-tu que les jeunes hommes vivent sans jamais toucher une femme et même en voir le visage ? Il faut bien qu'ils se donnent un peu de plaisir, et ils ne peuvent le faire qu'entre mâles.

— On dit qu'ils en guérissent une fois mariés, a avancé Soha. Sauf que le cas de Mahmoud semble différent…

— Les vrais homos comme en Occident sont rares, a conclu Joumana. Ici, ils le sont par nécessité ou pour passer le temps, mais ils n'iront jamais le crier sur les toits.

— Tu imagines si ton mari se révélait homo ! a demandé Farah à Soha entre la plaisanterie et la provocation.

— Dieu te punisse de proférer de telles insanités ! Je sais à quel point Omar aime les femmes.

Feuille de mariage volante

Fouad reçut son cadeau de mes propres mains. Les femmes l'avaient glissé dans une belle enveloppe nouée d'un ruban de soie.

— Ton pauvre compatriote ne va pas attendre de rentrer chez sa femme pour baiser, a décidé Farah dans son langage vert. Alors donne-lui ce présent.

Et elle sortit de l'enveloppe un feuillet administratif.

— Tu lui diras qu'un document comme celui-ci vaut de l'or. Chaque fois qu'il voudra fréquenter une gazelle, il faut qu'il l'ait sur lui. Si la police religieuse l'arrête et doute de leurs liens, il pourra s'arranger pour y indiquer le nom de celle qui l'accompagne. C'est un document dûment estampillé qui sert à légitimer le mariage du *misyar*[1].

Il s'agissait, en effet, d'un document censé protéger les couples non mariés dans le cas où ils sont pris en flagrant délit par la police religieuse et ne peuvent prouver le lien du mariage. Ils sont alors accusés de prostitution et d'outrage à la pudeur et risquent le cachot ou la décapitation publique.

1. Mariage parallèle, contracté pour le plaisir ou assorti d'une prise en charge matérielle de la partenaire.

Une situation qu'on ne peut même pas souhaiter à son pire ennemi.

Si la case époux mentionnait déjà le nom de Fouad joliment manuscrit, la case épouse restait vide et pouvait contenir chaque fois un nom différent. C'était Joumana qui se l'était procuré grâce à son mari.

Dans l'enveloppe, mes amies avaient ajouté une liste dressant les endroits où Fouad pouvait se promener avec sa dulcinée du moment sans craindre la police : parkings, centres commerciaux, parcs familiaux et restaurants. Signé Farah, bien entendu.

Fouad le prit en remerciant, mais il ne pensait pas y avoir recours. Il m'apprit qu'il existait un autre contrat de mariage, consistant à rendre la relation sexuelle licite, une sorte de prostitution légalisée. Ce mariage appelé *mut'a*, que pratiquaient beaucoup de chiites, permettait le *niqah*, autrement dit le coït, durant quelques heures ou toute une vie, à condition d'obéir à la réglementation islamique.

— Tes copines sont gentilles, mais elles devraient se préoccuper davantage de ce que font leurs maris que de mon carnet du cœur.

— Ce qui veut dire ?

— Abderrahman, mon ami pilote, m'a raconté ce que font ses compatriotes saoudiens à l'étranger. Dans des pays comme l'Inde ou le Pakistan, ils louent les services d'un cadi, qui prépare les feuilles d'un « mariage à l'heure » : on aligne les jeunes filles, le client passe, soulève la burqa, touche les cheveux, dit deux mots par l'intermédiaire d'un interprète et consomme la prise. Cette pratique qui se pare des oripeaux de la vertu n'en est pas moins de la prostitution, n'en déplaise aux *clients* – ainsi que nous autres les Marocains appelons les sujets du royaume wahhabite.

Hélas ! Contrairement à ce qu'il avait déclaré, oubliant les risques encourus dont il m'avait entretenu lui-même, Fouad n'a pas tardé à se servir de la licence offerte par mes amies. Il se permettait maintenant de draguer de jeunes Saoudiennes ou des Maghrébines, qu'il rassurait en leur montrant le sésame magique. Il se promenait comme les gens du pays, en robe blanche flottante et en turban luxueux, une femme marchant derrière lui, jusqu'à un restaurant de la place ou une plage, et poussait l'audace jusqu'à la suivre chez elle. Je menaçai de tout rapporter à son épouse, il se contenta de sourire :

— Je sais que tu ne le feras pas. Mais n'est-ce pas étrange qu'on s'amuse plus en Arabie que chez nous ? finit-il un jour par m'avouer.

Selon Fouad, les Saoudiennes sont obsédées par le sexe à force d'en être frustrées. Elles ne « pensent qu'à ça ». Je songeai quant à moi à Salma. Et soudain, j'envisageai un moyen qui viendrait à bout de sa frustration, justement. Dieu me pardonne ! Mon compatriote pourrait honorer la Saoudienne avant que son sexe ne finisse en toile d'araignée, comme disait Farah.

A peine avais-je prononcé le nom de Salma que Fouad m'apprit qu'il voyait souvent son mari sur la ligne Djeddah-Beyrouth. Je lui avais montré Mahmoud une fois où nous effectuions le même vol.

— Toujours bien sapé, souriant, aux garçons surtout, me renseigna Fouad, avant d'ajouter à ma grande surprise : Au début j'ai pensé qu'il devait être un vrai conservateur.

— Et après ?

— J'ai découvert que c'est une tante ! Je l'ai surpris un soir dans une boîte de nuit de Londres. (Et devant mon étonnement :) Pas plus tard que le mois dernier, d'ailleurs. C'était dans un de ces dancings pleins de filles dénudées et de garçons imberbes. Il enlaçait l'un d'eux dans un coin bien sombre.

J'esquivai en tançant mon compatriote :

— Ni ta femme, ni ton *misayr* ne te suffisent ! Il faut maintenant que tu ailles chercher de nouvelles distractions dans les malfamés ! Que Dieu te pende par les paupières, si ce n'est par autre chose !

Et je renonçai à mon idée de lui faire visiter Salma.

Le niqab est une arnaque

Cet après-midi-là, je me contentai d'une robe ample et d'un simple foulard. Nous étions dans les souks où l'on vendait de tout, des CD en toutes sortes d'enregistrements, légaux ou piratés, aux manteaux de fourrure – j'interprétais l'obsession pour ce vêtement, dans un pays où la température ne descend pratiquement jamais en dessous de 30 °C, comme le désir même de l'ailleurs –, en passant par les pierres précieuses, ou les articles de grande marque.

Nous entrions à peine dans une petite ruelle quand l'appel de la prière a retenti. Les commerçants se sont empressés de descendre leurs rideaux et de se diriger vers les mosquées. Tout doit s'arrêter en effet, dès que l'on entend la voix du muezzin. Les hommes nous évitaient au maximum et se détournaient à notre proximité. Pendant que Farah susurrait sous son voile :

— Il faut les approcher exprès. Ils vont devoir se relaver, ça profitera aux factures d'eau.

— Ils devraient faire plus simple et nous interdire l'accès des rues chaque fois que retentit l'appel à la prière, ronchonnait Joumana.

— Allez, entrons dans ce magasin.

Nous avons dû nous baisser en hâte pour passer sous la grille avant qu'elle ne ferme. Quelques secondes plus tard, nous étions prisonnières des lieux. La pratique est courante et les femmes saoudiennes, parfois accompagnées de leur mari, recourent à cette façon d'échapper à la prière en se laissant enfermer dans une boutique.

Quand nous avons pu ressortir, la rue était déjà animée. Nous nous éloignions à peine lorsqu'un homme se planta devant moi :

— Voulez-vous rabaisser votre foulard et couvrir votre front.

Je ne savais pas quoi faire, ni quoi dire. Aucune de mes amies ne pouvait prononcer un mot, il leur est interdit de parler aux hommes en public, voire de faire entendre leur voix. Elles se sont contentées de marquer un arrêt pendant que je m'exécutais en me couvrant pratiquement tout le visage avec le foulard.

C'est cette fois-là que je sentis à quel point le voile intégral était une prison. Fini la sensation que j'avais eue jadis d'un habit protecteur, aux vertus dissimulatrices. Non, il ne s'agissait pas d'un morceau de tissu inoffensif. Il signifiait la loi absolue des hommes et le pouvoir illimité du plus incompétent ou du plus idiot d'entre eux de nous commander.

J'étais plongée dans ces pensées, les doigts agrippés à mon foulard pour qu'il ne glisse pas, quand j'ai entendu une petite voix derrière nous appeler Farah :

— Oum Rachid ! Oum Rachid !

C'était Iqbal qui nous rejoignait.

Une fois de retour à la maison, Joumana trouva moyen d'ajouter une leçon à l'éducation de sa nièce, non pas pour lui rappeler l'interdiction faite à la gent féminine de braver la loi du silence dans la rue, mais pour lui recommander :

— Tu devrais appeler une femme par son prénom, et non par celui de son fils. On n'a pas de métier, pas de droit, au moins qu'on ait un prénom, quoi !

— Bien reçu, tante, a répondu Iqbal qui venait de se couper les cheveux comme Joumana et arborait une chemise au coton rêche sur un jean, dont la coupe extrêmement large me rappelait les sarouals de mes grands-pères.

De fait, les penchants militants d'Iqbal s'affirmaient crescendo. La jeune fille projetait même de faire la révolution au royaume, et le militantisme de sa tante lui paraissait maintenant timide et borné. Elle tournait comme un lionne en cage dans leur maison qu'elle appelait « la cellule », dans un pays qu'elle nommait « la prison », sous la garde d'un père auquel elle donnait le nom de « dictateur ». Peu à peu, elle en venait à nous gratifier de passages traduits de Simone de Beauvoir sur l'égalité des sexes. Un discours que Joumana buvait comme du petit-lait, trouvant enfin une sœur de la cause.

Salma, de retour parmi nous, commenta en regardant sur le petit écran une jeune femme sportive grimper le flanc d'une montagne :

— Comme je plains ces malheureuses !

Selon toute vraisemblance, elle avait parlé sans réfléchir. Depuis son voyage à Beyrouth et son absence prolongée, nous évitions de la contredire. Aucune de nous ne l'avait plus interrogée sur ses relations avec son mari. Farah supposait qu'elle avait dû le surprendre au Liban avec un mignon. Soha n'osait pas imaginer le scénario.

Il fallait le cran de Joumana pour oser contrarier la malheureuse Salma :

— Ces femmes sont peut-être épuisées, viriles et moches, mais elles sont heureuses. Moi, je voudrais être comme elles, escalader les montagnes, me perdre dans les forêts, mendier dans les rues, mais être libre.

Je pensais à toutes les Marocaines qui échangeraient bien leur vie de mendiante contre celle de Joumana. Et, comme si elle avait percé ma pensée, elle se tourna soudain vers moi :

— Tiens ! Qu'en est-il de ta cousine Nora ? Toujours en pleine repentance ? Ou a-t-elle recouvré ses esprits ?

Je n'avais pas encore raconté combien j'avais été stupéfaite, lors de mon dernier passage au Maroc, de découvrir ma cousine, vêtue d'une djellaba usée, le visage enserré dans un foulard, les traits pâles, sans un brin de maquillage.

— Qu'est-ce qui t'arrive, Nora ? avais-je demandé.

— Mon pèlerinage m'a mise sur la voie d'Allah, *al-hamdoulillah*[1] !

Comment ne pas se souvenir que, à peine une année auparavant, elle se promenait partout, fardée et en grand décolleté, serrée dans un jean dont la taille basse laissait deviner un string à dentelles.

— Et tu sais ce dont il faut se réjouir ? Allah m'a envoyé un bon croyant. Je me suis fiancée à Khaled.

— L'imam de la mosquée ?

— Oui.

— Mais il est déjà marié.

— Eh bien, oui ! Je serai sa seconde épouse. Il n'y a aucune honte à ça.

1. Dieu soit loué !

A sa mine fermée, je vis qu'elle n'accepterait aucune discussion. Je tentai de lui sourire, mais elle détourna la tête et fit mine de s'affairer. En la quittant, je passai par la cuisine où je trouvai sa mère, l'air plus dépité que moi :

— Figure-toi qu'elle oblige toute la famille à faire la prière ! Elle ne serre plus la main de ses cousins. Même son père est furieux parce qu'elle a menacé de quitter la maison si elle sent la moindre odeur d'alcool. Et tu connais ton oncle, sans sa dose de vin, il est infréquentable. Il ne songe même plus à s'acquitter de son devoir conjugal.

C'était la première fois que ma tante abordait le sujet de la sexualité devant moi.

Lorsque, ce jour-là, je rapportai la scène, Joumana s'indigna à sa manière :

— On s'attend que les femmes libres viennent ici pour nous donner une bouffée d'air et qu'elles nous aident à changer les mentalités. Et voilà qu'elles ne font que conforter les hommes dans leur arrogance et leur tyrannie. Elles n'ont pas à eu à souffrir de ce que nous souffrons. Sinon, elles n'échangeraient pas leur liberté sous prétexte de conversion. Demain, ta cousine verra ce qu'il advient sous la férule d'un barbu et le toit d'une seconde épouse.

Depuis ce jour, aucune de mes amies ne m'a plus demandé des nouvelles de Nora. Elle était entrée dans ce monde de ténèbres d'où les Saoudiennes tentaient désespérément de s'échapper.

Maman m'avait appris une autre triste nouvelle : ma sœur Sana était au plus mal. Elle craignait maintenant pour sa vie et pour celle de ses deux enfants. Un mois auparavant, son mari l'avait poursuivie dans la rue un couteau à la main. Sa fille qui s'était interposée avait été blessée au bras. Conséquence : Sana avait décidé de divorcer, sauf que mon beau-frère ne voulait rien entendre. Il lui aurait opposé : « Si tu tiens à divorcer, tu paies. » Ma sœur l'a supplié, il savait bien qu'elle n'avait pas de quoi effacer leurs liens matrimoniaux, ce n'était pas avec un boulot d'institutrice qu'elle allait y arriver. Il fut intraitable : « Elle veut partir ? Qu'elle me laisse la maison, prenne ses deux morveux et paie. »

Car, dans mon pays, les femmes riches qui souhaitent divorcer paient leur conjoint pour acheter leur liberté. Il se trouve même des gigolos ou des garçons démunis qui séduisent et épousent des filles aisées pour le seul intérêt d'en divorcer plus tard en emportant le gros lot.

Ce n'était pas le cas de ma sœur, et je compris ce qu'il me restait à faire.

Comment tenter le mari de sa copine

Connaissant les maris de mes copines par les photos que ces dernières m'avaient montrées, ou pour les avoir rencontrés, comme l'époux de Joumana, je pouvais les repérer et les observer à ma guise, à l'aéroport ou dans l'avion. Par conséquent, il était normal que je fusse vivement encouragée à rapporter leurs menus gestes. Si Joumana évitait de me demander de surveiller le sien – question de confiance ou refus de s'abaisser à de basses manœuvres –, Soha s'arrangeait pour envoyer sa moitié sur les vols que j'assurais.

Mais un jour, elle me demanda d'aller plus loin :

— Que veux-tu que je fasse de plus, ma chérie ?

— Que tu le provoques.

Je marquai un arrêt, avant de reprendre calmement :

— Tu sais bien que je ne le peux pas, c'est jouer avec ma carrière. Et surtout devant mes collègues.

— Allez ! Nous avons une idée de ce dont tu es capable !

Elle sembla consciente de sa gaffe et crut corriger :

— Je sais que tu fais exception, va ! Joumana a enquêté sur toi avant de te laisser entrer chez elle.

Je tombais des nues. Pour la première fois, je mesurais combien l'hospitalité de ce pays demandait de gages.

Cependant, je ne fis pas de commentaire et me contentai d'écouter la requête de Soha :

— Tu lui fais quelques sourires. Je ne sais pas, moi, tiens, tu le frôles vingt fois pendant le vol. Ou non, mieux, tu lui glisses ton numéro de téléphone avant qu'il ne quitte l'avion.

— Et s'il m'appelle ?

— Je me charge de la suite, dit-elle.

Le lendemain matin, je reçus une petite trousse à mon nom, contenant un téléphone portable flambant neuf, une puce et un nouveau numéro inscrit sur un papier. Un cadeau de beaucoup plus de valeur que le service que je m'apprêtais à rendre.

Car j'avais décidé de prendre Soha au mot. Tel est pris qui croyait prendre !

Et je m'appliquai à honorer ma promesse. L'époux de Soha voyageait sur un vol à destination de la capitale égyptienne. Je le repérai au troisième rang, costume occidental, cravate assortie. Ses cheveux lissés à la gomina et ses lunettes Ray Ban lui donnaient l'air d'un gentleman anglais. Il ne manquait pas d'allure, ma foi ! Il remarqua sans doute assez vite mes regards et mon empressement à le servir. Je passais et repassais devant lui, en effet, lui proposant boisson ou collation, me penchais sur son voisin en le frôlant. Je n'eus pas le temps de lui donner d'autre signe d'intérêt qu'il avait déjà glissé un message dans ma poche, bien avant d'atterrir.

Mais, lorsque le vendredi d'après, Soha me demanda les résultats de la manœuvre, je n'eus pas le cœur de lui dire la vérité :

— Rien. Je n'ai rien récolté.

Cette fois-là, je passai la nuit au Caire. Ce que j'aime le plus dans cette ville, ce sont ses chauffeurs de taxi.

Sympathiques, doux, à l'image de ce peuple aimable et à la blague facile. Certes, le compteur ne marche jamais, le chauffeur a toujours un regard sur le rétro, une main sur le klaxon, et une parole enjôleuse pour soutirer le maximum de dollars au *khawaga* que vous êtes.

— Lumière de mes yeux, âme de mon cœur. Ammouuura ! Comme tu es jolie !

Normal ! Avec ces compliments, je donnerais jusqu'à mon uniforme qui, du reste, les impressionne plus que tout, non pas tant par sa coupe que par sa propreté... Comparé à ceux des policiers locaux !

J'étais invitée ce soir-là par une compatriote que j'avais rencontrée sur un vol vers le Moyen-Orient. A Paris, je l'avais accompagnée faire du shopping dans le quartier du Sentier. Jamais je n'avais vu une femme acheter autant de robes à la fois, sept valises, pas moins. J'ai dû la recommander auprès d'un collègue de Royal Air Maroc pour qu'on ne lui compte pas son excédent de bagages.

Elle m'avait donné rendez-vous dans un palace au bord du Nil, les felouques à nos pieds, de quoi faire rêver chanteuses et danseuses du monde arabe qui viennent faire carrière, ici, comme à Dubaï.

Houria était en veine de confidence. Elle avait décidé de s'installer en Egypte après un long périple qui l'avait menée de Beyrouth – où elle avait participé à un concours de Studio al-Fann, l'équivalent de la Star Academy en France – au Qatar, puis à Abou Dhabi où elle avait sévi dans quelque chaîne comme animatrice d'émissions de loisirs. Sitôt hors antenne, elle rejoignait ses admirateurs en keffieh qui la couvraient de cadeaux. Puis elle s'était découvert une voix et avait décidé d'y aller au culot en tapant un soir à la porte d'un grand compositeur cairote. Elle n'était pas la seule à passer d'un salon à un autre pour faire la preuve de ses compétences.

— Peu à peu, me dit-elle, j'ai compris que la voix n'est rien, mais qu'il me fallait plutôt arranger mon nez et gonfler mes lèvres. J'ai suivi un régime draconien, je me suis fait poser des extensions de cheveux et me suis fait tatouer la raie des fesses.

Ni la calomnie ni l'argent sale ne la découragèrent. Pas plus que la concurrence féroce entre les starlettes du Maghreb qui se crêpent le chignon. Ni les rivalités mortelles opposant les danseuses polonaises et ukrainiennes aux *raqqassat*[1] du Nil, qui les accusent de prendre leur boulot. Elle était au pays de l'art, elle avait décidé d'y rester, dût-elle en périr.

Un jour, un nabab à moustache, de sang égyptien, l'avait remarquée dans une soirée privée, alors qu'elle reprenait une chanson de Warda. Le type pesait des millions de dollars et il lui avait annoncé qu'il lancerait sa carrière internationale. Quelques semaines plus tard, elle devait rompre avec lui car il la violait tous les soirs après l'avoir battue.

Un Tunisien de passage au Caire lui fit les yeux doux et lui promit une prestation au festival de Carthage, à condition qu'elle devienne sa seconde femme et qu'elle demeure au Caire. Il ne pouvait pas la ramener chez lui, n'ayant le droit qu'à une seule épouse.

— Et alors ?

— Voyons ! Je ne vais pas me marier avec un type fauché et m'accommoder d'un statut d'épouse clandestine !

Tout en racontant, elle minaudait à table, s'absentait régulièrement pour recoller ses mèches ou se poudrer,

1. Danseuses du ventre.

revenait avec le sourire vermeil et la démarche chaloupée des mannequins.

— Tu attends quelqu'un ? finis-je par demander en la voyant aux aguets.

— Non. Mais sait-on jamais ! Si Youssef Chahine passe par-là, je lui saute dessus et je me reconvertis dans le cinéma.

— Reste plutôt dans la chanson. Tu n'as aucune chance avec Chahine, il n'aime pas les femmes !

Et je la quittai, persuadée qu'elle continuerait dans sa voie, confiante sur ses chances d'arriver un jour à se produire sur les scènes les plus prestigieuses, à chanter les tubes les plus insignifiants, mais que fredonneront les ménagères, du Maghreb à l'Orient, sans souci aucun des sacrifices consentis par la diva…

Sur le vol du retour, je fus soulagée de ne pas voir le mari de Soha. Mais je me souvins de ce que disait cette dernière : les séjours d'Omar au Caire devenaient de plus en plus longs. Il ne risquait pas de faire l'aller-retour en vingt-quatre heures.

Il fallait s'y attendre, par conséquent.

La nouvelle tomba sur Soha, un soir qu'elle était chez elle, en train de se faire masser par sa bonne. Son portable, placé sous son coude, avait sonné. C'était un message du Caire, où Omar se trouvait. Elle repoussa la domestique et bondit pour prendre l'appel. Mais son empressement ne trouva pas sa récompense. Omar lui avait laissé un message pour lui annoncer qu'il… prenait une seconde épouse. Et il lui laissait le choix entre l'acceptation ou la répudiation. Un simple SMS qui vous scelle un destin.

Soha pleurait comme une veuve de guerre en nous racontant la catastrophe, répétant en boucle la même phrase :

— Moi, avec une coépouse ? Plutôt crever !

Je l'observais avec compassion en repensant à une scène dont j'avais été témoin quelques semaines auparavant dans un salon d'esthétique à Beyrouth. Les clientes discutaient entre elles du fait que de nombreux chrétiens se convertissent à l'islam pour jouir du droit d'être polygames.

Une trentenaire aux lèvres en cul de poule : Est-ce qu'une seule femme suffit à satisfaire les besoins d'un homme ?

Une animatrice de télévision à la mode : Si elle est bonne au lit, oui.

La trentenaire aux lèvres en cul de poule : Je ne pense pas. Dieu a donné aux hommes une puissance sexuelle telle qu'une seule femme ne peut leur suffire. Alors, pour éviter qu'ils aillent forniquer ailleurs, ne vaut-il pas mieux les autoriser à avoir plusieurs épouses ?

Une chiite (outrée) : Et pourquoi est-ce que les mâles d'autres pays et d'autres religions se satisfont d'une seule ? Dieu les a faits comme nous. Il n'a pas pourvu les musulmans de deux sexes, ils sont comme les autres, avec un seul machin entre les jambes, qui, s'il pouvait aimer véritablement, se contenterait d'une seule compagne.

L'animatrice de télévision à la mode : Je pense seulement que les hommes nous prennent pour des objets, ils peuvent donc nous acheter en nombre. Nous nous valons toutes et nous sommes interchangeables.

Une femme voilée de noir : Le Coran a recommandé d'être équitable envers ses coépouses.

L'animatrice de télévision à la mode : Comment peut-on l'être ? En dépensant équitablement, oui, peut-être. Mais l'amour, le cœur, le désir, est-ce qu'on peut les partager, est-ce qu'on peut les quantifier et les distribuer avec équité ?

La femme voilée de noir : Ma belle-sœur aurait été à la rue sans cette alternative. Elle ne pouvait pas avoir d'enfant, c'était la seule solution pour la sauver du célibat et de la misère.

La chiite : Si ta belle-sœur avait eu un boulot et une autre perspective que la protection d'un mari, elle n'aurait pas accepté qu'on lui dispute son époux.

L'animatrice de télévision à la mode : Moi, c'est mon frère qui est stérile. Et pourtant, personne n'a proposé à ma belle-sœur de se trouver un second mari.

La femme voilée de noir : Arrête de blasphémer ! Si Dieu a commandé la polygamie, c'est qu'Il a ses raisons.

L'animatrice de télévision à la mode : Je ne sais pas ce qu'il en est des desseins de Dieu, mais pour ceux des hommes, je crois qu'ils ont inventé ce truc pour légaliser l'adultère, c'est tout. (Elle conclut avec un clin d'œil à mon adresse :) Je comprends qu'on veuille nous garder analphabètes. Sinon, vous demanderiez toutes le divorce.

Je tentai de détendre l'atmosphère en me référant au feuilleton égyptien *Sayyid Mitwalli*, en vain. Pourtant, il avait fait un tabac dans le monde arabe et chez mes amies, avec son héros, un polygame dont les journées se passaient à régler les querelles entre ses femmes, à résoudre leur frénésie d'achats, leurs crises de jalousie ou leur bouderies sexuelles.

L'heure était au tragique et je partageais le désespoir de Soha. Nous savions que la décision de son mari était irrévocable et qu'il ne servait à rien de chercher à la contourner. Si cela se trouve, Omar vivait avec sa concubine égyptienne depuis longtemps et attendait seulement le moment de l'annoncer.

Au chapitre de la polygamie

En ce mois de juin 2004, le climat s'était tendu au royaume, où des attentats venaient de viser des ressortissants occidentaux. La surveillance des *compounds* fut renforcée et une armée de flics et de vigiles multipliait les contrôles autour de toute résidence où se trouvaient des étrangers, y compris la nôtre. L'inquiétude planait et l'on sentait que les répercussions des attentats du 11 Septembre ne cesseraient de rebondir.

Pour autant, je ne limitais pas mes déplacements et me rendis ce vendredi-là chez Joumana. J'y découvris une nouvelle venue, que l'on me présenta. Et je fus stupéfaite de la reconnaître si tard. C'était Hind, la cousine de Farah dont j'avais assisté aux fiançailles. Qu'était devenue la belle jeune fille que j'avais vue dans ses beaux atours et son sourire éclatant, deux ans auparavant ? En face de moi, se tenait une femme triste, aux cheveux déjà striés de blanc. Mais elle avait gardé un visage d'ange. Je compris aussitôt les raisons de cette métamorphose, Farah lui demandant sans ménagement :

— Toi qui partages la couche de ton mari avec une autre, parle-nous donc des avantages de la polygamie.

— Ton défunt mari le fut également…, osa Salma.

— Oui, mais cette période de ma jeunesse a été tellement atroce que… j'en ai oublié le moindre souvenir ! a interrompu Farah.

Il échut donc à Hind de préparer notre amie Soha à l'épreuve.

La jeune femme s'exécuta et entreprit de raconter le deuxième mariage de son époux, auquel elle avait assisté huit mois après le sien, et le cauchemar de choisir elle-même les bijoux de sa coépouse. Son mari les avait installées dans la même maison, elle devait donc croiser la nouvelle tous les jours, faire montre de patience pour ne pas s'attirer les foudres de sa belle-famille, apprivoiser l'intruse pour ne pas être exclue du bonheur conjugal.

Nous connaissions toutes plus ou moins le scénario. C'est Soha qui osa demander, l'affaire la concernant d'abord :

— Je veux savoir comment ça se passe au lit.

— Chacune sa nuit.

— Tu es sûre ? Ce n'est pas partouze à domicile ? a taquiné Joumana.

— Pas chez moi, a assuré Hind, l'air agacé.

Nous avons eu honte de prendre ainsi la chose à la légère quand nous avons vu les larmes embuer les yeux de Soha, comme ceux de Hind. Force était de reconnaître que nous étions loin du vaudeville. D'ailleurs, Hind avait un autre motif de crainte.

— Depuis qu'elle a eu un fils, ma coépouse Farida se prend pour la patronne et commande à la maison.

— Normal, a interrompu Farah avec son pragmatisme habituel. Tu n'avais qu'à faire la même chose !

— Laisse Hind parler, a sommé Joumana.

Et la malheureuse a raconté les moqueries et les insinuations de sa coépouse, sa manie de recevoir tout en double, du bijou au bouquet de fleurs, alléguant de sa jeunesse et de sa descendance masculine.

— S'il arrive à notre mari de lui dire non, elle s'empresse d'aller bouder chez ses parents et ne revient que lorsqu'il lui offre un diamant ou un voyage.

— De l'escroquerie, tout simplement. Ces femmes-là sont vénales, a conclu Salma.

— Ce n'est pas ça, l'important. Il ne faut pas qu'elle s'accapare le lit, a cru bon d'avertir Farah...

— Alors, là, jamais ! Je suis capable de la tuer, s'est exclamée Hind, avant de fondre en larmes.

Et Soha également.

Si je ne me suis jamais penchée sur la question de la polygamie, c'est que, dans ma famille, les hommes sont monogames. Avec la misère dont nous avons hérité de génération en génération, il eût été impossible d'entretenir plus d'une épouse par foyer. Toutefois, parmi mes camarades de faculté, certaines vivaient sous le toit de leur mère et des concubines. Aucune d'entre nous n'aurait posé la question du sexe. Dans nos esprits, la polygamie, c'était un monde codé et rodé, et les nuits d'intimité faisaient partie du grand mystère.

J'en ai découvert un aspect que jamais je n'aurais soupçonné un soir où je faisais escale à Abou Dhabi. A l'hôtel où je descendais, on m'avait attribué une chambre au troisième étage. Je montais avec mon trolley dans l'ascenseur lorsqu'un homme en habit du Golfe m'y a suivie, accompagné de deux femmes voilées. J'ai salué les dames et me suis abstenue avec l'homme, suivant les consignes de mes amies. A l'étage, ils se sont engouffrés dans la chambre voisine de la mienne.

Je volais depuis plus de dix-huit heures, et j'étais épuisée. A peine la tête sur l'oreiller, je me suis endormie. Je fus réveillée au milieu de la nuit par des éclats de rire. J'ai cru que c'était la télévision d'un voisin, mais le bruit que je distinguais était différent. Il s'arrêtait par moments puis recommençait de plus belle. J'ai tambouriné sur le mur, sûre maintenant que le tintamarre venait de la chambre de l'homme de l'ascenseur. Je m'étonnais que ces clients du Golfe soient si extravertis, eux qui sont éduqués à ne pas élever la voix – celle de leurs femmes étant proprement interdite – et à ne jamais laisser filer un cri de plaisir. Même dans nos familles maghrébines, nous avons assimilé la consigne générale, l'amour se consomme le son coupé. Les rares fois où, personnellement, je me laissais aller au lit, c'était sous le toit d'Europe et dans ses chambres d'hôtel où les murs n'ont pas d'oreilles.

Hélas ! Mes voisins avaient selon toute vraisemblance oublié le minimum des civilités arabes, à croire qu'il s'agissait d'une coucherie à trois ! Râles, rires, gloussements, chutes d'objets ont duré.

Exaspérée, j'ai fini par sortir dans le couloir et par frapper à leur porte. L'homme est sorti. J'ai protesté, ils n'étaient pas seuls à l'hôtel, il fallait être plus discret. Il m'a tourné le dos sans un mot. Le vacarme a recommencé de plus belle. A l'aube, je suis descendue à la réception :

— Ma pauvre dame, je n'y peux rien ! a répondu le réceptionniste égyptien en levant ses mains au ciel. Vous êtes arrivée le mauvais jour. Ce gars-là, il vient une fois par mois avec ses épouses.

— Vous êtes sûr que ce sont ses épouses ?

— Vous pensez bien, sinon je ne l'aurais pas laissé monter avec elles.

— Il ne peut pas faire ça chez lui ?!

— Vaut mieux être loin de la smala pour être plus libre !

Inutile de dire que je n'allais pas enfoncer le clou en racontant ma mésaventure à Soha.

Des vertus de la roquette

Chaque fois qu'on me proposait d'assurer un vol pour Damas, je sautais sur l'occasion. J'étais tombée amoureuse de ce pays où les hommes sont grands, beaux et racés, les femmes bien éduquées, les mœurs si douces. Pas de bagarres dans la rue, un respect des dames qui me ravissait. Même si le pilote algérien, avec qui je visitais ce jour-là la mosquée des Omeyyades, affirmait que c'était de l'hypocrisie. Les Syriens respectent les femmes comme les objets, pourvu qu'elles restent à leur place et ne disputent pas la décision à leurs frères et leur mari. Je répliquais que je préfère les gentlemen raffinés d'ici aux jeunes de mon quartier qui toisent les filles avec insolence et leur crachent dessus. Chaque fois que je repartais du Maroc, j'avais les oreilles qui cognaient avec tous les *hmar*, les fils de pute, les *qahba* entendus dans la rue. Rien de cela chez les Chamis[1].

Nous sommes allés ensuite dans un restaurant du centre-ville, où l'on nous servit une *mouza* d'agneau succulente, accompagnée de blé concassé et de jus de citron à la menthe. Sur la table, une profusion d'herbes et de fruits de toutes

1. Syriens.

sortes, des purées de pois chiches et d'aubergine nappées d'olive, du *fattouche*, des feuilles de vigne et autres hors-d'œuvre typiques. Le serveur demanda si nous voulions du *jarjir*. Comme nous ne savions pas ce que c'était, il nous montra du doigt une sorte de salade verte qui tapissait les assiettes à une table voisine. Celle-ci était occupée par un groupe de femmes qui, si différentes fussent-elles, s'amusaient comme des gamines, les unes voilées de pied en cap, les autres en jean.

Je me tournai vers l'une d'elles, une trentenaire, hyper maquillée malgré son foulard, pour lui demander de nous répéter le nom de la plante.

— Du *jarjir*, ma chérie. Les Syriens en raffolent !

Elle s'est penchée plus près de façon que mon compagnon n'entende pas ses propos, et m'a glissé à l'oreille :

— C'est bon pour ton mari.

— Ah bon ! Et pourquoi ?

— C'est excellent pour la virilité ! Achètes-en pour lui et tu te souviendras de moi !

Je ne sais si mon collègue a deviné les vertus du *jarjir*, ni s'il fut édifié sur la politesse orientale qui manque tant dans nos contrées du Maghreb et qui permet à ces dames de sortir seules sans qu'un mâle les importune. Je me suis régalée quant à moi de ce pays comme d'un bon plat.

Le soir, je lui demandai de venir avec moi au bar de l'hôtel, j'escomptais revoir les jeunes femmes que j'avais rencontrées avec Fouad. Le profil des filles n'avait pas changé, toujours aussi jeunes, encore plus nues.

Lorsque l'une d'elles passa à côté de notre table, je m'aventurai à lui demander si elle connaissait une certaine Sofia :

— Je réponds si ton mec me paie un verre de champagne.

— Va pour le verre, dit mon pilote.

— Sofia a eu la bêtise de vouloir garder sa paie pour elle toute seule. Alors, son *kafil* l'a renvoyée au pays.

— Et tu as connu Myriam aussi ?

— N'oublie pas, mon cœur, nous sommes une famille. Bien sûr que je sais où elle est, cette veinarde.

Myriam aurait eu plus de chance que Sofia. Elle avait été repérée par un Libanais qui l'avait emmenée à Paris pour la mettre à disposition d'un émir. Le magnat, qui louait à l'année une suite à l'hôtel Crillon, exigeait des filles qui n'avaient jamais « servi ». Qu'à cela ne tienne, Myriam fut recousue et *servie* intacte. Elle n'était pas la seule, cinq autres jeunes femmes étaient logées à la même enseigne, plus belles les unes que les autres, embauchées sur le marché du sexe qui par des Corses, qui par des Suédoises de bonne famille, recyclées dans la traite des blanches, ou par des intermédiaires libanais. Autant de secrétaires du prince qui pourvoyaient leur milliardaire d'émir en filles. Quant à leur consentement, on pouvait s'en passer : on leur promettait un boulot, et elles étaient piégées. Les passes se monnayaient parfois à des milliers de dollars.

— Bon, je ne crois pas que ce soit le cas de Myriam, a conclu notre informatrice. Mais je sais que cet émir a payé une actrice américaine un million de dollars pour un soir. Tu te rends compte ! Voyager sur des yachts, boire du champagne, croiser les ministres, se faire masser. Qui a dit qu'il est un autre paradis meilleur que celui-ci ? Et cette putain de Myriam y est déjà, je la hais !

J'ai pu vérifier les propos de la jeune prostituée quelques semaines plus tard, à Dubaï. Cet émirat est devenu une plaque tournante des finances internationales, mais surtout un lieu de liberté pour bon nombre de femmes arabes. Celles du Golfe peuvent s'y promener tête nue, et les touristes du monde entier, en niqab ou en décolleté, y vaquent à leurs affaires sans inquiétude. Chaque fois que je débarquais à Dubaï, c'est comme si je rentrais au Maroc, l'anonymat en plus. Fouad prétendait que cette ville ressemblait à une garce libanaise refaite et botoxée. Selon moi, au moins les maîtres de Dubaï employaient-ils leur pétrole à moderniser leur pays.

Si les Occidentaux y viennent pour le shopping ou pour diriger des projets gigantesques, partout où il y a de l'emploi les Maghrébins y sont présents comme conseillers sur les marchés européens, manœuvres sur les chantiers, réceptionnistes ou gérants de petits commerces. Quant aux filles, elles arrivent telles les mouches sur un gâteau, s'inscrivent au registre du travail comme coiffeuses ou travailleuses du soir, avant de virer vers le monde des bars et des boîtes, persuadées que la nuit porte fortune.

Beaucoup débarquent également avec l'ambition de chanter ou de danser et finissent sur le trottoir, sous la coupe de proxénètes, qui se font passer pour leurs *kafils* et les prostituent dans toute la région. Les plus chanceuses réussissent à entrer dans le show-biz et à se faire entretenir par quelque amant qui leur paie le loyer et les saute toutes les nuits. Dans les mêmes gratte-ciel hors de prix, les riches Maghrébins convolent en secret, sur le mode *u'rfi*[1], avec leurs maîtresses auxquelles ils assurent des subsides, tout le monde le sait.

Et c'est ce que m'a confirmé Haïtham, un cousin de mon amant de Beyrouth, le beau et généreux Tony, qui avait

1. Selon la tradition religieuse, en présence de deux témoins masculins.

insisté auprès de son parent installé dans l'émirat depuis des années pour qu'il vienne me chercher à mon hôtel afin de m'emmener dîner en ville.

Voulant me faire plaisir, Haïtham était venu accompagné d'un de mes compatriotes, D., natif de Fez, la trentaine élégante, la carrière assurée dans une filiale de l'ONU à Bahreïn.

Après nous avoir présentés, le Libanais se mit à bavarder sans discontinuer.

— On m'a raconté l'histoire d'une Tunisienne qui, il y a deux ans, a répondu à une annonce d'embauche demandant des hôtesses d'accueil. L'homme qui l'a reçue à l'aéroport lui a confisqué aussitôt son passeport et l'a enfermée avec une dizaine de ses compatriotes. Il les obligeait à se prostituer. La semaine dernière, elle a réussi à s'échapper pour courir à son consulat. Il paraît qu'elle en a été chassée à coups d'insultes. Elle jure ses grands dieux que le fonctionnaire du consulat est de mèche avec le proxénète et qu'ils se partagent les gains de leur labeur. Tu te rends compte ! C'est un employé de l'hôtel où elle rencontre ses clients qui m'en a parlé. Il l'avait vue revenir en sanglots, l'air désespéré.

Haïtham a dû s'excuser, il devait réunir son staff le lendemain matin tôt pour poursuivre le chantier d'une des îles artificielles en construction.

Je restai seule avec mon compatriote, que je scrutai à la dérobée. Ni lui ni moi n'avions pu ouvrir la bouche après les premières civilités. Costume cravate, les sourcils noirs et l'œil vert. Issu d'une famille proche du Makhzen[1] – ce qui

1. Expression dans le langage marocain qui sert à nommer l'Etat et les institutions régaliennes.

est à l'opposé de ma pauvre famille des bidonvilles, comme vous le savez.

Même ainsi, en tête à tête, je demeurai silencieuse et c'est lui qui se chargea de la conversation. Ses manières étaient affables, son regard chaleureux. Etrangement, cet homme me plut tout de suite, mais aucun de nous ne tenta rien pour prolonger la soirée. J'étais troublée, d'autant qu'il m'avait visiblement prise pour la plus sage et la plus innocente hôtesse de l'air de la planète. Et ce qui est extraordinaire, c'est que je le crus aussi.

C'est probablement cette méprise qui sera à l'origine de notre mariage.

Deux mois après cette rencontre, je rentrai au Maroc pour annoncer la nouvelle à ma famille. Contrairement à mes collègues très croyants qui préféraient passer une partie de leur congé en Arabie, où la ferveur religieuse est toujours présente, j'adorais rentrer à Casa. Je passais mon temps à dormir et à manger, à manger et à dormir, ma mère exigeant qu'on laisse se reposer sa fille : « Elle n'arrête pas de voler, la pauvre ! Elle est épuisée. » Maman ne disait pas que j'étais devenue le chef de famille, que je pourvoyais aux besoins de la fratrie, même si mon père persistait à juger sale l'argent que je rapportais.

Le soir, il m'arrivait de sortir chez des copines, et cette fois-là, justement, je tombai sur une dame blonde qui avait très mauvais genre. Mais notre amie commune la traitait avec crainte et respect. Pendant que je l'aidais à la cuisine, cette amie me glissa à l'oreille que sa visiteuse était de mèche avec la police et qu'elle arrangeait des rencontres galantes :

— Une marieuse ?

— Non. C'est la reine des rencontres tarifées.

— Une proxénète !

— Baisse la voix !

— Quelles fréquentations tu as !

— Il est pratiquement impossible de fermer la porte à ce genre de femmes. Elles sont souvent proches du pouvoir et peuvent se venger de toi en glissant quelque houri dans le lit de ton mec, te mettre sur le dos une affaire de mœurs, un commerce de drogue, n'importe. En revanche, tu peux bénéficier de leur protection si tu les caresses dans le sens du poil.

Je devais vérifier les propos de mon amie quelques instants plus tard. La bonne femme s'arrangea pour s'asseoir à côté de moi. Elle lança la conversation en aparté, me posa des questions sur ma profession et, comme je répondais avec un égard affecté, elle s'aventura :

— Sais-tu que tu pourrais très bien gagner ta vie ?

— Je ne demanderais pas mieux…

— Connais-tu beaucoup d'hommes saoudiens ?

— En dehors de mes collègues ou des passagers réguliers, pas vraiment.

— Puis-je te suggérer de donner mon numéro à ceux que tu connais déjà ?

— Et que dois-je leur dire ?

— Ils trouveront chez moi les plus belles gazelles du Maroc. Et tu auras ta part.

J'appris plus tard que la dame était impliquée dans une filière qui prostituait les Marocaines à l'étranger et dans les pays du Moyen-Orient, et je pensai bien sûr à Sofia, Ghizlaine et les autres. Elle les recrutait dans les salons de coiffure ou dans des soirées privées, s'arrangeait pour les faire passer par des pays comme la Syrie ou la Tunisie et les mettait au travail.

Ce soir-là, tenant compte des conseils de mon amie, je déclarai à la blonde que je m'en serais acquittée, sauf que..

— Sauf que ?

— Je quitte le boulot le mois prochain.

— Ah bon ! Quel dommage !

— Il paraît que j'ai atteint l'âge de me ranger, d'après Hinna, ma grand-mère chérie.

Epilogue

D'aucuns, chez moi, auraient pu croire que j'épouserais un riche Saoudien et choisirais de vivre en Arabie. J'aurais fait partie, à la rigueur, des courtisanes qui considèrent l'argent comme le nerf de l'amour, ces ambitieuses qui jouent aux sulfureuses afin de piéger les magnats du pétrole et de décrocher le gros lot. Mais la fréquentation de mes amies de Djeddah m'avait édifiée sur les prisons dorées des femmes du Golfe, sur l'injustice et l'ennui qui y régnaient. L'idée de rejoindre une foule de recluses, fussent-elles couvertes d'or et servies par une ribambelle de domestiques, ne m'attirait aucunement. J'aurais donné tout le pétrole du monde, ses diamants et ses couronnes pour marcher dans la rue sans sentinelle et voyager librement.

D'ailleurs, je n'envisageais plus depuis longtemps de précipiter mon départ de la compagnie saoudienne, ni de mettre fin à ma carrière, même si le milieu considère qu'à partir de trente ans une femme est une « vieille » dans la profession, que voler trop longtemps nuit à la santé, allant jusqu'à prétendre que les hôtesses de l'air finissent stériles, au mieux précocement ménopausées.

J'étais appréciée par mon staff, mes amies saoudiennes m'adulaient et me couvraient de cadeaux, mes amants m'attendaient dans toutes les capitales, comme naguère les marins leurs maîtresses dans les ports. L'argent que je gagnais suffisait à renflouer les caisses familiales et à me préparer un avenir confortable.

Désormais, à la place du bidonville dans lequel nous habitions avait poussé une coquette villa de deux étages, où maman regardait de haut ses voisins, attendant d'y exposer sur les murs le drap de ma virginité. Mon père a pu s'offrir une retraite avant l'heure. J'ai fourni à ma sœur Sana sa « dot » de divorce, et elle vit libre désormais. Enfin, mon prestige financier – plus imaginaire que réel – a fait que mon frère Ali refuse aujourd'hui les avances des jeunes filles et trône comme un coq dans le fauteuil d'un kiosque à journaux flambant neuf, cassettes et rafraîchissements rangés sur de jolis supports.

Par conséquent, je pouvais estimer avoir accompli le nécessaire, comme un père l'aurait fait pour sa progéniture.

Je ne m'attendais pas vraiment à faire la rencontre de ma vie, et voilà que je tombais sur cet homme assis devant moi, dans un restaurant de Dubaï, beau et posé. Et que je me surprenais à lui sourire, timide et silencieuse. En vérité, c'était le coup de foudre. Le destin ou le *maktoub*, comme on dit chez nous. Au physique comme au moral, D. me séduisait. Employé à l'ONU, il s'apprêtait à rentrer au Maroc où l'attendait un nouveau poste aux Affaires étrangères. Ses mains blanches renseignaient sur sa délicatesse, et ses manières désignaient la discipline jointe à la politesse typique des diplomates. Je ne vous en dirai pas plus. Ma vie actuelle n'appartient qu'à moi et au fameux « secret de famille ».

Nous avons décidé de nous marier quelques mois plus tard, et je quittai le métier dès que mon ventre s'arrondit.

Mes adieux à mes amies saoudiennes furent difficiles. Mais les portables et Internet consolent désormais de la distance. Je prie pour que les wahhabites qui menacent régulièrement de les priver de la Toile renoncent à leur dessein.

Six mois après mon mariage, j'ai appris que Soha avait préféré accepter sa concubine du Caire que se séparer de son époux. Un réflexe de survie la sauvait du suicide ou de la déprime et la relançait dans la course à la séduction, car elle s'était persuadée qu'elle pouvait de nouveau attirer le regard d'Omar. Celui-ci avait trouvé le meilleur moyen de la tenir à distance sans subir son courroux. Il avait installé sa deuxième épouse au Caire et venait rendre visite à Soha, noyant ses trois enfants sous les cadeaux et lui concédant des sommes astronomiques qui lui redonnaient un semblant de bonheur.

La jeune Iqbal avait refusé de se marier avec le fils d'une famille apparentée au roi et bataillait afin de quitter le pays pour les Etats-Unis. En attendant, elle s'était remise à Internet pour y animer en cachette un site où elle appelait ses compatriotes à « se soustraire aux codes tribaux et dénoncer l'hypocrisie des hommes ». Joumana avait applaudi à l'initiative et s'était jointe à elle, en écrivant sous divers pseudonymes. Toutefois, elle priait Iqbal de ne pas « trop verser dans le sexe » et de recourir à la métaphore et au discours allusif, pour ne pas altérer l'image du pays aux yeux du monde.

Aux dernières nouvelles, la jeune fille venait de formuler une demande qui aurait pétrifié tout autre que Joumana : elle voulait devenir… un homme. « C'est le seul moyen d'être libre », avait-elle ajouté.

Je n'avais plus revu Salma les dernières semaines qui avaient précédé mon départ. Elle vivait une longue période de dépression, mais elle ignorerait toujours l'homosexualité de son mari, d'après Joumana. Selon Soha, non seulement « ces choses-là » ne se disent pas, mais il est difficile de les concevoir sans déprimer.

Elle était ensuite revenue chez Joumana, sauf qu'elle ne supportait plus de voir Soussou le coiffeur dans les parages. Elle disait qu'elle s'en remettait à Dieu quant à la « frigidité » de son mari. Pendant que ce dernier prolonge ses séjours en Thaïlande ou à Beyrouth, elle court les mosquées et multiplie les prières afin qu'il rentre sain et sauf.

Farah se faisait plus discrète en butinant l'amour interdit depuis qu'elle avait failli se faire prendre alors qu'elle était accompagnée d'un « mari virtuel ». Des bruits commençaient à courir sur sa vertu, et ses parents ne cessaient de faire pression sur elle afin qu'elle revienne vivre chez eux. Elle s'y refusait catégoriquement… Et voilà que j'apprends sa disparition et que je ne sais toujours pas ce qu'il est advenu d'elle. A-t-elle choisi de fuir de son propre gré ? En laissant son fils derrière elle ? A moins qu'elle ne réapparaisse un jour… La perspective qu'elle ait subi quelque châtiment secret m'exaspère et je n'ose pas en imaginer le détail…

Du côté de chez moi, Nora refuse de me revoir. Elle prétend qu'une femme dévoilée ne mérite pas d'être fréquentée, fût-elle de son sang. C'est sa mère qui m'a fait passer le message. Je lui ai transmis le mien : « Dis-lui : Dieu seul sait ce qu'il y a dans les cœurs et dans les vies passées. »

Enfin, Fouad a rejoint la compagnie Royal Air Maroc et il passe de temps en temps me saluer dans la petite bijouterie que j'ai ouverte dans les souks.

Je suis devenue une femme rangée. De mon ancienne vie, j'ai gardé l'uniforme frappé des deux épées du royaume, que j'ai accroché sur un cintre au fond d'une armoire. Je le sors de temps en temps pour le montrer à mes copines dont certaines rêvent de devenir hôtesses de l'air. Peu de choses viennent me rappeler mon passé, hormis quelques rencontres fortuites d'ex-collègues, un rare voyage en avion où je me surprends à observer le personnel navigant et les changements survenus dans le métier, à m'indigner de ces hôtesses qui n'ont plus le respect de la profession, qui bavardent avec les passagers et rient aux éclats dans les cabines ; ces stewards qui lisent les annonces en butant sur les mots et n'aident jamais une dame à glisser sa valise dans les compartiments réservés à cet effet. Une fois ou l'autre, j'ai pu me prévaloir de mon ancien métier pour obtenir une place de première ou pour faire passer un surplus de bagage.

Seuls les coups de téléphone de mes amies saoudiennes viennent me rappeler ma vie à Djeddah. Ou les cadeaux qu'elles m'ont envoyés pour mon mariage et à l'occasion de la naissance des mes deux bébés. Mis à part Joumana, elles m'appellent « Oum Samir », du prénom de l'aîné, à la façon saoudienne.

Il reste aussi mes propres souvenirs. Ceux que je viens de vous livrer, et bien d'autres, moins intimes, que j'égrène à l'oreille de mes proches et amies. Sachant qu'à un moment ou à un autre, quand les hommes se retireront pour jouer aux cartes et les femmes pour bavarder, il se trouvera toujours une connaissance pour me demander :

— Alors, l'Arabie, au fond, c'était bien ?

Cet ouvrage a été imprimé par
CPI Firmin Didot à Mesnil-sur-l'Estrée
pour le compte des Éditions Plon
76, rue Bonaparte
Paris 6e
en mai 2010

Composition et mise en page

NORD COMPO
multimédia

Dépôt légal : juin 2010
N° d'édition : 14550 – N° d'impression : 100105
Imprimé en France

Jede Krankheit und jeder Patient ist einzigartig. Dieses Buch soll nur als Informationsquelle dienen. Den Lesern wird es ausdrücklich nahe gelegt in Partnerschaft mit einem qualifiziertem und erfahrenen Arzt/Therapeuten zusammenzuarbeiten, bevor sie Behandlungen, die auf diesen Seiten aufgelistet sind, aufnehmen (oder davon Abstand nehmen).

IMPRESSUM

Das Problem und die Lösung

Dr. Johanna Budwig - Die Dokumentation

Herausgeber:

SENSEI Verlag, Cannstatter Str.13
71394 Kernen.

Autorin:
Dr. Johanna Budwig

10. Auflage: September 2008

ISBN 978-3-932576-63-8

Inhaltsangabe

JOHANNA BUDWIG, Dr., approbierte Apothekerin, Diplom-Chemikerin mit Promotion in Chemie und Physik, war Obergutachterin für Arzneimittel und Fette in hoher staatlicher Funktion. Um die Erkenntnisse auf dem Gebiet der Biochemie der Fette auch in biophysikalischer Hinsicht realisieren zu können, studierte sie noch Medizin. Die Aussagen über «lebensnotwendige Fette» oder «lebensgefährliche Auswirkungen» bestimmter Fette und deren Bedeutung für das Krebsproblem führten zur Kollision mit der bestehenden Meinung und zum Abbruch des Medizinstudiums. Überzeugt von ihrer wissenschaftlichen Erkenntnis auf naturwissenschaftlicher Ebene setzt sich Frau Dr. Budwig seit mehr als 40 Jahren mit ihrer gesamten Existenz dafür ein, die Gültigkeit ihrer Forschungsergebnisse für die Lebenshaltung der Menschen in der Medizin zu realisieren und dadurch auch eine Wende in der Krebs-Forschung und -Therapie herbeizuführen.

Vorwort

Die Entstehung dieses Buches war in der Tat eine schwere Geburt. Dies verzögerte den Termin des Erscheinens.

»Der Regenbogen über Krebsforschung und Krebstherapie auf der Basis der modernen Quantenphysik«, dies ist der Inhalt dieses Buches. Dies war der Inhalt meines Vortrages in Freudenstadt im Kurhaus am 3. März 1999. Es ist nun nicht die Quantenphysik zur erfolgreichen Krebstherapie und Vorbeugung, die Schwierigkeiten bereitet zum Verständnis. Der Bürger mit Durchschnittsintelligenz, ja jeder Leser, hat ein Gefühl dafür, wo Wahrheit herrscht. Dies stellte auch Werner Heisenberg, Quantenphysiker, fest. Der berühmte Quantenphysiker Max Planck betonte: »Wenn jemand glaubt, in der Wissenschaft etwas Neues entdeckt zu haben und er kann es nicht so ausdrücken, dass jedermann es versteht, dann hat er nichts Neues entdeckt.«

Darauf bezog ich mich in meinem Vortrag im März 1999 in Freudenstadt. Das Echo auf meinen Vortrag in Freudenstadt bestätigte dies. Diese Basis wurde verstanden. Ich betone, ich spreche nicht darüber, was die Sintflut veranlasste. Ich spreche nur darüber, was der Regenbogen zu leisten vermag und die Taube mit dem Ölblatt im Schnabel verkündet: Es ist Land in Sicht. Die Aktivitäten derer, die sich in ihrem vermeintlichen Gebäude für allein maßgeblich erklärten, erwähnte ich nicht.

Nun wurden sehr schnell, bereits im April 1999, Aktivitäten hervorgerufen bei diesen Vertretern der Chemotherapie und den Verfechtern der industriell hergestellten erhitzten Öle, die ich ja ablehne. Mit »Gutachtern« und »Sachverständigen« schaltete man Gerichte ein mit: »sie hat gesagt!«

Es ist meine Überzeugung, diese Auseinandersetzung, die diese Experten hervorgerufen haben, werden zum Durchbruch der besseren Therapie für Krebskranke beitragen und zur besseren Vorbeugung.

Das hier vorliegende Buch, welches auch die Erkenntnisse auf der Basis der Quantenphysik vermittelt, trägt auch zur Beherrschung der hier aufgezeigten Probleme bei. Es ist verständlich geschrieben und bietet eine Hilfe zum Verständnis dieser Problematik.

Die Dokumentationen werden dabei einen guten Dienst erweisen.

Das Interview

Dieses Interview wurde im Juli 1998 von dem Vorstand des Vereins *Menschen gegen Krebs e.V.,* Herrn Lothar Hirneise, durchgeführt.

Was ist der Grundgedanke Ihrer Therapie?

Ich war Obergutachterin für Arzneimittel und Fette im staatlichen Gesundheitsamt. Das war die höchste Stelle in unserem Staat, die zu entscheiden hatte über Neuzulassungen für Medikamente. Zu dieser Zeit, 1951, lagen bei mir mehrere Anträge für Neuzulassungen vor. Genauer gesagt, Medikamente zur Krebstherapie mit der Sulfhydrylgruppe (schwefelhaltige Eiweiß-verbindungen). Überall sah ich, dass Fette eine Rolle spielten, auch in Gutachten von namhaften Professoren wie z. B. Prof. Nonnenbruch.

März 1999 in Freudenstadt
Dr. Johanna Budwig und Lothar Hirneise

Wir konnten Fette leider erst im Spätstadium feststellen und es gab keine chemische Größe um Fette überhaupt chemisch nachzuweisen. Zu diesem Zeitpunkt, 1951, hatte ich bereits zusammen mit Prof. Kaufmann, dem Direktor des Bundesinstitutes für Fettforschung und mein früherer Doktorvater, der gleichzeitig Direktor am pharmazeutischen Institut war, die ersten chem. Nachweise für Fett entwickelt. Dies wurde auch 1950 veröffentlicht in *Neue Wege in der Fettforschung*. Auf dem Wege der Papierchromatographie, die von mir entwickelt wurde, konnte ich 0,1 mg Fett analysieren und als hoch ungesättigtes oder ungesättigtes Fett charakterisieren. Dies haben wir dann umfassend veröffentlicht. Das waren die ersten Arbeiten, die überhaupt ermöglichten, die Linolsäure oder die Linolensäure nachzuweisen. Wegen der Wichtigkeit dieser Arbeiten bekam ich 6 Doktoranden zur Unterstützung. In dieser Situation fielen mir bei meiner Begutachtung der Medikamente zur Krebstherapie die Sulfhydrylgruppen auf. Ich hatte von Amtswegen das Recht bei den Firmen zurück zu fragen, wie sie denn begründen wollen, wie dieses Mittel (Sulfyhdrylgruppe) bei Krebs helfen kann. Die Firmen, z. B. die Firma Knoll, die ihre diesbezüg-lichen Medikamente als Krebstherapie anwenden wollten, waren bereit, mir auf meine Anfrage die ganzen Abschriften der angelegten Kartei zu übersenden.

Dadurch bekam ich also Anfang 1951 eine ganz schnelle Übersicht, wo die Sache im Argen lag Im gleichen Jahr erschien das Handbuch von **B. Flaschenträger:** *Physiologische Chemie.* Das Problem der selbsttätigen Sauerstoffaufnahme beim lebenden Substrat ist eine der elementarsten Fragen der ganzen Physiologie und eine der dunkelsten. Alle wissen, die schwefelhaltige Eiweißverbindung der Sulfhydrylgruppe ist in allen atmenden Geweben nachweisbar.

Es muss jedoch noch ein Partner anwesend sein im Wechselspiel mit dieser Sulfhydrylgruppe, weil die selbsttätige Sauerstoffaufnahme im lebenden System sich in einer Zickzackkurve vollzieht. Streng genommen steht fest, die Sauerstoffaufnahme ergibt kein Reaktionsprodukt, sondern erfolgt in einem Wechselspiel zwischen den positiv elektrisch geladenen Schwefelverbindungen im Eiweiß und irgendeiner fettigen Substanz, die wir nicht nachweisen können - weil keine Nachweise dafür vorhanden sind - die aber im Atemferment von Warburg eine große Rolle spielt.

Warburg erkannte, dass beim Warburgschen Atemferment bzw. der Zytochromoxydase Fette eine Rolle spielen bei der mangelnden Sauerstoffaufnahme und der Sauerstoffutilisation (der Nutzbarmachung im lebenden Substrat). Diese Blockade wollte er im Experiment mit Buttersäure überwinden. Dieser Versuch war ein Fehlschlag.

Bedeutet dies, dass Warburg als Erster versucht hat, mit Buttersäure mehr Sauerstoff in die Zelle zu bringen?

Nein. Mehr Sauerstoff in die Zelle zu bringen, hat schon der Entdecker des Ozons (von Helmholz) versucht. Er hatte nachgewiesen, dass wenn wir asphyktisch gewordene Tauben (d. h. wenn wir Tauben so ernähren, dass die Sauerstoffaufnahme blockiert ist) mit erhöhtem Ozon oder Sauerstoff behandeln, die Tiere dann schneller sterben und das ist auch noch heute so. Wenn man im Krankenhaus beim Menschen mit Sauerstoffnot die Sauerstoffbombe holt, stirbt der Kranke schneller.

Wenn Tiere durch bestimmte Ernährung, z. B. gebleichten Reis, asphyktisch gemacht werden, ersticken diese und es hilft weder erhöhte Sauerstoffzufuhr, noch hilft eine Aktivierung mit allen möglichen Mitteln. Man kannte z. B. zu dieser Zeit schon Vitamin A, B, C, D und E, doch das half nichts. Prof. Linus Pauling hat z. B. Tierexperimente gemacht und wusste genau, dass schon 1951 veröffentlicht wurde, dass alle Vitamine untersucht wurden um für das Atmungsferment von Warburg den Atmungsaktivator zu suchen. Doch es brachte gar nichts, auch nicht Vitamin C. Prof. Pauling - der übrigens alle meine Bücher von mir persönlich angefordert hatte und sie auch von mir bekam - hatte später niemals auf meine Arbeiten hingewiesen. Und dann kam Warburg 1926 auf die Idee, dass Fette eine Rolle spielen. Er wusste aber nicht welche und experimentierte mit Buttersäure. Übrigens: auch Sven György hat Versuche mit Fetten gemacht und schrieb schon 1952, dass die Stoffe zu leicht oxidierbar sind und wir sie nicht nachweisen können. In dieser Situation hatte ich nun meine neuen Wege in der Fettanalyse veröffentlicht, nämlich empfindliche und spezifische Nachweise zu bringen, schöne Färbungen. Ich konnte Fette genauestens analysieren und in die einzelnen Fettsäurekomponenten zerlegen.

Welche Auswirkungen haben diese Fettsäuren?

Sie bilden den elektrischen Gegenpol zum positiv geladenen Eiweiß im Zellkern. Sie befinden sich in der Zellmembran und sind als Lipoide (fettige Substanzen) schon lange erkannt. Man wusste nicht, warum im Falle der Tumorbildung die in Teilung befindlichen Zellen in so großer Menge vorliegen. In der heutigen Medizin folgt man immer noch der falschen Auffassung, mit dem Tumor wäre zuviel Wachstum verbunden. Das ist nicht richtig.

Ich habe schon 1956 wissenschaftlich veröffentlicht, dass beim Tumor viele in Teilung befindliche Zellen vorliegen und die Kernteilung bereits eingesetzt hat (siehe Bild 1 nächste Seite).

Es fehlt jedoch im Falle der Tumorbildung die Abschnürung der Tochterzelle, die dann zur Abstoßung der überlebten Zellen führt. Wenn das Blatt von Baum fällt, hat sich bereits eine Haut darunter gebildet und diese Funktion des Lebens zum normalen Wachstumsprozess ist unterbrochen, wenn die elektrisch aufgeladenen Fettsäuren fehlen.

Wie laden sich Fettsäuren elektronisch auf?

Ein wichtiger Physiker, Kenneth Ford, hat 1956 einmal gesagt, die elementare Funktion des Elektronenaustausches mit den Photonen der Sonnenenergie ist so intensiv, dass man den Eindruck gewinnt, die in den Elektronen (z. B. der Samenöle) gespeicherte elektrische Energie erkennt noch immer die Verwandtschaft zu ihren Ahnen in den Photonen der Sonnenenergie. Dies ist streng physikalisch bewiesen. Und diese Aufnahme der Sonnenenergie in den Samen, schon im grünen Blatt, ist auf ganz bestimmte Wellenlängen eingestellt. Die Wissenschaft nennt das über die Quantosomen. Die Quanten der Physik, der Wellenbewegung, sind auf die Photonen der Sonnenenergie einge-

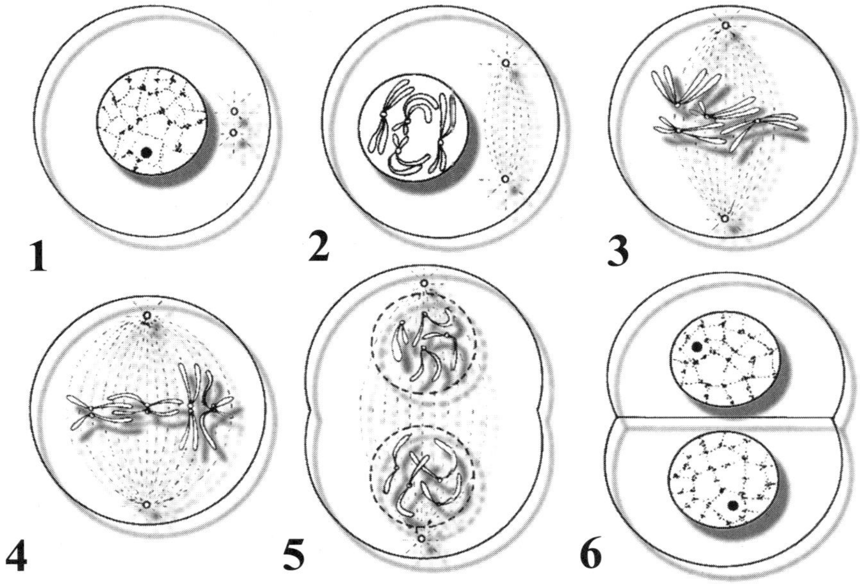

Bild 1 Normale Zellteilung

In der Interphase (1) werden die Zellteilungsprozesse durch den Aufbau bestimmter Nukleinsäuren und Eiweiße eingeleitet. Danach folgt die Prophase (2+3) in der erkennbar ist, dass jedes Chromosom der Länge nach in 2 Hälften, die Chromatiden, geteilt wird. Während der Metaphase (4) kommt es zur Ausbildung der so genannten Spindel. Wenn die Spindel gebildet ist, befinden sich die Chromosomen zwischen zwei Spindelpolen und gehen dort mit den Zentromeren feste Verbindungen ein. In der Anaphase (5) teilen sich die Zentromere, so dass jedes Chromatid ein Zentromer besitzt. Das Ganze endet dann mit der Telophase (6). Aus jeder Zelle sind nun zwei Zellen geworden.

stellt. d. h. andere Strahlen nehmen Sie gar nicht auf. Und wenn andere Strahlung, wie jetzt z. B. beim Castortransport (1998), auf die menschliche Funktionen einwirken, auf die elementare Funktion zwischen Fette und Eiweiß zur Sauerstoffaufnahme, dann wirken die Strahlen aus der Asche der Atombombe so radikal, dass diese Dipolarität, die im Wechselspiel in Bewegung bleiben muss, beim Lebensprozess auseinander gerissen wird und die Lebensfunktion zerstört. In der Physik werden diese Produkte in physikalischen Prozessen die die Dipolarität im Lebensprozess stören - also auseinanderziehen - die, sozusagen die rote Karte bekommen müssten, schon lange Radikale genannt.

Wenn man also eine normale Lebensfunktion, egal ob einen Samen oder einen Menschen, mit diesen Strahlen bestrahlt, dann ist der Eingriff in die Lebensfunktion so radikal, dass selbst Ratten und Mäuse bei diesen Versuchen der Quantenbiologie mit falschen Strahlen herumspringen, bis sie dann tot zu Boden fallen. Der Begriff radikal stammt aus der Physik und wurde später als Tarnung benutzt für die hocherhitzen Öle, die man nicht beim Namen nennen will, die aber genauso wirken.

Die Basisreaktion Sauerstoffaufnahme und Energiegewinn aus der Nahrung vollzieht sich in dem Wechselspiel positives schwefelhaltiges Eiweiß, elektronisch hoch aufgeladen mit den quantengemäß passenden Photonen der Sonnenenergie, gespeichert in den Samenölen unterschiedlicher Qualität. Diese Dipolarität ist unterschiedlicher Qualität und entscheidend für die Funktion der als lebensnotwendig erkannten Fettsäuren. Andere Fettsäuren, die eine kürzere Fettsäurekette haben, z. B. 4, 6 oder 8 Glieder, werden unter anderen Voraussetzungen in dem Lebensprozess mitverwertet.

Wir sprechen hier aber jetzt nur von den als lebensnotwendig erkannten Fettsäuren mit achtzehn Gliedern in den Kohlenwasserstoffketten (Kette mit 18 Gliedern) und mit hoher elektronischer Anreicherung. Es ist wissenschaftlich bekannt, dass die elektronische Energie z. B. in den Leinölfettsäuren so hochgradig ist, dass sich diese Energie als Elektronenwolke von der schweren Masse abhebt und bewegt. Sie müssen von dem Gedanken ausgehen: die schwere Materie, positiv geladen zieht nach unten; die Elektronen ziehen nach oben. In dieser Dipolarität kann der Mensch aufrecht gehen und in dieser Dipolarität hat der Mensch wie in der Quantenbiologie, von

Prof. Dessauer 1954 nachgewiesen, mehr Fähigkeit Sonnenphotonen zu speichern als irgend ein anderes Lebewesen. Vor allem im Gehirn sind diese Elektronen hoch angereichert.

Was ist eine Elektronenwolke?

Wenn die durch Absorption von Photonen in den Elektronenverbindungen der Fette die Anreicherung der elektronischen Energie immer höher wird, dann ist in der Dipolarität zwischen Erdanziehung und Elektronen die ***Kraft der Elektronen*** so hoch, dass sie sich von der Fettsäure, die ja auch Kohlenstoffverbindungen enthält und schwere Materie ist, über der Kette mit Elektronen bewegt.

Was ist die Wichtigkeit der Wolke?

Kein Lebewesen hat so viel Energie, die Elektronen und Photonen in Depots zu speichern, wie der Mensch. Diese elektronische Energie, angespeichert im elektronischen Substrat des Menschen - insbesondere in den lebensnotwendigen hoch ungesättigten Fettsäuren - ist ein derart starkes Lebenselement für den Menschen, dass mit Recht schon vorher gesagt wurde, dies sind bestimmte Fettsäuren, die als lebensnotwendiges Lebensmittel erkannt wurden. Ohne diese kann der Mensch nicht leben.

Chemiker messen z. B. die Jodzahl der Fette und sagen, wenn Öle eine bestimmte Jodzahl haben, dann sind diese Öle ungesättigt. Wenn Öle - egal ob Sonnenblumen oder Leinöl - mit überhitztem Wasserdampf behandelt werden, dann können diese Öle zwar eine positive Jodzahl geben, aber es handelt sich dabei nicht um die lebensnotwendigen Fette mit 18 Gliedern in einer Kette, sondern sie bilden Querverbindungen zwischen den Fettsäuren wie ein großes Netz und sind höchst schädlich für den Stoffwechsel der Fette und wirken mit Eiweiß als Radikale.

Noch einmal, weil es so wichtig ist. Ich habe in den mit Wasserdampf behandelten Ölen Bestandteile nachgewiesen, die zwar eine positive Jodzahl geben, aber höchstes Gift für den Menschen darstellen.

Und dieses Gift versuchen Sie zu vermeiden in der Behandlung von Kranken?

Bei meiner Ernährungsberatung schalte ich diese Fette ausdrücklich aus. Diese Erfindung, die Ausschaltung dieser toxischen Öle, ist übrigens seit 1971 als volkswirtschaftlich wertvoll anerkannt. Man hat in der Fettindustrie bis jetzt die Produktion nachweislich nicht umgestellt, weil man sagt, dass sind Milliardenobjekte und wer gibt uns das Geld etwas Neues aufzubauen? Das ist verständlich. Ein weiteres Problem sind die Vertreter der Chemotherapie. Unsere Chemotherapie ist auf die Zerstörung des Tumors ausgerichtet, und es ist anerkannt, dass diese viele lebende Zellen und den ganzen Menschen zerstört. Alles, was also das Wachstum stört, ist tödlich, weil Wachstum als elementare Lebensfunktion zum Lebensprozess des Menschen gehört. Wir können mit schlechten Mitteln Gutes nicht erreichen.

Können Sie uns etwas mehr über die ungesättigten Fettsäuren und ihre netzartigen Verbindungen sagen?

Vergessen Sie für einen Moment bitte alles was Sie bisher gelesen haben. Die Fettsäuren bestehen bei Butter aus 4 Kohlenstoffverbindungen. Bei Kokos-, Ziegen- und Schaffett aus 6, 8, 10 oder 12 Kohlenstoffverbindungen. Bei der Kette mit 18 Kohlenstoffverbindungen fangen die ungesättigten lebensnotwendigen Fettsäuren erst richtig an. Im Olivenöl ist z. B. nur eine ungesättigte Bindung in der Fettsäure. Von einem Menschen, der einen Mangel an den lebensnotwendigen Fetten hat, wird diese nicht aufgenommen. Die heutige Propagierung des Olivenöls nützt also gar nichts. Die Fettsäureketten sind im unteren Bereich der Kohlenstoffkettenglieder Buttersäure. Kokosfett und Palmkernfett vorwiegend gesättigt. Dafür aber leichter mitverbrennbar beim Menschen, **wenn** die essentiellen Fettsäuren vorliegen. Die Fettsäuren mit 18 Gliedern sind die wichtigsten essentiellen Fettsäuren. Es gibt auch Fettsäuren mit bis zu 30 Gliedern.

Fettsäuren mit 18 Gliedern, wie im Sonnenblumenöl oder im Leinöl, mit dem stärkerem Grad an Ungesättigtheit, sind für den Menschen wichtiger - vor allem für die Gehirnfunktion des Menschen.

Die Kohlenstoffverbindungen sind schwere Materie, auch in der Fettsäure. Wenn sich nun 2 Menschen beide Arme reichen, dann sind sie stärker miteinander verbunden, als wenn sie sich nur einen Arm reichen. Genauso ist es beim Kohlenstoff. Die Fettsäure im Olivenöl gilt nicht als lebensnotwendige Fettsäure, sie kann im Organismus nur mitverbrannt werden, wenn essentielle Fettsäuren ebenfalls vorhanden sind. Als lebensnotwendig gilt die elektronenreiche Linolsäure. In diesen zweifachen Doppelbindungen der Linolsäure ist besonders viel elektrische Energie. Diese Energie wandert und liegt nicht fest wie bei einer chemischen Verbindung, wie z. B. beim Kochsalz. Diese wandernde Energie zwischen Elektronen und dem positiv aufgeladenen Eiweiß mit Sulfhydrylgruppen ist ein wechselartiger Assoziierungsprozess im elektromagnetischen Feld. Diese ist sehr wichtig. Vielleicht kennen Sie das Bild von Michelangelo, wo Gott Adam erschafft (2 Finger, die aufeinander zu zeigen, sich aber nicht berühren). Das ist Quantenphysik, denn die Finger berühren sich nicht. Die Physiker, die ich kenne, Max Planck oder Albert Einstein oder Prof. Dessauer, vertreten alle den Standpunkt, der Mensch ist von Gott und zu Gott hin geschaffen. Sehen sie, im Zusammensein zwischen Mensch und Mensch gibt es doch auch eine Verbindung, ohne dass man den anderen direkt anfasst. Menschen, die immer behaupten, ich glaube nur das, was ich anfassen kann, die irren.

Die Dipolarität bei einer einfachen Doppelbindung im Olivenöl ist schwächer als beim Sonnenblumenöl, die zweifach gebunden ist. Diese zweifache Doppelbindung gilt schon als lebensnotwendig für den Menschen. Wenn aber dieselbe Kettenlänge von 18 Kohlenstoffen drei ungesättigte Fettsäureverbindungen hat, dann ist die elektronische Energie je nach Lagerung der Doppelbindung so stark wie ein Magnet. Wenn jetzt Doppelbindungen näher zusammen sind ist die Energie größer. Alle elektrische Energie, die in Bewegung ist, gibt Strom. Der fließt und verbreitet ein magnetisches Feld. Diese Elektronen haben ebenfalls ein magnetisches Feld. Sie können das z. B. am Fenster erkennen wenn es regnet. Wenn ein Tropfen herunterkommt, zieht er einen anderen Tropfen an und wird zu einem größeren Tropfen. Genauso ist es mit den Elektronen.

Diese elektronische Energie ist negativ aufgeladen. Die positiv geladenen Sulfhydrylgruppen des Eiweiß haften in den ungesättigten Bindungen, wo die Elektronen sind, und dort fügen sie ihre schwefelhaltigen Verbindungen ein.

Das ergibt die Lipoproteine. In diesem Wechselspiel zwischen den positiv und negativ aufgeladenen Teilchen wird der Lebensprozess aufrecht erhalten. Es entsteht dabei keine Verbindung und dies ist unser Lebenselement. Wenn an dieser Stelle ein radikaler Bruch erfolgt durch Fettsäuren, die keine elektronische Energie mehr abgeben sondern die quer verkettet sind wie ein Netz, dann kann in diesem Netz die Dipolarität nicht mehr aktiv wirken. Das ist die tödliche Wirkung der Radikale, weil sie an die Stelle der Ketten mit den Elektronenwolken ein Netz einflechten ohne Elektronenwolken, zwar mit ungesättigten Bindungen aber ohne Dipolarität.

Ich wusste sehr schnell, dass die dreifach ungesättigten Fettsäuren, die man Linolensäure nannte und die noch nie jemand vor mir isoliert hatte, 18 Kettenglieder hat und ihre Doppelbindungen nicht immer an der gleichen Stelle tragen. Sie haben eine so starke elektronische Energie, im Vergleich zu der schweren Materie in 18er Fettsäureketten, dass diese Energie biologisch weit höher ist als bei der nächsten Arachnidonsäure mit 20 Gliedern. Die höchste Elektronenansammlung ist bei der Kombination von Linol-Linolen-Fettsäuren im Leinöl. Die Linolensäure ist als konjugierte (Wechselwirkung benachbarter Doppelbindungen im Molekül, die durch eine Einfachbindung getrennt sind) Fettsäure noch wirksamer und ist im Zusammenspiel mit der Linolsäure, wie sie in der Leinölfettsäurekette vorliegt, noch stärker wirksam als essentielle Fettsäuren bei der Sauerstoffaufnahme. Dies konnte ich relativ leicht in meinen Experimenten überprüfen. Ich möchte dies noch einmal betonen: Die Kombination der 2fach ungesättigten Linolsäure mit der 3fach ungesättigten Linolensäure ist vor allem im Leinsamen sehr gut kombiniert. Natürlich ist die Qualität der Leinsaat sehr unterschiedlich. Rotblühende Leinsaat oder blaublühende Leinsaat sind natürlich unterschiedlich, auch ob die Leinsaat in der Kälte gezogen wird wie z. B. in Sibirien oder in Afrika.

Ist es diese Energie, die Krebs heilt?

Ja, diese Energie ist jetzt beweglich und wird leicht abgegeben. Genau diese Energie heilt den Krebs bzw. lässt ihn erst gar nicht entstehen. Wenn dieses Lebenselement vorhanden ist, kann erst gar kein Tumor entstehen. Dieses Lebenselement ist ein entscheidender Faktor im Immunsystem. Es wird heute sehr viel über die Immunabwehr geredet. Es gibt keinen wirksamen Faktor im Immunsystem außer der essentiellen Fettsäure. Nehmen wir z. B. eine Patientin mit einem Brusttumor. Ich bestrahle jetzt die Frau mit meinem Laser nicht direkt auf den Tumor, sondern tränke das umliegende Gewebe mit Fett und Eiweiß durch die Ernährung. Benütze meine Öle, z. B. ELDI-Öle zur äußeren Anwendung und bestrahle das gesunde Gewebe.

Ein anderer Fall. Ich hatte hier z. B. ein Kind mit einem Sarkom im Knochen. Das Kind sagte immer: »Da hat mich im Kindergarten jemand gestupst und ich bin auf einen spitzen Stein gefallen. Seither habe ich das.« Die Ärzte sagen, das ist Unsinn, davon entsteht kein Sarkom. Und ich sage doch. Wenn beim Kind das Immunsystem schwach ist und es wird dann verletzt, dann kann das ein Auslöser sein.

Müssen dann eigentlich nicht alle Menschen Krebs bekommen, die diese erhitzten Öle essen?

Es ist sehr wichtig, dass der Mensch als Einheit von Körper, Seele und Geist gesehen wird. Welcher Faktor im Augenblick vorrangig wirksam ist, kann sehr unterschiedlich sein. Ich bin heute noch überzeugt, wenn eine Frau ein sehr schlechtes Eheverhältnis hat, Tag für Tag Unterdrückung und Sticheleien von ihrem Mann ertragen muss, dann kann ich ihr auch nicht mit Quark-Leinöl helfen. Alle 3 Faktoren gehören beim Menschsein zusammen. Ein weiteres Beispiel: Im November ist es hier sehr kalt. Angenommen, mehrere Menschen müssen eine Nacht im Freien verbringen. Dann nimmt der eine ein warmes Bad und alles ist O.K. Ein anderer bekommt dadurch Lymphogranulomatose und ein weiterer eine Lungenentzündung. Nicht jeder erkrankt gleich. Die Lebensfunktion des Menschen spielt immer eine sehr große Rolle.

Oder noch ein anderer Fall: Ich habe eine Patientin mit Lungenmetastasen; die Ärztin aus Ulm kam gleich mit. Ich habe sie beraten. Zuerst die Ernährungsumstellung und dann Ölwickel mit ELDI-Ölen, um die Metastasen schneller aufzulösen. Die Patientin wurde mit Ölen am ganzen Körper eingerieben, aber natürlich muss bei der Gestaltung der Ernährung und des Umfeldes der ganze Mensch berücksichtigt werden. Diese Kranke wusste, dass sie aufgegeben war. Ich baute die

Ernährung in verschiedenen Stufen auf. Jetzt wohnt die Patientin in Ulm und geht entgegen meiner Beratung zum Yoga. Ich habe ihr in diesem Fall das Yoga verboten und ihr Autogenes Training empfohlen, damit sich ihr Körper beruhigt und ihr Körper ausgeglichen und ruhig ist. Manchmal ist Yoga bzw. Sport sehr wichtig, aber manchmal sollte der Patient dies nicht tun. Diese Führung des Kranken ist sehr wichtig. Es gibt keine gleiche Behandlung für jedermann. Der Patient muss auch selber fühlen, was ihm gut tut. Yoga allein kann die gesunde Basis der Ernährung nicht ersetzen.

Das heißt, Sie empfehlen nicht generell ein körperliches Training?

Richtig, man muss es immer individuell sehen. Ich würde einem Krebskranken mit Metastasen niemals erlauben zu joggen, Rad zu fahren oder Yoga zu praktizieren. Er muss seinen Körper ruhig stellen. Ich bin in diesem Bereich eher ein Anhänger der Zen Philosophie. Sie gründet sich sehr auf den Faktor: Kommen lassen. Nicht untätig bleiben, sogar sehr tätig werden. Ich aktiviere bei meinen Beratungen, dass der Kranke nicht im Bett liegt, alle Viere von sich streckt und die anderen handeln lässt. Das ist falsch. Er muss selber mitarbeiten. Auf der anderen Seite habe ich leider sehr oft erlebt was es bedeutet, wenn die Angehörigen nicht mitmachen, wenn z. B. die Kost lieblos zubereitet wird und diese im Grunde die Behandlung ablehnen. Das gesamte Thema Sport muss sehr individuell betrachtet werden.

Sind Sie der Meinung, dass ein großer Tumor operiert werden sollte?

Dies kann man nicht allgemein sagen. Bestrahlung und Chemo lehne ich ganz ab, auch die Hormonbehandlung bei Unterleibskrebs. Operationen müssen jedoch sehr individuell betrachtet werden. Dies gilt auch für Tumore im Darm. Ich bin nicht dafür, dass so schnell ein künstlicher Darmausgang gelegt wird. Die überzüchtete Technokratie wird dem Menschen nicht mehr gerecht.

Wie kamen Sie dazu, Ihre Heilpraktikererlaubnis zu erwerben?

Ich habe meine Erkenntnisse auf naturwissenschaftlichem Gebiet als Expertin für Fette und Arzneimittel, gut geschult, in verantwortlicher Position erworben. Zunächst bemühte ich mich, die neuen Erkenntnisse über die Bedeutung der hochungesättigten Fette und die Schädlichkeit der denaturierten Fette bekanntzugeben. Das ist natürlich nicht zwangsläufig verbunden mit der Ausübung der Heilkunde.

Da aber die Zahl der kranken Menschen, die bei mir Hilfe suchten und fanden, anstieg, wuchsen auch die Angriffe der Ärzteschaft, die durch meine Ernährungsberatung einen Übergriff in ihren Bereich sahen. Bis 1968 waren diese Angriffe von Ärzten mir gegenüber erfolglos. 1968 kam ich zu der Erkenntnis, dass die Anwendung von Laserstrahlen nur dann möglich ist, wenn die Resonanzfähigkeit im biologischen Bereich - auf Grund meiner quantenbiologischen Kenntnisse - geschaffen wird. In den USA wurde damals veröffentlicht, dass die Absorptionsfähigkeit im lebenden Substrat noch überprüft werden müsse.

Ich schuf in dieser Hinsicht durch exakte spektroskopische Messungen über die Absorption von Licht in verschiedenen Ölen die so genannten ELDI Öle - Elektronendifferenzierungsöle. Dadurch war es mir sofort möglich, mit selbst für mich überraschenden großen Erfolg, den Stoffwechsel unter Anwendung des von mir gewählten Rubinlasers zum positiven umzustellen. Diese ELDI-Öle wirken sich, als äußere Öle angewandt, sehr günstig auf die Umstimmung des Stoffwechsels beim kranken Menschen aus. Bei meiner Erkenntnis der Grenzsituation über die Ausübung der Heilkunde, sagte ich mir selber, wenn ich nun mit Laserstrahlen behandle, dann ist das eine

Behandlung von Kranken. Deshalb ließ ich mir die zusätzliche Erlaubnis auch zur Ausübung als Heilpraktikerin geben.

Sie studierten dann aber auch noch Medizin.

Das stimmt. Ich studierte 1955 und in den folgenden Jahren auch noch Medizin, ganz real mit Anatomie und allem was dazugehört. Durch die Erkrankung von Frau Martius (Ehefrau des bekannten Prof. Martius in Göttingen, ich offenbare hier kein unerlaubtes Geheimnis, weil dies durch alle Pressemitteilungen ging), wo ich zur Beratung hinzugezogen wurde, kam ich dann dazu, meine Therapie in verschiedenen Kliniken in Göttingen anwenden zu können. Dies erfolgte mit großem Erfolg, wie in meinem Buch *Der Tod des Tumors, Bd. II* dokumentiert ist. Dann kam jedoch eine Grenze, als sich industrielle Gruppen einschalteten und auch Professoren.

Da mir von diesen Gegnern meiner Sache immer wieder gesagt wurde, ich hätte ja nicht Medizin studiert, nahm ich mir in Göttingen die Zeit, um Medizin zu studieren. Ich erinnere mich noch sehr gut an diese Zeit, als ich in Göttingen arbeitete. Spät abends kam eine Frau zu mir, deren kleinem Kind wegen eines Tumors (Sarkom) der Arm amputiert werden sollte. Ich erklärte ihr was sie tun sollte, und schon bald konnte man das Thema Amputation ad acta legen und dem Kind ging es sehr schnell sehr gut.

Da ich zu dieser Zeit auch noch Medizin studierte, wurde ich zum Amtsgerichtsdirektor bestellt, wegen des Antrages, dass ich vom Medizinstudium ausgeschlossen werden solle. Mir wurde vorgeworfen, dass ich durch die chirurgischen Kliniken gehen würde, mir Patienten aussuche und diese dort heraushole. Dann sagte ich: »Ich war noch niemals in der chirurgischen Klinik, ich weiß noch nicht mal wo diese ist.« Ich erklärte, dass die Mutter mich aufsuchte und nicht ich die Mutter. Ich fragte daraufhin, was ich denn hätte tun sollen.

Sollte ich dem Kind etwa nicht helfen? Weil ich einem Patienten nachweisbar erfolgreich half (dokumentiert in dem Buch *Der Tod des Tumors, Bd. II,* gab es einen Antrag, mich vom Medizinstudium auszuschließen. Doch Gerichtsdirektor und Universitätsrat Dr. Henze lehnte dies ab und sagte: »Sie brauchen keine Angst zu haben. In meinem Amtsbereich wird Ihnen nichts geschehen. Es gibt sonst einen Skandal in der Wissenschaft.«

Dennoch kam ich zu dem Schluss, dass ich mich mit den Gegnern meiner Richtung besser als Akademikerin auseinander setze und nicht mehr als Studentin. Und ich glaube auch noch heute, dass dieser Entschluss richtig war.

Wo haben Sie die Möglichkeit gehabt, Ihre Position in Kongressen und Vorträgen im Ausland zu vertreten?

Ein sehr wichtiger Vortrag war 1964 im Hilton Hotel in Chicago, auf Einladung der American Oil Chemists Society. Bevor Prof. Kaufmann und ich die Gültigkeit meiner Erkenntnis - der Bedeutung der hoch ungesättigten Fette für die Lebensfunktion des Menschen - veröffentlichten, wollte Prof. Kaufmann sicher gehen und bestellte von der Firma Mack in Illertissen das Cytochrom gelb-grün gefärbt in Ampullen. Dies gilt als Vorstufe zum Hämoglobin, dem Blutfarbstoff, dessen Bildung beim Krebskranken darniederliegt.

Er gab mir das gelb-grüne Cytochrom auf Papier und sagte: »Fassen Sie das mal an und jetzt schauen Sie, ob das rot wird.« Ich fasste es an und es wurde rot. Prof. Kaufmann daraufhin: »Haben Sie rote Farbe am Finger?« Da lachte ich und sagte: »Nein, Herr Professor, das können Sie auch. Fassen Sie es doch einmal mit Ihren Fingern an.« Es wurde rot und ich sagte: »Ich weiß doch, dass auch Sie inzwischen angefangen haben, Leinöl zu essen.« Da sind die Zuhörer aufgestanden und haben mir applaudiert. Dieser Vortrag wurde veröffentlicht in meinem Buch *Kosmische Kräfte gegen Krebs*. Ein anderer wichtiger Vortrag erfolgte in Tokio, wo ich als erste Frau auf einem Kongreß sprechen durfte. Abends im Hotel baten mich dann einige Frauen, dass ich doch einen Vortrag über die Rolle der Frau in der Welt halten sollte, weil es sehr groß in den Zeitungen stand, dass ich als erste Frau auf einem solchen Kongreß sprechen durfte.

Deshalb beeindruckt es mich nicht mehr, dass deutsche Ärzte, die zuwenig wissen von echter Wissenschaft, mir entgegen halten, dass sei alles nur Philosophie und keine Wissenschaft, wie das bis zum heutigen Tage geschieht. Ich habe aber den Eindruck gewonnen, dass der Trend in der Öffentlichkeit, mit der Erkenntnis der Bedeutung der natürlichen Basis für die Lebensfunktion des Menschen, auch in Deutschland so stark geworden ist, dass sich die nur ärztliche Doktrin diesem anschließen muss. Der aus Deutschland in die USA immigrierte deutsche Arzt Dr. Roehm veröffentlichte in den USA zugunsten meiner Arbeiten: *Wer sind wir - wir Ärzte.* Er nimmt in diesem Artikel Stellung dazu, dass es unter der ärztlichen Würde ist, die naturgemäße Basis der Lebensfunktion einfach ausklammern zu wollen, wie dies bei uns in Deutschland noch weitgehend versucht wird. Ich habe übrigens auf Anraten von Freunden in Innsbruck meine sämtlichen wissenschaftlichen Arbeiten wohlgeordnet zusammengestellt (siehe Vorträge auf Kongressen).

Wird eine Zelle bösartig, wenn sie zu wenig Sauerstoff erhält?

In Ihrer Frage ist insofern ein Fehler, weil Sie den Menschen auf die Zelle reduzieren. Das ist nicht möglich. Beim Menschen spielt das Lymphsystem für den Fettstoffwechsel eine ganz große Rolle. Man darf sich bei der Erörterung dieser ganzheitsmedizinischen Frage nicht auf die Zelle lokalisieren. Zurückgehend auf unser vorheriges Beispiel - wenn dieses Kind im Kindergarten auf den spitzen Stein fällt, dann ist es wichtig zu wissen, welche Immunkräfte im Körper tätig sind und welche nicht.

Sehen Sie, ein Arzt kommt mit seinem 12jährigen Kind zu mir. Ich lasse, wie schon erwähnt, immer den Kranken selber sprechen, auch bei Kindern. Der Junge war ganz glücklich, dass er jetzt sprechen durfte und sagte: »Also, jetzt will ich Ihnen einmal etwas sagen. Der Mann der da sitzt, das ist mein Vater. Aber die Frau daneben ist gar nicht meine Mutter, das ist seine Sekretärin und meine Mutter wohnt gar nicht bei uns. Wenn meine Mutter bei uns wohnt, dann schmeckt das Müsli. Und wenn diese Frau das Müsli macht, dann schmeckt das Müsli überhaupt nicht.«

Der Vater bekam einen hochroten Kopf. Sehen Sie, diese Dinge sind sehr wichtig. Man kann die Krankheit nicht auf die Zelle reduzieren. Wenn Menschen erfahren, dass sie von der Schulmedizin aufgegeben werden, dann frage ich auch einmal ob der Patient evangelisch oder katholisch ist. Und manchmal sagen die Patienten dann z. B. zu mir wie sehr es sie belastet, dass sie schon lange nicht mehr bei der Beichte waren.

Dann sage ich den Patienten, dass wenn sie in 4 Wochen wiederkommen, sie doch zuvor bitte zur Beichte gehen sollen und ganz offen mit ihrem Pfarrer sprechen sollen, ich selber bin evangelisch. Ich nehme immer den ganzen Menschen ernst.

Was empfehlen Sie, wenn Menschen aus ideologischen Gründen keinen Quark essen wollen, oder weil sie ihn nicht vertragen?

Ein bekannter Professor aus Schweden, der ein Sanatorium für biologische Therapien leitet, und meine Behandlung sehr genau kennt, rief mich an weil er zu Präsident Bill Clinton gerufen wurde und dieser nach seinen Angaben leider keinen Quark verträgt. Ich habe ihm keinen Rat gegeben. Aber ich kann Ihnen folgendes sagen: Ich habe noch nie einen Patienten gehabt, der im Zusammenhang mit meiner Öl-Eiweiß-Kost keinen Quark vertragen hat.

Was empfehlen Sie Menschen präventiv, damit diese erst gar keinen Krebs bekommen?

Als Öl nur Leinöl. An Fleisch lehne ich alles ab, was im Handel ist. Frischer Fisch ist O.K. Nichts aus der Gefriertruhe. Brot sollten sie selber backen. Etwas das länger haltbar ist als Leinöl und was sie aufs Brot streichen können oder zum Gemüse geben wäre z. B. Oleolux (Anleitung nächste Seite). Fruchtsäfte sollten möglichst selbst zubereitet werden. Kartoffeln sind ebenfalls O.K. Käse ebenfalls.

Das elektromagnetische Umfeld in dem wir leben ist auch sehr wichtig. Die Textilien, die wir tragen, sind ebenfalls nicht ohne Bedeutung. Kunststofftextilien lehne ich ab, weil diese viel zu viel Kräfte verbrauchen.

Die modernen Schaumstoffmatratzen lehne ich ab, weil sie beim schlafen viel zu viel Energie rauben. Im Hausbau ist sehr viel Holz wichtig. Auch Teppiche sind wichtig, damit die Strahlung möglichst biologisch bleibt. Wichtig sind auch Edelsteine und Halbedelsteine, da sie eine gute biologische Strahlung haben und dadurch das Umfeld beeinflussen. Über die günstigen Auswirkungen von Edelsteinen könnte man ein ganzes Buch schreiben. Das Umfeld und die Lebensverhältnisse müssen möglichst biologisch sein. Die Lebensweise z. B. regelmäßiger Schlaf, ist sehr wichtig. Viele Krebskranke sind abends zu lange auf und liegen morgens zu lange im Bett. Auf unseren Etiketten bei Lebensmitteln befindet sich leider falsche oder irreführende Werbung.

Es gibt hunderte solcher Gesichtspunkte die man berücksichtigen muss. Ich würde niemals behaupten, dass ich Tumorkranke mit der Öl-Eiweiß-Kost gesund mache, andererseits bekomme ich immer wieder Bestätigungen meiner Arbeit durch anerkannte Experten, z. B. dass sie in der Chir. Klinik in Helsinki 90 % und mehr Erfolge bei Anwendung der Erkenntnisse von Dr. Budwig haben und dies bei Fällen, in denen die Schulmedizin versagt. Dies liegt vor über Prof. Halme.

Wie beraten Sie Ihre Patienten?

Wenn die Patienten kommen sehe ich im allgemeinen 2 Stunden für das Erstgespräch vor. Meistens zwischen 15.00 Uhr und 17.00 Uhr. Ich lasse in der Regel den Patienten zuerst berichten - über seine Beschwerden, Behandlungen, Diagnosen die er kennt, die Krankengeschichte. Welche therap. Maßnahmen bei ihm bereits angewandt wurden usw. Bei diesem Bericht bringe ich auch das Umfeld des Patienten in Erfahrung: die Arbeitsstätte, welche Arbeit der Patient durchzuführen hat und auch die Lebensverhältnisse, z. B. in der Ehe, und die Ernährungsweise.

Nach dieser ersten halben Stunde nehme ich dann Stellung zu der gesellschaftspolitischen Situation. Ich erkläre, dass der Trend bei der Bundesärztekammer das Image des Arztes hochzuspielen, mit einem gewissen Zwang verbunden ist, dass der Arzt naturgemäße Heilweisen nicht anwenden darf. Dr. med. Loeckle hat sich z. B. schon seit vielen Jahren gegen den Zwang gewehrt und die öffentliche Diskussion darüber ist in der neuen juristischen Wochenschrift seit 1962 im Gange und blieb es über viele Jahre, alles unter dem Thema »Krebstherapie als Rechstfrage«.

Nachdem ich kurz zitiere, wie ich meine Behandlung in dem hier vorliegenden Falle ausrichten würde, gebe ich so um etwa 16.00 Uhr dem Patienten und seinen Angehörigen die Zeit sich zu entscheiden, ob sie den von mir aufgezeigten Weg beschreiten wollen, und zwar ganz oder gar nicht. Eine teilweise Behandlung in Verbindung mit meiner Sache, durch Ärzte - die durch die Bundesärzteordnung zu scharfe Auflagen haben gegen die Anwendung einer naturgemäßen Heilkunde - ist nicht möglich. Bis 1997 war dies von Seiten der Ärztekammer untersagt und daher meinerseits auch nicht möglich. Erst 1997 hat die Bundesärztekammer die Bundesärzteordnung dahingehend geändert, dass die Ärzte auch naturgemäße Heilmethoden mitanwenden dürfen. Wenn der Patient sich dann entscheidet, meine Beratung anzuwenden, werde ich Schritt für Schritt tätig. Ich nehme gründlich Stellung zu Ernährungsfragen und meine Anwendungen werden schriftlich dokumentiert.

Ich verwende seit 1968 umfassend die ELDI-Öle zur äußeren Anwendung zur Einreibung am ganzen Körper und zur gezielten Anwendung der Ölwickel oder Ölumschläge. Wo es erforderlich ist, wende ich diese ELDI-Öle auch rektal an. Bei meiner Beratung ist genauso wichtig, was ausgeschlossen wird. Die von mir erwähnten Produkte sind gemäß meiner Erfindungen und meiner Erfindertätigkeit hergestellt, um in diesen naturgemäßen Produkten die Haltbarkeit zu gewährleisten, und zwar ohne die Anwendung von Antioxidantien und Konservierungsmittel. Zu dieser Erfindertätigkeit gehört es legal hinzu - was meinerseits ausgeschlossen wird - da nach meinen Erkenntnis ein umfassender Komplex der industriell bearbeiteten Fette hochschädlich ist für die Lebensfunktion und ich muss diese Gruppe von Lebensmittel konsequent ausschalten. In dieser Hinsicht ist natürlich die Wirtschaftspolitik, aber auch die Ausbildung der Ärzte von meinen Beratungen betroffen und diese sind nicht immer einverstanden mit dem was ich den Patienten als Hilfe anbiete. Patienten, die zu mir kommen, müssen i.d.R. auf jeden Fall im Abstand von 4 Wochen 3 mal wiederkommen. Sie bezahlen bei der 1. Beratung DM 1.000,- bei der 2. und 3. ebenfalls. Danach überhaupt nichts mehr, obwohl sie manchmal über 10 Jahre regelmäßig wiederkommen. Sie können auch täglich zwischen 18.00 Uhr - 20.00 Uhr bei mir anrufen, bzw. erhalten per Fax Auskunft.

Gibt es auch Patienten, die nicht mehr wiederkommen?

Ich habe es in der letzten Zeit zunehmend erlebt, dass manche Patienten meine Beratung als so genannte Vorinformation wünschen und dies noch nicht einmal klar aussprechen. Sie wollen möglichst viel erfahren und dann bei ihrem Professor weiter behandelt werden. Unter dieser Voraussetzung ist klar, dass nicht gerade die ärmsten Patienten zu mir kommen. Ich habe 2 Jahre lang Alte und Arme umsonst beraten, doch dies hat nur sehr wenig gebracht, weil die sozialen Verhältnisse bei uns sehr kompliziert sind. Wenn Patienten zu mir kommen die betonen, wir sind dankbar, dass wir wirtschaftlich und in geistiger Einsicht unabhängig sind, dann verlange ich auch diesen Einsatz bei der Realisierung meiner Praxis.

Wenn schwer Krebskranke kommen, z. B. Bundestags- oder Landtagsabgeordnete oder andere Mitglieder Bonns, und vor der Frage stehen ob sie eine Chemotherapie machen sollen, aber dann in der Behandlung ihres Professors bleiben wollen weil der sagt, er will diese meine Erkenntnisse miteinbauen, führt dies in der Regel zu Komplikationen, weil dieser Arzt in Schulung und Denkvermögen nicht in der Lage ist, dieses ganzheitliche Verhalten meiner Therapie richtig zu beurteilen.

Ein Patient aus Kanada mit einem Tumor an der Hypophyse, sollte mit einer Chemotherapie behandelt werden. Ich hatte mit meiner Therapie sehr schnell einen guten Erfolg. Als dann von Seiten der Klinik immer mehr Druck ausgeübt wurde, jetzt die üblichen Chemikalien und Medikamente einzunehmen, die ihm die Klinik verordnet hatte antwortete er: »Frau Dr. Budwig hat eben eine andere Philosophie als Sie. Ich bleibe auf diesem Wege.« Es kommt also auf seine Entscheidungsfähigkeit und seine Unabhängigkeit von Professoren an. Diese vertreten oft mit Nachdruck ihr Besserwissen zum Nachteil der Patienten.

In der Diskussion stehen heute viele Fragen um kardinale Spurenelemente, Säure-Basen-Gleichgewicht, freie Radikale und Vitamine. Wie sehen Sie diese Diskussion?

Ich betone in diesem Zusammenhang, dass Vitamine schon seit Jahrzenten bekannt und bedeutsam sind, ebenso das Säure-Basen-Gleichgewicht und die Spurenelemente wie Selen, Germanium und alle anderen. 1951 wurde bei der Suche nach einem Faktor der in der Lage ist, die darniederliegende Sauerstoffbilanz im biologischen Milieu wieder anzuregen, versucht, in dieser Hinsicht die eben genannten Produkte einzusetzen. Dies war auf der ganzen Linie nicht möglich. Weder Spurenelemente noch Vitamine waren in der Lage, die Funktion der Atemfermente wieder zu regulieren.

Ich möchte noch einen Faktor besonders erörtern. 1952 - nach bekannt werden meiner wissenschaftlichen Arbeiten - erkannte ein Wissenschaftler die Bedeutung der hochungesättigten Fette sehr genau. Er kam aus den USA nach Deutschland und kehrte wieder in die USA zurück. Zum Schutze der großen Konzerne nannte er diese Substanzen einfach Radikale, die radikal in die intakte Funktion der Atemfermente eingreifen, ohne dass die Ärzte oder die Öffentlichkeit dies verstand.

Dieser so genannte Wissenschaftler war maßgebend für die Fehlentwicklung verantwortlich, so dass nun hunderte von anderen Wissenschaftlern meine quantenbiologische Erkenntnisse mit dem gesamten Vokabular aufgriffen, aber den einen Punkt, was ausgeschaltet werden muss, im Dunkeln halten, nämlich die Pseudofette, Fette, die keine Fette sind. Ein Wissenschaftler in den USA, Professor der Naturwissenschaft, veröffentlichte: »Unsere Gesellschaft opfert sich auf dem Altar der Pseudowissenschaft, wenn sie nicht endlich zur Kenntnis nehmen will, was man dem Menschen heute als Nahrungsfett anbietet. Wir kommen an dieser Frage nicht vorbei.«

Fette sind die alle Lebenserscheinungen beherrschenden Substanzen die für geordnete Lebensfunktion, Wachstum und Aufnahme der Sonne verantwortlich mitwirken. Es gibt keine Hilfe für den Menschen über Vitamine, Spurenelemente usw., wenn er geschädigt ist durch falsche Fette. Wir müssen den Grund der Schädigung erkennen, wenn wir diesen Menschen helfen wollen. Es haben mich viele Ärzte nach meinen Vorträgen gefragt: Was ist denn mit allem was wir gelernt haben? Ist das nichts mehr wert? Ich habe geantwortet: »Jeder tue das, was er kann.«

Ob er mit Kaltwasser heilt oder mit Überhitzungsbädern, mit Psychologie oder über den Psychiater, alles kann er anwenden. Aber alles ist bei dem Menschen umsonst, der in seiner Grundbasis seiner Lebensfunktion, der Aufnahme des Sauerstoffs und der Sonnenenergie geschädigt ist. Diese Schädigung in der Basis der Lebensfunktion muss beseitigt werden. Die heute so viel diskutierte Abhängigkeit vom Säure-Basen-Gleichgewicht wird nur wieder geordnet, wenn man die hoch ungesättigten Fette als natürliche Basis in der Lebensfunktion im Blut und in der Lymphe des Menschen wieder durch eine natürliche Zufuhr von natürlichen Samenölen mit den hoch ungesättigten Fetten ordnet. Alle anderen Funktionen sind wichtig und bleiben wichtig, aber die Grundstörung muss beseitigt werden.

Welche Patienten nehmen Sie an bzw. würden Sie nicht annehmen?

Ich habe ein ganz klare Trennung, welche Patienten ich noch annehme und welche ich grundsätzlich ablehne. Wenn Krebskranke voller Metastasen sind - die Leber einbezogen ist und der Gesamtzustand von den behandelnden Ärzten sogar als moribund (unheilbar) bezeichnet wird - dies alles stört mich nicht, diese Patienten dennoch zur Beratung anzunehmen. Ich nehme diese Patienten nur dann an, wenn ich nach der mir vorliegenden Information zu der Überzeugung gelange, dass die Chance für eine gute Hilfe durch meine Beratung vorliegt. Die Grenze meiner Beratung sehe ich z. B. bei einem Patienten, bei dem ein künstlicher Darmausgang angelegt wurde, obwohl ich einen solchen Patienten schon seit 10 Jahren habe.

Ich habe beobachten können, wie oft die Stuhlausscheidungen auch in den Bauchraum gehen, und wir haben viele Operationen durchführen lassen. Ich kann das nicht bei jedem Patienten verantworten und veranlassen. Ich scheide also heute bei meiner Beratung grundsätzlich Patienten aus, bei denen ein künstlicher Darmausgang bereits angelegt wurde. Ich schalte auch Patienten mit Brustkrebs aus, bei denen der Arm schon sehr hochgradig durch Wasserretention angeschwollen ist. Die Schmerzen sind zu groß, weil auch Tumormassen unter dem Schulterblatt angesammelt sind. In diesem Falle nehme ich die P. nicht mehr an. Ich prüfe die Grenze sehr sorgfältig. Ich habe z. B. gute Erfolge bei Gehirntumoren erzielen können. Ich betone, dass bei den Patienten, die zu mir kommen, mehr als die Hälfte Ärzte sind und viele sind Angehörige von Ärzten. Meine wissenschaftlichen Erfolge, auch auf Grund der Übersetzung meiner Bücher, sind auf allen Kontinenten bekannt und deshalb kommen viele Patienten aus der ganzen Welt. Im Moment (1998) behandle ich Patienten aus Hawaii, den USA, Afrika, Neuseeland, Philippinen, Hongkong, Kanada und aus anderen Ländern.

Die Bemühungen von guten Ärzten meiner Sache zum Durchbruch zu verhelfen, sind weltweit im Gange. Im Besonderen auch bei Deutschen die in der Immigration leben. Ich beobachte bei den zahlreichen Ärzten, die in die USA immigriert sind, dass diese Verständnis für die Unterdrückung haben, der ich hier ausgesetzt bin. Ich erhalte viel Zustimmung von diesen Ärzten. Ein Onkologe in den USA, der sich öffentlich als Arzt sehr für die Durchsetzung meiner Sache einsetzte, war z. B. Dr. Roehm in Florida.

Wodurch lassen sich Kranke ablenken?

Das ist durch die vorstehende Ausführung schon fast erklärt. Die Ärzte haben in ihrer Schulung nur eine sehr enge Ausbildung, nicht real wissenschaftlich fundiert und in dieser Hinsicht ist das Kapital sehr stark wirksam. Die vordergründige Nennung von Spurenelementen und Vitaminen usw. die auch wichtig seien, irritiert die Kranken zu unrecht. Die Patienten kommen mit Händen von Vitaminen zu mir, die ihnen nicht helfen und die nur durch irreführende Werbung verordnet wurden. Auf diesem Wege kann man den Krebskranken in der Regel nicht helfen.

Wo glauben Sie, liegt denn die Schwierigkeit im Umdenken der Ärzte?

Dabei spielt das Verhalten der kassenärztlichen Vereinigung eine große Rolle, aber ich würde sagen, die Verhaltensweise derjenigen Ärzte, nicht alle, die nur streng nach dem Ritual der Vorschriften der Krankenkasse auf bequeme Art und Weise ihre Gelder kassieren wollen, sind nicht bereit umzulernen. Aber das hat es zu allen Zeiten gegeben, dass es gute und schlechte Vertreter in allen Berufen gibt. Hoffen wir, dass diejenigen, die ihr Wissen mit großer Verantwortung einsetzen zunehmen und erhalten bleiben.

In dieser Hinsicht erachte ich eine neue Richtung in den USA für sehr bedeutsam. Sie nennt sich die dritte Welle (The Third Wave). Auch bei uns in Deutschland ist diese dritte Welle, die an die neue Elite appelliert, schon sehr stark vertreten. Ich erfuhr dies über meine Patienten und über Lehrer. In der dritten Welle vertritt man die Auffassung, dass die gewählten Vertreter, vor allem im Bundestag, nicht mehr die Neigung, die Zeit und die Möglichkeit haben, der schnell vorwärts eilenden Information aus den Fachgebieten z. B. aus dem

Internet zu folgen. Man appelliert nun an die Politiker, nicht nur die gewählten Vertreter oder deren Gutachter als Informanten zu hören, sondern die echte Elite mit Wissen und Verantwortung hinzuzufügen. Ich weiß z. B., dass Frau Clinton in den USA sich für diese Sache einsetzt. Sie hat z. B. mitgeholfen, dass ein von mir beratener Patient in das Gesundheitsministerium berufen wurde.

Ich bin überzeugt, dass die neue Elite mit wirklichem Wissen und mit wirklicher Verantwortung berufen ist, in allen Kontinenten für den wahren Fortschritt in der Medizin auf breitester Ebene einzutreten. Darin ist vor allem die Vorbeugung eingeschlossen. Ich stimme überein mit Frau Prof. Jutta Limbach, Präsidentin am Bundesverfassungsgericht, wenn diese veröffentlicht: »Wir können nicht mehr ein reiner Reparaturbetrieb bleiben für eine schlechte Politik. Die Politiker haben hier ihre Verantwortung, die Wissenschaft zu schützen und zu stützen, die den wahren Fortschritt vertreten, auch gegen die Macht der Konzerne.«

Was würden Sie Politikern sagen?

Wenn ich einen Politiker gegenüber hätte, der ehrlich dazu bereit wäre, die große Fehllenkung der Spenden an Politiker zu korrigieren, dann würde ich ihm sagen, die politische Lenkung durch Spenden durch die Großkonzerne muss abgestellt werden. Denken Sie nur an die Spenden der politischen Wende 1983. Die Frage im Gesundheitswesen die jetzt, 1998, hochaktuell ist, muss anders angepackt werden. In anderen Ländern wird die naturgemäße Richtung auch von der Regierung besser unterstützt. Ein Beispiel hierfür ist die Universität von Melbourne in Australien. Es gibt dort folgende neue Grundsätze: Alle Medizinstudenten müssen in jedem Semester Colleges für Chemie und Biochemie besuchen und ihre Professoren müssen an den Diskussionen in den Colleges teilnehmen.

Krebskranke sollten die freie Wahl haben können, welche Therapie sie wählen wollen. Den Patienten muss auch die Gelegenheit gegeben werden, dass die Krankenkassen ihrer Verpflichtung nachkommen und die Anwendung einer naturgemäßen Therapie im Interesse der Patienten finanzieren.

Warum gibt es nicht genügend Naturwissenschaftler, die Sie unterstützen?

Es ist bei Naturwissenschaftlern genauso wie bei den meisten Menschen. Es steht schon in der Bibel so: Ein jeglicher sah auf seinen Weg. Und Menschen, die sich für ihre wissenschaftlichen Erkenntnisse dann auch noch voll einsetzen, gibt es sehr wenige. Wenn sie merken, dass der große Trend jetzt in diese Richtung geht, dann wollen sie dabei sein. Das merkt man heute schon an den Veröffentlichungen über hoch ungesättigte Fettsäuren und ihre Bedeutung. Die Flut der Papiere über hoch ungesättigte Fettsäuren oder gute Pflanzenöle in ihrer Bedeutung für die Lebensfunktion nimmt zu.

Die gleichzeitige Erwähnung, was diese naturgegebene Voraussetzung hindert, erwähnt aber niemand. Dr. Williams, ein Arzt von den Philippinen, der meine Sache als sehr bedeutsam veröffentlicht hat, schreibt z. B. im Internet, dass ich mir unglücklicherweise mit meinen Veröffentlichungen die Unilever (Fettproduzent) zum Gegner gemacht habe. Er schreibt, dass diese falschen Fette nun mal in unseren täglichen Produkten enthalten sind, wie z. B. Kuchen, Fertigwaren usw. Es gibt sogar Kliniken, die Leinöl in Kapseln gepackt ausgeben. Die Leiter dieser Kliniken sind sogar Nobelpreisträger. Sie haben zwar erkannt, wie wichtig Leinöl in der Ernährung ist, lassen aber die anderen Fette - die wir zu uns nehmen - unberücksichtigt.

Vortrag in Frankfurt

Freigehaltener Diskussionsbeitrag vom 23.09.1998

Verehrte Anwesende, ich danke Ihnen für Ihr Kommen. Der Vorsitzende von People against Cancer, Herr Frank Wiewel, hat eben das Programm für heute abend angekündigt. Sie sollen etwas hören von der Wahrheit über Krebs. Ich verpflichte mich, mich an dieses Programm zu halten.

Der hochbekannte Physiker, der Quantenphysiker Max Planck, er gilt unter den Physikern als Theoretiker, hat den Satz geprägt: »Wenn jemand behauptet, in der Wissenschaft etwas Neues entdeckt zu haben, und er kann es nicht so weitergeben, dass jedermann es versteht, dann hat er nichts Neues entdeckt.« Ich behaupte, ich habe in der Krebstherapie etwas Neues entdeckt von großer Tragweite. Die Quantenphysik, die Elektronen im Zusammenspiel mit der Sonnenenergie im Naturgeschehen, ist dabei maßgeblich wichtig. Ich will Ihnen die Sache so klarlegen, dass jedermann der hier im Raume ist und eine halbe Stunde zuhören will, diese auch versteht und nach einer halben Stunde nicht mehr sagt, sie sind unglaubwürdig.

Ein Arzt sagte mir, ich verstehe nur eines vom Regenbogen, ich weiß, dass er immer weggeht, wenn man ihn in den Griff bekommen will. Das ist richtig. Aber da liegt ein Denkfehler vor. Auch der Arzt kann den Regenbogen und die Natur nicht in den Griff bekommen. Alle, der Arzt, der Kranke, der gesund leben will, wir alle sind ein Teil der Natur. Wir haben dies zu respektieren. Und es sind die größten Physiker und Quantenbiologen, die zu der Erkenntnis gekommen sind, wir sind geschaffen von Gott und zu Gott hin, wie dies Michelangelo so schön dargestellt hat bei der Erschaffung des Adam.

Natürlich gibt es nicht ein Allheilmittel gegen Krebs, aber wir werden alle erkennen, es geht um den Menschen. Solange der Mensch lebt, muss er doch atmen, dem werden Sie zustimmen. Und an der Stelle hat der große Wissenschaftler, Otto Warburg, in gründlicher Arbeit festgestellt, alles Gewebe im lebenden Organismus, wo sich überhaupt nur ein Tumor bilden kann, ist dadurch gekennzeichnet, dass dieses Gewebe keinen Sauerstoff mehr aufnehmen kann. Und an dieser Stelle hatte ich das Glück, den Segen meiner Arbeit, am staatlichen Gesundheitsamt arbeitend, als Zulassung für Medikamente verantwortlich, 1950 & 1951 zu der Erkenntnis zu kommen, dass die Fotoelemente des Lebens, die Photonen der Sonne im Zusammenspiel mit den Elektronen in den essentiellen, lebensnotwendingen Samenölen aufgebaut, notwendig sind für die Sauerstoffaufnahme. Das steht unwiderlegbar fest.

Die Wissenschaftler, die 1951, nach dem entscheidenden Faktor suchten, dem Faktor der in der Lage ist, die Atemfermente wieder funktionstüchtig zu machen, wussten alle, da ist ein Stoff, gelb-grün und wird Zytochrom genannt. Dieser Stoff, der beim Krebskranken vorherrscht im Blut, muss wieder in den roten Blutfarbstoff überführt werden.

Die Ärzte sagen heute beim Tumorkranken, der auch eine Leukämie hat, dass die Blutbildungsfarbstoffe nicht richtig arbeiten. Das ist richtig. Ich möchte Ihnen hierzu ein Experiment von entscheidender Bedeutung nennen. Prof. Kaufmann in Münster, Direktor des pharmazeutischen Instituts, des Bundesinstituts für Fettforschung und an dem chemischen Landesuntersuchungsamtes, wo ich arbeitete, ließ, bevor wir die Arbeit veröffentlichten, Untersuchung der Blutlipoide, Geschwulstproblem und Fettforschung, ein Experiment machen. Er ließ das Cytochrom kommen, goß es auf Papier und sagte mir, nun zeigen sie einmal, dass das rot wird. Und ich fasste es an - und siehe - es wurde rot. Er schaute auf meine Hand: »Haben Sie rote Farbe an den Händen?« Ich sagte: »Nein, Herr Professor, das können Sie mit Ihren Händen auch.« Und er fasste an, und es wurde rot. Und dann sagte ich: »Ich weiß doch, dass Sie inzwischen auch angefangen haben, Leinöl in Ihren Joghurt zu gießen.« Dies war der Beweis für die Gültigkeit meiner Arbeit: Geschwulstproblem und Fettforschung. Der Sauerstoffmangel im tumortragenden Gewebe war behoben.

Der bekannte Physiker Werner Heisenberg schildert in seinem Buch, wie gerade in Deutschland die verknöcherten, erstarrten Denkprozesse der Vertreter alter Schule sich immer weigern, das Neue ganz und offen aufzunehmen. Sie wollen immer das Neue in ihre alten Denkprozessen zwängen. Das geht nicht! Das erlebe ich bis heute, seit vierzig Jahren. Und Professor Heißenberg schreibt: »Auch die Unterdrückung neuer Erkenntnisse kann den Durchbruch nicht hindern, denn das Volk, die Öffentlichkeit, auch wenn sie keine Experten der Quantenphysik sind oder der Medizin, sie erwarben ein Gespür dafür, wo Wahrheit herrscht.«

Ich bin davon überzeugt, dass die meisten Zuhörer begreifen werden, bei aller Vielfalt die dann noch zu berücksichtigen ist, es gibt einen elementaren Faktor bei der Genesung der Kranken. Er muss wieder Luft aufnehme können. Er muss wieder atmen können. Natürlich sind viele Faktoren dabei wichtig. Wenn wir aber genau hinsehen, dann ist das Eiweiß im Zellkern positiv aufgeladen. Die Elektronen in der Peripherie der Zelle - sie schwingen in einer Elektronenwolke - stellen die negative Ladung dar. Und dazwischen schwingt ununterbrochen im elektromagnetischen Feld die Energie, die die Elektronen aus den Photonen der Sonne immer wieder neu speichern und immer wieder neu in den Lebensprozess geben.

Ich habe jetzt bei meinem Alter von neunzig Jahren den Eindruck gewonnen, ganz allmählich, aber mit großer Sicherheit setzt sich diese Richtung durch. Die Wachstumsförderung der Elektronen, von der Sonne aufgebaut und in den Samenölen gespeichert, ist wichtig zur Überwindung des Staus im Tumor, den die überholten Wissenschaftler zu unrecht bekämpfen mit wachstumshemmenden Mitteln.

Die zur Zeit bei uns als Chemotherapie eingesetzten wachstumshemmenden Mittel sind falsch. Die Energie aus den Röntgenbestrahlungsapparaten auch, weil diese wachstumshemmend wirken. Wir müssen also, wenn wir diese elementare Erkenntnis anwenden wollen, über eine vernünftige Atmung und über Wiederherstellung des elektromagnetischen Feldes im Stoffwechsel des Menschen auch andere Faktoren berücksichtigen, z. B. wie das Umfeld ist, wie die Schlafgelegenheit ist, ob nicht überall bei den Kunststoffen, viel zu viel Lebensenergie abgezogen wird.

Das ist selbstverständlich. Gute Säfte, gute Lebensmittel. Aber alles was mit »antibiologisch« beginnt, ist sehr verdächtig. Und ich las heute in der Zeitung, dass man auf dem Ernährungsgebiet plötzlich eintreten will für eine funktionelle Ernährung. Ich bin der Überzeugung, dass die Industrie mit Sicherheit weiß, das ist physikalisch längst erwiesen, dass man die hochungesättigten, lebensnotwendigen Fette in den Samenölen nicht synthetisch herstellen kann, nicht Vitamin C, was funktionsfähig sein soll, nicht synthetisch herstellen kann und nicht Vitamin E, was funktionsfähig sein soll, nicht synthetisch herstellen kann. Aus diesem Grunde ist ein Umdenken der großen Konzerne angesagt, und die haben es längst gemerkt.

Ich habe 1968, als in Amerika veröffentlicht wurde, man kann Krebskranke nicht mit Laser bestrahlen, da die Verbrennungsschäden zu groß wären, dass die Kranken innerhalb von wenigen Tagen sterben, nachgedacht und mich erinnert, wir haben doch im Bundesinstitut für Fettforschung eine Absorptionsmessung in Ölen als Analysemethode. Ich habe Öle zusammengestellt, nach mathematischen Berechnungen der Wellenlängen, und habe mir von Herrn von Siemens ein Lasergerät schenken lasse, einen Rubinlaser. Und Herr Peter Siemens sagte mir: »Wie sind Sie auf diesen Laser gekommen? Das ist der einzige, der das Licht vom Mond zurückreflektiert.« Ich habe dieses Lasergerät angewandt, in Verbindung mit den Ölen, für die ich die Absorptionsbanden im selben Wellenbereich berechnet hatte. Und diese Öle sind seit 1968 bis heute erfolgreich bei sehr vielen Krebskranken. Wir haben auch jemanden hier im Saal, der meine Therapie bei seiner Frau anwendet. Ich sage keinen Namen, aber er wohnt hier in Frankfurt. Und die Frau war totkrank und hat sogar einen Wirbel künstlich eingesetzt bekommen; die Wunde heilte nicht so gut und jetzt ist man auf allerbestem Wege. Ich versichere Ihnen, ich habe noch bis jetzt fast täglich Patienten, sehr viele aus Amerika. Patienten, die Tumore haben in beiden Brüsten. Ich lasse die Öle äußerlich anwenden als Ölwickel. Erkläre die Ernährung möglichst umfassend, alles was die Schulmedizin oder die Naturmedizin sonst noch erarbeitet hat, ob Kaltwasser, Thermalbäder oder Warmwasser, ob Anthroposophie, Psychologie wird beachtet, Roßhaarmatratzen sind auch sehr wichtig.

Das alles kann man wieder mitbenutzen. Aber alles ist nichts, wenn der Mensch nicht mehr atmen kann. Und die Patienten die zu mir kommen, sind zahlreich. Ich habe wöchentlich hunderte von Briefen, die ich gar nicht alle beantworten kann. Ich gebe mein bestes, will mein bestes geben und ich halte den Einsatz für diese Innovation als kleinen Teil in der Medizin, im Umschwung der Medizin, für eine Verpflichtung, die ich vor Gott und allen Menschen mit ganzem Einsatz und mit ganzer Wahrhaftigkeit wahrnehme. Das ist mein Beitrag für heute abend.

Vortrag in Stuttgart

Freigehaltener Diskussionsbeitrag vom 24.09.98

Verehrte Anwesende, ich möchte beginnen mit einem Dank an Herrn Wiewel, dass er hierher kommt aus der Republik der Gelehrten - das sind Menschen, die Wissenschaft in Übereinstimmung mit den Gesetzen der Natur realisieren. Besonders beeindruckt hat mich jedoch, als Sie alle die Hände gehoben haben wer betroffen ist. Und ich möchte ihnen ganz fest zusichern, Sie dürfen Vertrauen haben, dass die Veranstaltung heute abend, wie auch gestern abend in Frankfurt, sich alle an die Spielregeln halten, die Herr Wiewel aufgezeichnet hat. Wir wollen ihnen nur die Wahrheit sagen und auch ich verpflichte mich dazu.

Und wenn auch die Basis aus der modernen Physik der Quantenphysik im Vorfeld unverständlich erscheint, ich sichere Ihnen zu, wenn Sie jetzt die mir zur Verfügung stehenden 10 - 15 Minuten genau zuhören, dann wissen Sie, dass der Regenbogen über Krebsforschung, Krebstherapie- und vorbeugung realisierbar und für Sie alle eine Realität ist, die Sie sofort anwenden können. Es waren Ärzte, die sagten, ich kann doch Leinöl nicht verordnen, wenn ich nicht weiß wie Leinöl wirkt. Ich bin der Meinung, wie Wasser wirkt kann auch kein Arzt genau analysieren, und wie es kommt, dass das Samenkorn im Boden wächst. Die Sonnen- und Wassereinwirkung kann auch kein Arzt bis heute analysieren. Es sind jedoch Tatsachen.

Schlimmer als Mord in der Wüste ist dies, dem andern der durstig ist zu verschweigen wo Wasser ist, von demjenigen der in der Oase lebt. Wer in der Oase lebt, Wasser und Sonne zur Verfügung hat und sich an der Natur freut, ist verpflichtet in der Verantwortung als Mensch vor Gott, den Menschen diese Lebensmittel weiterzugeben und zwar an alle Menschen, damit sie wach werden und dieses realisieren können. Es ist richtig, Sie brauchen nicht zu warten, bis derjenige Arzt, das sind bei weitem nicht alle, bis derjenige Arzt, der sagt, ich kann doch Leinöl nicht verordnen, oder den Regenbogen nicht begreift, dass ich ihn anwenden kann, Ihnen zur Hilfe kommt. Wenn Sie selber nachdenken, werden Sie erkennen, wir sind alle ein Teil der Natur. Der Quantenphysiker Werner Heisenberg hat schon festgestellt - ich kenne ihn persönlich gut - wenn die Vertreter der alten Denkgerüste und der erstarrten alten Schule unsere neuen Erkenntnisse in ihr altes Denkgerüst zwängen wollen, dann geht das einfach nicht, wir müssen offen sein. Die klare Erkenntnis der Quantenphysik, das Zusammenspiel der Elektronen mit den Photonen der Sonne, ist fundamental wichtig für jede Lebensfunktion.

Der bescheidene Beitrag, den ich dann dazu beitragen konnte, war, dass die hoch ungesättigten Fettsäuren, für die es vor meinen Arbeiten keine Nachweise gab, dass diese hoch ungesättigten Fettsäuren im Naturverband so reich sind an den lebensnotwendigen Elektronen, die im Zusammenspiel mit der Sonne ungeheuer viel Energie geben. Das habe ich bewiesen und zwar im Staatsdienst im Gesundheitsamt in höchster Stelle verantwortlich für Arzneimittel und Fette, 1952. 1955 schrieb mir das Bundesministerium für Ernährung, ihre Befunde wurden bestätigt durch 6 internationale Gutachter, die Margarine-Industrie hat sich bereit erklärt, die Behandlung der Öle jetzt umzustellen.

Eine Gesetzgebung darüber erübrigt sich. Sie können dies nachlesen in meinem Buch: *Der Tod des Tumors, Bd. II.* Auf diese Umstellung der Industrie warten wir bis heute und es stimmt was Herr Frank Wiewel sagt, die Krebskranken werden in der Presse unwahr informiert. Ich habe eben noch Fotokopien aus dem Schwarzwälder-Boten vom gestrigen Tage darüber zu Händen der Veranstalter gegeben, dass die Pharmaindustrie jetzt für funktionelle Ernährung neue Produkte herstellen will. Das kann sie gar nicht. Es ist wissenschaftlich längst erwiesen, die lebenswichtigen Photoelemente in den Samenölen gespeichert, in den Fettsäuren als lebensnotwendig erkannt, können bis zum heutigen Tage in keiner Industrie hergestellt werden. Und bei den Vitaminen ist es ähnlich.

Die naturgemäßen Vitamine C, A, B, E sind wohl wichtig als Vitamine. Sie waren aber nicht in der Lage, die darniederliegende Sauerstoffaufnahme im Atemferment zu regulieren. Dies erfolgte nachweisbar durch meine Arbeiten durch Einfügen der naturbelassenen hoch ungesättigten Fettsäuren. In der Zwischenzeit habe ich darauf aufgebaut und eine Ernährungstherapie entwickelt.

Als man in Stockholm schrieb, es gäbe andere Methoden, ich will diese nicht beim Namen nennen, ergab sich wieder die Schwierigkeit der Haltbarmachung in der Industrie. Als man in New York schrieb, wir können Krebskranke nicht mit Laser bestrahlen, die Verbrennungsschäden sind zu groß, entwickelte ich im selben Jahr Öle, die die Absorption des Lasers lenkten. Durch Bestrahlung des Kranken im Lymphgefäß und im Fettstoffwechsel sind die Tumore ausscheidbar, auch aus dem Gehirn, das ist hundertfach bewiesen. Wenn jetzt vor 8 Tagen jemand von Heidelberg veröffentlicht, wir haben eine neue Entdeckung zu veröffentlichen, die Anwendung von Laserstrahlen gegen Gehirntumor, indem wir nur ein kleines Loch durch die Schädeldecke bohren, dann ist die darauf aufgebaute Therapie unwahr und lügenhaft und schädlich für den Kranken.

Die Therapie allein durch Anwendung der Ernährungstherapie unter Anwendung der äußerlich anzuwendenden Öle bringt die Tumore umfassend zur Ausscheidung, weil die normalen Wachstumsprozesse diese dynamische Kraft dazu aufbringen, auch im Immunsystem des Menschen. Natürlich gibt es eine Grenze, wo auch die Lebensfunktion des Menschen versagt. Man fragt mich oft, ist das alles umsonst, was wir Ärzte gelernt haben - nein. Sie können Warmwasser, Kaltwasser, Homöopathie oder Psychologie anwenden, das ist alles wichtig, aber alles ist nichts, wenn dem Menschen das normale Atmen abgeschnitten wird durch falsch haltbar gemachte Fette, die die Sauerstoffaufnahme behindern. Ich möchte meine Zeit nicht überziehen und Ihnen nur raten, Mut zu haben selbst zu handeln. Ich bin den aus der Republik der Gelehrten zu uns nach Deutschland gekommenen Wissenschaftlern ungeheuer dankbar.

Ich bin dankbar für die neue Elite in der Wissenschaft verbunden mit Wahrheit, die uns hier besucht zu dieser Veranstaltung und Sie nun ermutigt, wahre Hilfe zu suchen, unabhängig von denen, die das Wasser nur esslöffelweise verteilen wollen und ein Geschäft damit machen. Behalten Sie Ihr Lebensrecht im Auge. Es gibt genügend Menschen, die für die Wahrheit eintreten. Sie, die Sie krank und um Hilfe bemüht sind, streifen sie alles ab, was an Chaos und Unrecht verbreitet wird. Ergreifen Sie die naturgemäße Hilfe, sie ist nah, wie die Taube, die ein Ölblatt im Schnabel hatte, als sie den Menschen Gottes Gnade im Regenbogen zeigte. Ich wünsche Ihnen guten Erfolg.

Dr. Johanna Budwig und Frank Wiewel, Präsident von People against Cancer, während des oben genannten Vortrages bei einer Veranstaltung von Menschen gegen Krebs e.V.

Nachfolgender Brief wurde veranlasst durch Frank Wiewel, Präsident von People against Cancer, wegen eines Internet-Berichtes.

Biologische Krebsabwehr durch Wachstumskräfte der Samenöle

»Erfolgreiche nicht-konventionelle Krebstherapien«, so eröffnete Frank Wiewel, Präsident von People against Cancer aus den USA eine Reihe von Vorträgen, die als glaubwürdig bei den Zuhörern ankamen. Glaubwürdig waren die Ausführungen, dass die zur Zeit bei uns angewandte Chemotherapie weder legitim, noch wissenschaftlich und erfolgreich gegen Metastasen erwiesen ist. Das von mir gewählte Thema war: »Der Regenbogen über Krebsforschung, Krebstherapie und -vorbeugung«.

Es war klar, dass unser deutsch- und englischsprachiges Buch: *KREBS - Das Problem und die Lösung / Dr. Johanna Budwig - Die Dokumentation*, ankommen würde. Auch die übrigen Redner bestätigten die Bedeutung der Fettfrage für die Krebstherapie. Zunehmend ist die Zahl der biologischen Krebstherapien, die angeboten werden z. B. in einem Journal aus Australien. Groß angelegt und angekündigt wird hier von David Horrobin der Clinical uses of fatty acids (der klinische Einsatz von Fettsäuren) und dabei wird Leinöl in Kapseln gegeben. Zahlreich kommen Patienten aus den USA zu mir, enttäuscht von der »biologischen Krebstherapie«.

Das Kernproblem: Mir gelangen, wie 1952 veröffentlicht, zusammen mit Prof. Kaufmann, dem Leiter des Bundesinstitutes für Fettforschung, die ersten Nachweise für Fett und Fettsäuren auf dem Wege der Papierchromatographie (siehe: Neue Wege der Fettanalyse). 1950, in meiner Tätigkeit am staatlichen Gesundheitsamt, fehlten Nachweise für Fette. 1952 veröffentlichten wir gemeinsam: *Zur Biologie der Fette. Die Papierchromatographie der Blutlipoide,*

Geschwulstproblem und Fettforschung. Ich fand heraus, dass durch Linolsäure, am besten im Zusammenwirken mit Linolensäuren, die Sauerstoffnot im lebenden Gewebe überwunden wird. Diese aber gilt, nach Otto Warburg, als Krebsursache im tumortragenden Gewebe.

So hatte ich den seit 100 Jahren gesuchten 2. Paarling im autoxydablen System der Zelle gefunden. Sehr bald folgte unsere Veröffentlichung über »Polyöle«. Die von uns bewiesene Toxizität - auch im tumortragenden Gewebe - wurde von Experten bestätigt, so auch vom Bundesministerium für Ernährung.

Jede biologische Krebstherapie, die auf eine Klärung in diesem Zusammenhang verzichtet, muss versagen. Leinöl, nur in Kapseln verabreicht, kann keine durchgreifende Tumortherapie gewährleisten. Nahrungsfette, industriell haltbar gemacht gegen Sauerstoffaufnahme, stören auch die autoxydable Sauerstoffaufnahme im lebenden Gewebe. Vitaminzusätze z. B. Vit. A, B, C, D und E können keine Hilfe leisten, wenn die Atemfermente blockiert sind durch Antioxidationsmittel. Vitamine folgen einem eigenen Gesetz zur Erhaltung der Harmonie unter Vitaminen.

Der Missbrauch der Angaben der Vitaminfunktion im Rahmen biologischer Krebstherapien erfolgt meistens von denjenigen, die das Kernproblem ausklammern. Heute wird jede »biologische Krebstherapie« das Kernproblem mitberücksichtigen müssen. Der Mensch braucht die elektronenreichen, lebensnotwendigen Kräfte, in Samen aufgebaut aus der Energie der Sonne, die alle Wachstumskräfte lenkt. Pseudoöle, z. B. Poly-Öle, haltbargemacht, stören den Gesundungsprozeß.

Die Erkrankung an Krebs ist eine Erkrankung des ganzen Körpers. Bei der Therapie muss der gesamte Lebensprozess die Möglichkeit erhalten, zu gesunden und die Erkrankung an Krebs zu überwinden. Die von mir entwickelte Öl-Eiweiß-Kost ist in der Lage, durch die Immunabwehr Tumore und Metastasen abzubauen und auszuscheiden. Zur Aktivierung dieses Prozesses entwickelte ich auch Öle zur äußeren Anwendung - die ELDI Öle. Dies erfolgte im Rahmen meiner Erfindertätigkeit, die Elektronensystems der Leinölfettsäuren, aktiv wirksam, in handelsfähigen Produkten anzubieten. Diese meine Erfindertätigkeit erhielt durch 3 Minister anerkannt die Erfindervergünstigung mit der Bestätigung »volkswirtschaftlich wertvoll«. Darin ist ausdrücklich enthalten die Haltbarmachung der Produkte Linomel-Leinsaat und der ELDI-Öle auf natürlichem Weg zur Erhaltung der Elektronensysteme aktivierend für die Atemfunktion der Zelle - auch zur Bildung von Hämoglobin zur Blutbildung.

Dieses Privileg von rechtswirksamer Auswirkung beinhaltet auch die Beratung von Kranken, »neue Wege in der Krebsforschung bahnend«. Dieses Privileg enthält klar den Schutz gegen die von dieser Erfindertätigkeit Betroffenen. Lebensfeindliche wachstumshemmende Krebstherapien und Nahrungsfette, welche die Atemfunktion hemmen, bereiten dem Kranken Schmerzen. Die von mir geschaffenen ELDI-Öle, Elektronendifferenzierungs-Öle, bewirken das Gegenteil. Schmerzinstitute in den USA dokumentieren: »Was diese Frau mit ihren ELDI-Ölen fertigbringt, schafft keiner von uns über ein Schmerzmittel«. Eine Universität beruft mich als honorable Member in den wissenschaftlichen Beirat.

Die Aktivitäten der Betroffenen, im erstarrten Denkgerüst gegen das Neue der Erfindertätigkeit, dies muss nun sehr bedacht und sorgfältig geprüft werden.

Menschen in Not merken und fühlen, wo Wahrheit herrscht.

BRIEFE

Auf den nächsten Seiten können Sie Briefe von Patienten lesen, die den Erfolg der Öl-Eiweiß-Kost dokumentieren, aber auch aufzeigen, dass meine Erkenntnisse auch Professoren, der Deutschen Krebshilfe und Politikern seit Jahrzehnten bekannt sind.

Desweiteren verweise ich auf mein Buch: *Der Tod des Tumors, Band II*, in dem sehr viele ausführliche Berichte von Patienten und Ärzten, teilweise mit Bildmaterial, dargestellt sind.

Die Originale der Briefe liegen dem Verlag ausnahmslos vor.

EUROPÄISCHE Ärzteaktion

In den deutschsprachigen Ländern e.V.

Angeschlossen der
WORLD FEDERATION OF DOCTORS WHO RESPECT HUMAN LIFE
General Secretary: Ph.Schepens MD Derruyalaan, 76-B 8400 Ostend (Belgium)
Aktionsbüro für die Bundesrepublik Deutschland
Postfach 1123, Römerstraße 20, 7900 Ulm/Donau Telefon 0731 / 3 04 49
1. Vorsitzender Dr.med. Siegfried Ernst, Ulm
2. Vorsitzender Dr.med. Georg Götz, Augsburg-Stadtbergen

An Frau
Dr. Johanna Budwig
Freudenstadt-Dietersweiler

Betr.: Erklärung zur Vorlage bei den Finanzbehörden

Stellungnahme zu den Behandlungsmethoden von Frau Dr.Budwig.

Ich wurde am 21.3.1978 durch Professor Christian Herfarth (jetzt leitender Chirurg der Chirurg. Univers. Klinik Heidelberg) wegen eines großen bereits breit in den Dickdarm durchgewachsenen Magencarcinoms, das an der äußersten Grenze der Operierbarkeit war, operiert. Da ich die Nachbehandlung mit Zytostaticas ablehnte entschloss ich mich nach einem ausführlichen Gespräch mit Frau Dr. Budwig ihre Behandlung mit ihrer Öl-Eiweißkost und der Einreibung mit Eldi-Ölen durchzuführen.

Dabei kam es zu einer ständig fortschreitenden allmählichen Besserung des Allgemeinzustandes, insbesondere auch der gesamten Abwehrlage des Organismus gegen Virusinfekte usw. Eine Nachuntersuchung im Juli 1983 in der Universitätsklinik Ulm - Departement Innere Medizin - durch Herrn Prof. Dr. Pfeiffer ergab keinerlei Anhaltspunkte mehr für irgend ein karzinomatöses Geschehen, so dass nun nach über 5 fi Jahren das Carcinom als ausgeheilt angesehen werden kann.

An diesem Erfolg ist nach meiner ärztlichen und wissenschaftlichen Überzeugung die Umstellung der Ernährung auf die Öl Eiweißkost von Frau Dr.Budwig und die entsprechende Behandlung mit den Eldi-Ölen entscheidend mit beteiligt.

Dr. med. Siegfried Ernst

Dipl. Ing.
Fritz Kirchner
Lilienstrasse 25

66 Saarbrücken 1

27.5.1983

INTER Krankenversicherung aG.
Saaruferstr.14

6600 Saarbrücken 1

Betr.: Vers.Nr.
Krankenbehandlung meiner Frau Maria Kirchner

Sehr geehrte Damen und Herren!

Im Herbst 1982 wurde bei der Untersuchung eines Lymphknotens bei meiner Frau Metastasen festgestellt. Die weiteren Untersuchungen ergaben weitere Metastasen entlang des Brust-Milch-Gangs sowie am Eileiter. Mir wurde mitgeteilt, dass meine Frau unheilbar erkrankt sei. Man könne durch eine Behandlung mit Zytostatika den Verlauf der Krankheit lediglich verlangsamen, jedoch unter Inkaufnahme beträchtlicher Nebenwirkungen.

Diese Behandlung haben meine Frau und ich abgelehnt.

Bei der Ausschau nach alternativen Krebs-Behandlungsmethoden stieß ich auf die Therapie nach Dr. Budwig. So wurde eine Frau aus Saarlouis, die an einem Sarkom litt, behandelt und fühlt sich seit 10 Jahren beschwerdefrei.

Seit Januar 1983 wird nun meine Frau ebenfalls erfolgreich von Frau Dr. Budwig behandelt.

Gestützt auf die Rechtssprechung, dass der krebskranke Patient auch bei Alternativmethoden Heilung zu suchen berechtigt ist und die Kasse die Kosten zu übernehmen habe, überreiche ich Ihnen beiliegend eine Aufstellung über die bisher angefallenen Aufwendungen. Ich beantrage, mir die Summe von DM ..... innerhalb von 6 Wochen zu vergüten. Ich hoffe gerne, dass wir uns einen Rechtsstreit ersparen können, zumal es meiner schwer krebserkrankten Frau seit der Therapie bei Frau Dr. Budwig sehr gut geht.

Mit freundlichen Grüßen

Fritz Kirchner

Jürg Hülf
Husumerstr. 7

2000 Hamburg 20

An die
Allgemeine Ortskrankenkasse Hamburg
Kaiser-Wilhelm-Str. 93

2000 Hamburg 36

Hamburg, den 11. Juli 1093

Sehr geehrte Damen und Herren,

ausweislich Ihrer Unterlagen wurde im September 1980 bei mir ein adenoides, cystisches Carcinom der Tränendrüse im linken Orbitanbereich festgestellt.

Trotz umfassender Operation und Entfernung des linken Augapfels trat bis September 1982 ein Rezidiv auf. Dieses wurde dann wie beim ersten Mal, von Dr.M. Abteilung Kiefer-, Mund- und Gesichtschirurgie, im AK Ochsenzoll entfernt.

Es bestand die Gefahr des Ausweitens des Carcinoms und des Übergreifens auf das zweite verbliebene Auge.

Angesichts dieser Situation entschied ich mich, die vielfachbewährte Behandlungsmethode von Frau Dr. J. Budwig anzuwenden. Diese Methode ist wissenschaftlich begründet, in Fachzeitschriften publiziert sowie auf Kongressen des In- und Auslandes dargestellt.

Persönlich habe ich von dem Gebrauch der Öl-Eiweiß-Kost und der Anwendung der Eldi-Öle nur profitiert:

a) Die Wundheilung erfolgte in erstaunlich kurzer Zeit.

b) die Sehkraft des verbliebenen Auges verbesserte sich; ich bin Brillenträger, um mehr als ein Dioptrin von vorher - 5,8 auf jetzt - 4,6.

c) Im Stirnbereich, in den so genannten Geheimratsecken, waren nach der ersten Operation Haare ausgegangen. Hier sind nun Haare nachgewachsen.

d) Der Blutdruck normalisierte sich in kürzester Zeit und ist derzeit optimal.

e) Bereits nach kurzer Zeit war ich in der Lage, meine Arbeit wieder aufzunehmen. Ich fühle mich körperlich und seelisch sehr gut.

f) Die vor der zweiten Operation sich häufenden Migräneanfälle tauchen kaum noch auf und können ohne Medikamente beherrscht werden.

g) Eine Zahnnerventzündung, die arge Pein verursachte, heilte ohne zahnärztliche Hilfe in kürzester Zeit aus.

h) Da auch meine Familie die Öl-Eiweiß-Kost strikt einhält, verschwand bei meiner Frau eine chronische Obstipation sowie eine jahrzehntelang ärztlicherseits erfolglos behandelte vegetative Dystonie. Auch von meinen Kindern kann ähnliches berrichtet werden.

Ein derartiges Behandlungsergebnis wäre ohne den fortlaufenden persönlichen Einsatz von Frau Dr. Budwig nicht möglich gewesen.

Für die durch diese Behandlung entstandenen Kosten beantrage ich hiermit Kostenerstattung.

Entsprechend der zwischenzeitlich geklärten Rechtslage erwarte ich die Überweisung der in der Anlage aufgeführten Kosten bis zum 15. August 1983 auf mein Konto.

Mit freundlichen Grüssen

Jörg Hulf

Anlagen:
Kostenzusammenstellung
Belege der Einzelkostengruppen

Westfalen

Sehr geehrte Frau Dr. Budwig,

gerne komme ich Ihrer Bitte nach und schreibe meine Krankengeschichte auf zu Ihrer freien Verfügung. Anfang 1993 bemerkte ich einen kleinen Knoten rechts in meiner Zungenspitze. Da mir die Ärzte versicherten, er sei völlig harmlos und er mich sehr störte, ließ ich ihn in der HNO-Klinik von Prof. A. entfernen. Schon bei der Operation merkte ich, dass etwas nicht stimmte. Am Abend war meine Zunge auf das dreifache angeschwollen und fast schwarz. Ich hatte starke Schmerzen und musste wegen der Gefahr der Nachblutung drei Tage in der Klinik bleiben, wo man mir noch ausdrücklich versicherte, dass der Knoten völlig harmlos sei.

Nach ca. einer Woche wurde mir vom Krankenhaus telef. mitgeteilt, dass es sich um Speicheldrüsenkrebs handele. Bei einem nachfolgenden Gespräch erfuhr ich, dass der Prof. bei der Operation große Schwierigkeiten hatte. Der Knoten sei nicht abgegrenzt gewesen, sondern habe sich der Krebs bereits in der Zunge ausgebreitet. Ohne mich um mein Einverständnis zu fragen, wurde eine neue Operation angeordnet. Diesmal mit Vollnarkose, da man etwas großzügiger operieren müsse. Ich lehnte ab und ging total geschockt nach Hause.

Ich rief Frau Dr. Budwig an, die mir vor Jahren schon einmal wunderbar geholfen hatte, und bekam einen Termin innerhalb der nächsten Tage. Nach diesem Gespräch war ich sehr gefasst und guten Mutes. In der Zwischenzeit erhielt ich einen Anruf unseres damaligen Hausarztes, der mich zu einem Gespräch in seine Praxis bestellte. In der Annahme, dass er mir Mut zusprechen und mich in meiner Entscheidung unterstützen würde, ging ich zu ihm. Ohne jede menschliche Regung hat er mir dann ganz brutal erklärt, dass mich nur noch eine Operation (Entfernung von 3/4 der Zunge) retten könne, wenn überhaupt. Dann schilderte er mir haarklein was mir alles nicht helfen würde und wie sich der Krebs mit der Zeit immer weiter in meinem Körper ausbreiten würde.

Gleichzeitig wollte er mich mit einer Patientin zusammenführen, der man ebenfalls kürzlich die Zunge entfernt habe und die prima damit zurecht komme. Ich kam gar nicht zu Wort. Er sagte, das sei die einzige Möglichkeit die mir noch helfen könnte (zumindest für eine gewisse Zeit). Danach seien die Ärzte dann natürlich machtlos, da dieser Krebs unter keinen Umständen heilbar sei. Es würde die ganze Sache aber etwas hinauszögern.

Ich lehnte die Operation ab. Er vergaß nun alle guten Manieren und wurde sehr ausfallend. Er beschimpfte mich, dass ich das niemals überleben würde, wenn ich nicht augenblicklich in die Klinik zur OP ginge. Ich sagte nein, worauf er brüllte: Dann sterben Sie eben, da hilft Ihnen kein Herrgott und kein Beten. Während der ganzen Zeit hatte er nicht ein einziges tröstendes Wort für mich. Völlig verzweifelt habe ich die Praxis verlassen. Alle Hoffnung auf Heilung war dahin. Dieser Arzt hatte mir buchstäblich den Boden unter den Füßen weggezogen. Das grenzte schon an Psychoterror. Total am Boden zerstört fuhr mich mein Mann zu Frau Dr. Budwig. Und sie hat mich wieder beruhigt, mich durch ihre ganz besondere und einmalige Art und Ausstrahlung neue Hoffnung schöpfen lassen.

Zu Hause begann ich sofort nach genauer Anweisung mit der Öl-Eiweiß-Kost von Frau Dr. Budwig. Ich durfte anrufen, wann immer ich ein Gespräch und Zuspruch brauchte, Nach einigen Tagen jedoch holte mich das Gespräch mit dem Hausarzt wieder ein. Immer öfter gingen mir seine Drohungen durch den Kopf, und bald konnte ich an nichts anderes mehr denken. Ich bekam furchtbare Alpträume, bald jede Nacht. Mein Mann war kaum noch in der Lage, mich nach solch einem Traum zu beruhigen. Meine Angst stieg ins unermessliche. Ich bin im Traum ständig unter den schlimmsten Bedingungen gestorben. Bald konnte ich vor Angst nicht mehr allein sein. Ich verlor das Interesse an allem, konnte kaum noch etwas essen. Immer dachte ich, es lohnt sich nicht mehr, ich sterbe ja sowieso bald. Es folgten die zwei schlimmsten Jahre meines Lebens. Dieser Arzt hatte mich einfach zum Tode verurteilt und ich war nicht in der Lage, mich aus diesem Teufelskreis zu befreien.

Ich kann mich nicht mehr erinnern, wie oft ich mit Frau Dr. Budwig telefonierte oder bei ihr in Dietersweiler war. Die Angst hatte mich total gelähmt. Ich glaube, ich konnte weder meiner Familie noch Frau Dr. Budwig wirklich vermitteln, in welch entsetzlichem Zustand ich gefangen war. Sobald ich mit Frau Dr. Budwig sprach, fühlte ich mich besser, aber nach kurzer Zeit setzt der alte Zustand wieder ein. Doch mit einer wahren Engelsgeduld, mit nie versiegendem Verständnis half sie mir durch diese schlimmste Zeit.

Wenn ich damals gestorben wäre, wovon ich lange Zeit fest überzeugt war, dann nicht an meiner Krebserkrankung (ich war ja in allerbesten Händen), sondern an der Verantwortungslosigkeit dieses Arztes. Nach zwei Jahren unermüdlichen Zuspruchs durch Fr. Dr. Budwig und der Tatsache, dass ich immer noch lebte, wurden die Alpträume seltener und die panikartige Angst ließ ganz langsam nach. Ich war nicht mehr voll Panik in die andere Richtung, wenn ich zufällig diesen Arzt traf.

Ich zwang mich, ganz ruhig an ihm vorbeizugehen. Und plötzlich stellte ich fest, dass er mir nun auswich (wahrscheinlich war es ihm unangenehm, dass so gar nichts von dem eingetroffen war, was er mir angedroht hatte). Ich habe die Krankheit dank Frau Dr. Budwig überstanden. Heute bin ich wieder ein fröhlicher und ausgeglichener Mensch. Die Öl-Eiweiß Kost schmeckt mir (und meinem Mann) wunderbar, und ich halte mich streng an alle Vorschriften. Ich bin voller Dankbarkeit, dass unser Herrgott mich zu Frau Dr. Budwig geführt hat. Wie furchtbar wäre ein Leben ohne Zunge, falls ich überhaupt überlebt hätte.

Bei Nachfragen zu meinem Fall, bitte an Frau Dr. Budwig wenden.

A. Sch.
(Westfalen)

Dr. G. A. Skoupka
Hartenfelsweg 5

5000 Köln

30.07.1983

Sehr geehrte Frau Dr. Budwig!

Nachdem nun 5 Wochen vergangen sind, seit ich mich mit Ihnen zum ersten Mal verständigte, möchte ich Ihnen einen kurzen zusammenfassenden Bericht des Krankheitsverlaufes meines Mannes zusenden.

Nachdem mein Mann monatelang unter starken Beschwerden gelitten hatte (Husten, Blutauswurf, Atemnot) bekam er am 09.06.1983 einen akuten Erstickungsanfall. Er wurde sofort als Notfall in die Uniklinik in Köln eingeliefert, wo ein Bronchial-Carcinom diagnostiziert wurde. Mit Bestrahlungs- und Chemotherapie schätzten die Ärzte die Lebenserwartung meines Mannes sehr begrenzt ein.

Zu dieser Zeit (17.06.1983) wandte ich mich Hilfe suchend an Sie. Auf Ihr Anraten hin nahm ich meinen Mann sofort am folgenden Tag aus dem Krankenhaus. Sein Zustand war zu dieser Zeit noch schlecht (starker Husten, Blutauswurf, Atemnot, Schwäche). Wir begannen sofort mit der Öl-Eiweiß-Kost und der äußerlichen Behandlung mit ELDI-Ölen. Alle im Krankenhaus verabreichten Arzneimittel (über ein Dutzend) stellten wir sofort ab.

Der Zustand meines Mannes hat sich sofort merklich verbessert. Die Atemnot, an der mein Mann im Krankenhaus bis zu seinem letzten Aufenthaltstag gelitten hatte, schwand völlig. In den 5 Wochen der Öl-Eiweiß-Kost ist er immer mehr zu Kräften gelangt, die Krankheitsmerkmale wichen fast vollständig einem normalisierten Zustand.

Mit freundlichen Grüßen und innigstem Dank

Dorothea Skorupka

An
Dr. J. Augstein
Büro Augstein
Postfach 426

3000 Hannover
West Germany

(Original in englischer Sprache)

Sehr geehrter Herr Dr. Augstein!

Es hat mich gefreut, am 25.11.83 von Ihnen zu hören. Sie haben in den letzten Jahren eine großartige Arbeit als Anwalt von Frau Dr. Budwig gemacht.

Ich kann Ihnen versichern, dass Dr. Budwig weltweit eines der größten Genies im wissenschaftlichen Bereich ist, nur noch vergleichbar mit Menschen wie Einstein, Max Planck, Louis de Broglie, Niels Bohr oder auch Ignas Philipp Semmelweiß, dessen Schicksal neuerdings vor allem in der medizinischen Welt sehr schandhaft behandelt wird.

Dr. Budwigs Arbeit ist extrem wichtig für die Krebsforschung und ist außerdem wichtig für die Heilung von Krebs. Die Schulmedizin heilt Krebs nach 5 Jahren bei 16 % aller Fälle und Frau Dr. Budwig in 90 % der Fälle! Dies ist ein gutes Beispiel für den autoritären Glauben, dass man nicht gewillt ist, die einfache Wahrheit anzuerkennen. Auch das Nobelpreis-Komitee unterstützt diese Art des autoritären Glaubens. Das Komitee besteht aus 50 Mitgliedern die alle die Schulmedizin repräsentieren und Schwierigkeiten haben, zu verstehen, dass Dr. Budwigs natürlicher Weg die Basisarbeit für die Heilung von Krebs darstellt.

Ich werde trotzdem erneut den Nobelpreis für Frau Dr. Budwig beantragen.

Brkki Halme
Professor, Senator h.c.

Werner Schwarz
Bundesminister für Ernährung, Landwirtschaft und Forsten

05. Oktober 1961

An den
Bundesminister des Innern
Herrn Dr. Gerhard Schröder

Bonn

Sehr geehrter Herr Kollege!

Ich beziehe mich auf ein Schreiben, das Ihnen Frau Dr. Johanna Budwig aus Bad Zwischenahn am 26. September d. J. geschrieben hat und von dem ich eine Durchschrift erhalten habe. Ich kenne Frau Dr. Budwig, da sie vor einigen Jahren vor dem landwirtschaftlichen Arbeitskreis unserer Fraktion einen Vortrag über die Probleme richtiger Ernährung und damit der Krebsbekämpfung gehalten hat, der uns damals alle sehr beeindruckte.

Zwar kann ich natürlich die medizinischen Theorien und Auffassungen von Frau Dr. Budwig nicht beurteilen. Immerhin bin ich der

Meinung, dass ein solch schwer wiegendes Problem wie die Krebsbekämpfung es rechtfertige, nichts unversucht zu lassen und auch gegebenenfalls Mittel einzusetzen, um Forschungen zu unterstützen, die von bisher vertretenen Auffassungen abweichen. Ich würde es daher außerordentlich begrüßen, wenn Sie einen Weg finden könnten, dem Anliegen der Frau Dr. Budwig zu entsprechen.

Für eine kurze Mitteilung, ob und gegebenenfalls in welcher Weise hier geholfen werden kann, wäre ich sehr dankbar.

Mit freundlichen Grüßen

Werner Schwarz

Herrn Dr. Heinz Eyrich
Justizminister
Minister für Bundesangelegenheiten
Hornweg 1

7868 Todtnau-Todtnauberg

31.01.1985

Original in Englisch

Sehr geehrter Herr Dr. Eyrich!

Ich schreibe Ihnen, nachdem mich Frau Dr. Budwig gebeten hat, Ihnen mehr über ihre Forschungen bzw. den Erkenntnissen hieraus zu berichten.

Ich bin Biologe und Professor, welcher sich in den letzten 30 Jahren der Krebsforschung verschrieben hat. Daher kennen wir uns auch vom Dritten Krebs Weltkongress in Rom 1971 und verschiedenen Briefen. Ich habe Frau Dr. Budwig dem Nobelpreis-Komitee in Stockholm geschrieben und vorgeschlagen, den diesjährigen Medizin-Nobelpreis an sie zu verleihen. Ich schrieb:

1. Krebserkennung im menschlichen Körper durch Papierchromatographie
2. Krebs heilen mit Linol- und Linolensäure

Die Papierchromatographie hat seit 30 Jahren bewiesen, wie Krebs in einem sehr frühen Stadium in jedem Teil des menschlichen Körpers entdeckt werden kann, wie es mit anderen Methoden nicht möglich ist.

Es gibt eine große Anzahl positiver Beweise für die Wirksamkeit von Linolsäure, welche hauptsächlich in Leinöl gefunden wird. Auch wenn derzeit noch keine Doppelblind-Studien gemacht wurden, so gibt es trotzdem eine enorme Anzahl geheilter Patienten (wovon ca. 80 % - 90 % austherapierte Fälle sind). Es wäre sicherlich unmenschlich von dieser Gelegenheit nicht zu profitieren und diese große Anzahl an Heilungen zu ignorieren.

Ich bin der Meinung, dass die Arbeit, die Dr. Budwig getan hat und immer noch macht, so wichtig ist, weil sie neue Möglichkeiten eröffnet um 5 Millionen Menschen zu helfen, die jedes Jahr weltweit an Krebs erkranken.

Brkki Halme
Professor, Senator h.c.

Frau
Dr. Johanna Budwig
Helgelstr. 3

D - 72250 Freudenstadt (Dietersweiler)

Wädenswil 28.07.1999

Sehr geehrte Frau Dr. Budwig!

Gerne berichte ich Ihnen, etwa 10 Jahre nach meiner ersten Konsultation bei Ihnen, über mein derzeitiges Befinden.

Der sich damals wöchentlich verschlechternde Zustand des betroffenen rechten Auges hat sich kurze Zeit nach Behandlungsbeginn gemäß Ihrer Beratung im positiven Sinne stabilisiert. Der damalige CT-Befund zeigte ein über 30 % verdickter Sehnerv der differentialdiagnostisch als Gliom, Neurinom, oder als Meningeom beurteilt wurde. Eine Operation wurde angeraten und stand unmittelbar bevor.

Das betroffene Auge kann ich nach wie vor als funktionsfähiges Organ benutzen. Ein gewisser Ausfall ist als Restbestand bestehen geblieben, doch ist von meiner damaligen Erkrankung nichts mehr zu spüren. Seitdem ich Ihre erteilten Ratschläge befolge, fühle ich mich bedeutend leistungsfähiger, bin voll belastbar und brauche keinen Arzt. Im Übrigen habe ich mich auch nicht mehr in eine ärztliche Kontrolle oder Behandlung begeben.

Sie werden meine Freude verstehen und ich bin Ihnen für die erteilten Ratschläge sehr dankbar.

Von ganzem Herzen möchte ich Ihnen in jeder Hinsicht alles Gute wünschen.

Mit freundlichen Grüßen

R.I.
CH -

Johann Barend Krebs
428 East 11th Street
North Vancouver BC

Kanada, V7L 2H2

8. Juli 1999

Sehr geehrte und liebe Frau Dr. Budwig!

Ich habe Ihnen sehr gute Nachricht zu bringen. Was ich schon lange geahnt habe und im Grunde selbst wusste, ist jetzt von meiner Ärztin, Frau Dr. Florence Yakura MD in Burnaby, BC und vom Augenarzt Dr. James Thompson bestätigt worden. Da ist kein Tumor mehr wahrzunehmen und der Sehnerv auf den der Tumor lange Druck ausgeübt hatte, hat sich regeneriert. Dazu ist meine Lebensenergie zurückgekommen und ich fühle mich mit meinen 55 Jahren 20 Jahre jünger. Das hat uns viel Freude gebracht und große Dankbarkeit an den Schöpfer des Lebens und insbesondere an Ihnen. Wir haben große Bewunderung für Ihre Arbeit und Mut, um neben dem bestehenden und etablierten medizinischen Modell, Ihren eigenen Weg zu gehen. Persönlich bin ich Ihnen besonders dankbar.

Freunde, Bekannte, Kollegen an der Universität wo ich arbeite, sagen oft wie besonders gesund ich wohl aussehe und wenn sie meine Geschichte hören, sagen sie machmal, dass es ein Wunder ist, dass ich wieder gesund bin. Ich sage dann, dass das kein Wunder ist, sondern reine Biologie. Es ist ein Wunder, dass ich (durch deutsche Freunde) von der Dr. Budwig gehört habe, die als eine der wenigen in dieser

Welt versteht, welche Faktoren im Körper bei Krebs und bei den Tumoren und ihrer Behandlung mitspielen.

Wie Sie sich erinnern werden, hatte ich einen Hypophysen-Tumor (Adenoma) der zum ersten Mal in 1982 operiert wurde. In 1993 wurde der Tumor wieder diagnostiziert und seitdem war ich auf der Suche nach einer natürlichen Methode zur Behandlung des Tumors. Da der Tumor noch klein war, hatte ich etwas Zeit. Ich schob aber den Zeitpunkt, dass operiert werden sollte, immer weiter hinaus, um weitere Methoden auszuprobieren. Im Dezember 1996 konnte ich die Farbe rot nicht mehr sehen und hätte operiert werden sollen. Erst Ende August war ich bereit mich operieren zu lassen, da ich nicht länger warten konnte und auch keine weitere Aussicht hatte auf eine natürliche Heilung. Meine Ärztin hat mir regelmäßig gezeigt, wie der Zustand war und machte mir klar, dass ich nicht länger warten konnte. Es wäre schon sehr spät. Ich konnte kaum noch sehen. Trotzdem entschied ich mich, die Operation noch einmal aufzuschieben, machte noch eine Kur, die vielversprechend war, aber den Tumor nicht auflöste und kam dann, als ich von Ihnen hörte, im Oktober 1997 zu Ihnen. Vier Tage habe ich mit Ihnen verbracht und gelernt was ich machen sollte. Zwei Wochen später fing ich an mich besser zu fühlen, drei Woche später spürte ich wie mein Sehvermögen anfing sich zu verbessern und ein halbes Jahr später hatte ich das Gefühl, dass der Tumor wohl weg wäre. Jetzt ist das von medizinischer Seite bestätigt worden. Nochmals vielen Dank. Ich wünsche Ihnen viel Segen in Ihrem weiteren Leben.

Mit viel Wärme und Hochachtung

Johann Barend Krebs

Pain Research Institute

Goal: To Heal Pain and Relieve Suffering by Treating the Cause

Dr. Johanna Budwig
7291 Freudenstadt-Dietersweiler
West Germany

October 25, 1997

Original in Englisch (verkürzte Ausgabe)

Sehr geehrte Frau Dr. Budwig!

Ich schreibe Ihnen heute, um mich mit Ihnen abzustimmen, dass es O.K. geht, dass wir Sie auf unserem Briefbogen erwähnen und dass wir Ihnen zukünftig alle Publikationen von uns zusenden werden.

Ihre unglaubliche Forschung, wie gesättigte Fette und gehärtete pflanzliche Öle den Elektronenfluss unserer Zellmembranen blockiert, passt genau zu meiner Forschung der Ursachen von Schmerz ...

Wir werden es immer zu schätzen wissen, was Sie für die Menschheit getan haben.

Mit freundlichen Grüßen

Darrell J. Stoddard

Founder, Pain Research Institut

266 East 3200 North, Provo, UT 84604 U.S.A., Phone (801) 377-6900, Fax: (801) 373-3426

Min.-Rat Dr. Hensen im Bundesministerium für Ernährung, Landwirtschaft und Forsten

III B 4- 3833.24-376/54 Bonn, den 25. Juni 1955

Fräulein
Dr. Budwig
Münster/Westf.
Wienerstr. 33

Betr. Polymerisiertes Fischöl.

Sehr geehrtes Fräulein Dr. Budwig!

Im Juli 1951 habe ich das Institut für Virusforschung und experimentelle Medizin, Sielbeck bei Eutin, beauftragt, die Verwendbarkeit polymerisierter Fette für die menschliche Ernährung zu prüfen. Der Bericht des Institutes war geeignet, größte Vorsicht hinsichtlich der polymerisierten Öle für die menschliche Ernährung walten zu lassen. Die weiteren Versuche, die ich durch das Deutsche Institut für Fettforschung Münster, durchführen ließ, verstärkten diesen Eindruck und veranlassten mich, sowohl der Deutschen Fischindustrie als auch der Deutschen Margarineindustrie größte Zurückhaltung in der Verwendung von polymerisierten Fetten anzuraten. Gemeinsam mit dem Bundesminister des Innern habe ich, nach Vorliegen der Versuchsergebnisse, ein Verbot von unter Verwendung von polymerisierten Ölen hergestellten Erzeugnissen erwogen. Da ein solches Verbot nicht auf den innerdeutschen Bereich beschränkt werden konnte, fand im September 1953 eine Besprechung mit Wissenschaftlern aus Norwegen statt, da Norwegen sehr stark am Export von fischindustriellen Erzeugnissen unter Verwendung von polymerisierten Ölen interessiert war. An dieser Besprechung nahmen teil:

Von norwegischer Seite:
Prof. Dr. R. Nikolaysen, Oslo, Universitätsinstitut for ernaeringsforsking;

Prof. Dr. 0. Togersen, Oslo, Universitätsinstitut for patologi, Rikshospitalet; ***Dr. ing. chem. H. Nilsen-Moe***, Oslo, Hermetikkindustrieens laboratorium, Stavanger.
Von deutscher Seite:
Prof. Dr. Kärber, Berlin-Dahlem, Max von Pettenkofer-Institut des Bundesgesundheitsamtes;
Prof. Dr. Dr. K. Lang, Mainz, Physiol-chem. Institut der Universität;
Dr. H. Frahm, Kiel, Waigmannstr., Bakt. Institut der Bundesforschungsanstalt für Milchwirtschaft;
Dr. H. Werner, Hamburg, Chemische und Lebensmittel-Untersuchungsanstalt der Gesundheitsbehörde.

In der Besprechung konnten die norwegischen Sachverständigen die von deutscher Seite vorgebrachten Bedenken nicht zerstreuen. Obwohl wiederholt dazu aufgefordert, hat die norwegische Seite Muster der verwendeten norwegischen Öle nicht übersandt. Die Bundesforschungsanstalt für Fischerei, Hamburg, hat festgestellt, dass die jetzt zur Einfuhr kommenden norwegischen Fischkonserven polymerisierte Öle nicht mehr enthalten.

Das Präsidium des Bundesgesundheitsamtes hat mir im Dezember vorigen Jahres mitgeteilt, dass seit der Hamburger Besprechung am 8. September 1953, auf norwegischer Seite kein besonderes Interesse mehr an der Polyölfrage zu bestehen scheint.

Damit ist die von Ihnen befürchtete gesundheitliche Schädigung beim Verzehr polymerisierter Öle auch von anderer wissenschaftlicher Seite bestätigt worden, und durch die inzwischen eingetretene Entwicklung als erledigt zu betrachten. Für die von Ihnen gezeigte Mithilfe zu dieser Frage danke ich Ihnen bestens.
Durchschrift dieses Schreibens habe ich der Bundestagsabgeordneten Frau Dr. Hedwig Jochmus zugeleitet.

Mit vorzüglicher Hochachtung

Ihr sehr ergebener

gez. Dr. H. Hensen.

Dr. Mittmann
Krebsforschung
Nordrhein-Westfalen
Statistische Abteilung
(22c) Bonn-Venusberg
Hautklinik 25.9.57

Herrn Prof. Dr L. Erhard,
Bundeswirtschaftsminister
Bonn-Venusberg
Schleichstr. 8

Betr. Nachgang zum Schreiben vom 14. 9. 57

Sehr geehrter Herr Bundeswirtschaftsminister!

Meine beiden mit Schreiben vom 14. 9. 57 übersandten Sonderdrucke stellen 2 Veröffentlichungen einer Publikationsreihe von 3 Arbeiten dar, wobei sich die dritte Arbeit noch im Druck befindet. Da es bis zum Erscheinen der dritten Arbeit einige Zeit dauern wird, gestatte ich mir anbei eine Manuskript-Übersendung.
Die auf statistischem Wege erhaltenen Ergebnisse meiner Publikationsreihe harmonieren mit Ergebnissen anderer, nicht statistisch arbeitender Forscher, wie vor allem 0. WARBURG und J. BUDWIG. Auf Frl. Budwig, die von der Chemie her kommt, wurde ich von Herrn Prof H. MARTIUS (Göttingen) hingewiesen, obschon dieser sich in seiner Eigenschaft als Präsident des Deutschen Zentralausschusses für Krebsbekämpfung und Krebsforschung offiziell nicht positiv zu den Resultaten BUDWIGs einstellt. Im Übrigen wurden die BUDWIGschen Ergebnisse inzwischen von NYROP (Kopenhagen) und SINCLAIR (Oxford) bestätigt.

Mit vorzüglicher Hochachtung

Ihr sehr ergebener
gez. Mittmann

Fritz Zeller
Münsterplatz 45

79 Ulm-Donau

An das Gesundheitsministerium
Zu Hd. Von Frau Ministerin Antje Huber

24.01.1981

Sehr geehrte Frau Ministerin!

In der Südwest Presse erschienen gestern, 23. Juni 81, ein Artikel: »wenig Erfolg im Kampf gegen die Geisel Krebs«. Darin heißt es u.a., dass Sie in der ersten Bundestagssitzung des neuen Jahres im Krebsbericht erläutert haben: von einer wirklichen Verbesserung im Forschungsbereich kann nicht gesprochen - ein Durchbruch im Kampf gegen den Krebs ist noch nicht in Sicht. Leider ist das die Wahrheit und jährlich sterben nach der Statistik in der BRD 150.000 an Krebs. Bitte nehmen Sie meinen Fall zur Kenntnis:

Ich ließ mich mindestens einmal im Jahr auf Krebsverdacht untersuchen und immer wieder hieß es: »ohne Befund«. Aber zu meiner

Beruhigung konsultierte ich Ende 1979 einen Universitätsprofessor. Der Erfolg war, dass in der Uni-Klinik an mir sofort eine Prostata-Operation vorgenommen und dabei eine Krebsgeschwulst in der Prostata entfernt wurde.

Bei einer anschließenden zweiten Operation wurden auch die Hoden entfernt und ein Knochen-Szintigramm gemacht, mit dem Befund: »Multiple Metastasen im gesamten Rumpfskelett«.

Nach diesen Operationen und Untersuchungen ließ der behandelnde Professor meine Frau zu sich kommen, weil er mir selbst wegen meines schlechten Zustandes die Wahrheit nicht sagen wollte, und hat ihr erklärt, dass mir nicht mehr geholfen werden kann und ich hätte nur noch mit einer Lebenserwartung von höchstens zwei Jahren zu rechnen.

Dann kam ich durch einen Zufall, kurz nach meiner Entlassung aus dem Krankenhaus, in die Hände einer Biologin, einer Heilpraktikerin, welche nachweislich vor mir schon hunderten von Krebskranken, die von Ärzten als unheilbar aufgegeben wurden, geholfen hat. Durch die von ihr verordnete strenge Diät fühlte ich mich von Beginn an völlig gesund und nun, jetzt nach zwei Jahren, ließ ich von mir in der gleichen Universität ein zweites Szintigramm machen und - oh Wunder - es hat sich der Befund so verbessert, dass Metastasen nicht mehr mit Sicherheit festgestellt werden können.

Ich machte vor einiger Zeit die Deutsche Krebshilfe auf die Heilmethoden dieser Heilpraktikerin aufmerksam und bat, sich damit zu befassen und die außergewöhnlichen Erfolge zu untersuchen. Von der Deutschen Krebshilfe bekam ich nach einiger Zeit die Antwort, dass »bei Förderung von Forschungsprojekten nur solche gefördert werden, die sich einer wissenschaftlichen Nachprüfung nicht entziehen können«. Dazu ist zu sagen:

Die ganze Krebsforschung bewegt sich doch nur in ausgefahrenen Gleisen und seit Menschengedenken ist es doch immer so, dass einmal gefasste Erkenntnisse und Grundsätze in der Wissenschaft gegen Andersdenkende, die diese als falsch betrachten, mit allen Mitteln verteidigt und Außenseiter bekämpft werden.

Ich und viele andere Leidensgenossen verdanken dieser Wissenschaftlerin die Heilung, welche im Grenzbereich der Biologie, Chemie, Physik und Medizin, den Ursachen von Krebs in jahrzehntelangen Forschungen nachgegangen ist und zu der Feststellung kam, dass Krebs ein Fettproblem ist und mit Erfolg behandelt werden kann, durch die Umstellung der Kost. Ihre Erkenntnisse sind der Schulmedizin sehr unbequem und sie wird deshalb von vielen Medizinern, auch von der Margarine-Union bekämpft; man will diese Forscherin mit allen Mitteln mundtot machen.

Ich bitte Sie, sehr geehrte Frau Ministerin, gehen Sie meinem Bericht nach und verhelfen Sie, nach sorgfältiger Prüfung der Unterlagen, zu einem Durchbruch in der Bekämpfung gegen den Krebs. Der Name und die Anschrift der Forscherin:

Frau Dr. Johanna Budwig, 72550 Dietersweiler-Freudenstadt.

Sie besitzt den Doktortitel der philosophischen und naturwissenschaftlichen Fakultäten, Staatsexamen Dipl. Physik, Pharmazie.

Ich würde mich freuen, wenn durch Ihre Initiative auch andere Wege der Krebs-Bekämpfung eingeschlagen werden.

Mit ergebenen Grüßen

Fritz Zeller

Stadt Stuttgart
Katharinenhospital Strahlenklinik
Ärztlicher Direktor: Prof. Dr. med. W. Hellriegel

Frau
Dr. med. Johanna Budwig

7291 Lauterbad
über Freudenstadt

Sehr geehrte Frau Dr. Budwig!

In letzter Zeit befand sich eine Patientin von mir, Frau Hariett -------, geboren am 4.12.1931, bei Ihnen in Behandlung. Bei der Patientin handelte es sich um ein malignes Melanom, das im Mai 1969 in Ohio aus dem linken Oberschenkel operiert wurde.

Im September 1970 kam es zu Lymphknotenmetastasen an der linken Schläfenseite, die sich nach einer Strahlenbehandlung zurückbildeten. Auch die nachfolgenden Lymphknotenmetastasen im Januar 1971 an der linken Halsseite konnten durch Strahlenbehandlung zur Rückbildung gebracht werden. Im März 1971 trat insofern eine allgemeine Verschlechterung ein, als es zu einer generalisierten Metastasierung in der Haut kam. Es ließen sich mehrere Hautmetastasen am Rumpf nachweisen.

Nach der Kur bei Ihnen haben sich alle Lymphknoten und Hautmetastasen zurückgebildet. Außerdem haben sich alle blutchemischen Befunde normalisiert.

Ein solches Ereignis habe ich bisher bei metastasierenden malignen Melanomen noch nie beobachtet. Ich wäre Ihnen außerordentlich dankbar, wenn Sie mir mitteilen könnten, welche Therapie Sie durchführten.

Da ich zur Zeit noch andere Patienten mit der gleichen Erkrankung und dem gleichen schlechten Zustand haben, bin ich gerne bereit, Ihnen diese Patientin zu schicken, um das erkennbare Ende dieser Kranken hinauszuschieben.

Andererseits bin ich natürlich auch bereit, diese Therapie hier vorzunehmen, wenn Sie mir die Methode mitteilen würden.

Ich würde mich außerordentlich freuen, wenn ich von Ihnen eine Nachricht erhalten würde. Inzwischen verbleibe ich

mit freundlichen Grüßen

Ihr

Prof. Dr. med. W. Hellriegel

Klaus Hiller
Leitender Kriminaldirektor
Kaiserstr. 6

77963 Schwanau

27.09.1997

Verehrte Frau Dr. Budwig,

Ihr neunzigster Geburtstag ist Anlass für meine Gattin und mich, Ihnen nicht nur ganz herzlich zu gratulieren und Ihnen weiterhin gute Gesundheit zu wünschen, sondern Ihnen nochmals für Ihre großartige Leistung bei der Heilung meiner Gattin zu danken.

Sie erinnern sich sicher an den Zustand meiner Gattin, als wir Sie vor etwas mehr als 13 Jahren aufsuchten.

Aufgrund eines Kehlkopfcarcinoms war der gesamte Kehlkopf entfernt worden. Bei dieser Operation wurden Metastasen in Lymphknoten und Schilddrüsen festgestellt. Besonders alarmierend war der Ausbreitungsgrad der Metastasen, die z. T. bereits nekrotisch zerfallen und in die umgebenden Weichteile infiltriert waren.

Der behandelnde Arzt an der Klinik Erlangen, Prof. Dr. med. Steiner, vertrat damals die Auffassung, dass auch bei anschließender Strahlenbehandlung, die er für unverzichtbar hielt, die Lebenserwartung meiner Gattin nicht wesentlich über 1 Jahr liegen würde.

Einzelheiten des damaligen Krankheitsbildes ersehen Sie aus der beigefügten Anlage.

Wir haben uns für die von Ihnen entwickelte biologische Therapie entschieden, auf eine Strahlenbehandlung und auf jegliche weitere ärztliche Behandlung verzichtet. Diese Entscheidung hat meine Gattin letztlich vor dem sicher scheinenden Tod bewahrt. Dafür sind wir Ihnen dankbar.

Abschließend möchte ich Ihnen noch mitteilen, dass wir von Stuttgart in den Raum Freiburg umgezogen sind. Meine neue Adresse ersehen Sie aus dem Briefkopf; die neue Tel.-Nr. lautet ------------. Ich lege Ihnen noch eine Karte meines Büros bei.

Mit den allerbesten Wünschen verbleibe ich

Ihr

Klaus Hiller

Universität Erlangen-Nürnberg
KLINIK UND POLIKLINIK FÜR HALS-NASEN-OHRENKRANKE

Herrn
Dr. med. Hans Melchior Hofmeier
HNO-Arzt
Paracelsusweg 9

7302 Ostfildern 1 Ruit

20.05.1985

Sehr geehrter Herr Kollege,

zusammenfassend berichte ich Ihnen über den Krankheitsverlauf unserer gemeinsamen Patientin Frau Sonja Hiller, die sich vom 25.3. bis 29.3.1985 sowie vom 24.4. bis 15.5.1985 in unserer stationären Behandlung befand.

Erlauben Sie mir einige Vorbemerkungen zur Vorgeschichte, die ich im Wesentlichen Ihrem Schreiben vom 14.3.1985 entnommen habe. Ergänzt durch die eigenen Angaben der Patientin, da ich meine, dass das Krankheitsbild und der Verlauf recht ungewöhnlich sind.

Die nichtrauchende junge Patientin litt nach eigenen Angaben seit ca. 2 Jahren an einer Stimmstörung. Anfang 1984 habe sie sich im Katharinen-Hospital in Stuttgart einer Stimm- und Sprachtherapie unterzogen.

Im August 1984 hat Sie die Patientin wegen Heiserkeit und Atemnot erstmals aufgesucht. Laryngoskopisch stellten Sie ein ausgeprägtes subglottisches Oedem bei einer Weite der Subglottis von 2 bis 3 mm fest, Stimm- und Taschenbänder seien reizlos gewesen, das rechte Stimmband habe bei Phonation etwas nachgehinkt. In der Annahme es bestehe ein Zusammenhang mit der bekannten Allergie auf Hausstaub und der vorliegenden Schwangerschaft (Mens 5) führten Sie zunächst eine konservative Behandlung durch und veranlassten einen Klimawechsel.

Nach einer passageren Besserung trat jedoch im Oktober 1984 eine erneute Verschlechterung auf, weshalb Sie eine konservative Behandlung unter stationären Bedingungen vornahmen. Nach der Entbindung eines Kindes durch Sectio im Dezember 1984 haben Sie die Patientin im Januar dann erneut konservativ mit Cortison und anderen Medikamenten behandelt. Da jedoch keine wesentliche Besserung eintrat, führten Sie am 5.3.1985 eine Mikrolaryngoskopie in Narkose durch.

Wegen einer erheblichen subglottische Stenose war die Intubation erschwert, die Stimmlippenfunktion sei intakt gewesen. Im glottischen Bereich rechts von der vorderen Kommissur beginnend, bis zum Arybereich haben Sie die Granulationen abgetragen, die dann histologisch überraschenderweise ein nicht verhornendes Plattenepithelcarcinom ergaben. Sie überwiesen dann die Patientin an Herrn Professor Kittel, den Leiter der Erlanger Stimm- und Sprachabteilung, der die Patientin zur weiteren Betreuung mir anvertraute.

Lupenendoskopisch bot die Patientin hauptsächlich im subglottischen Bereich rechts dorsal granulierende Veränderungen ohne jedoch klinisch eindeutigen Malignitätsverdacht. Mit Rücksicht auf die klinisch-histologische Diskrepanz führte ich zunächst eine mikrolaryngoskopische diagnostische Laserexcision in Intubationsnarkose am 27.3.1985 durch. Da die Schnellschnittuntersuchung einer Excisionsbiopsie im Stimmlippenbereich rechts hinten ein Carcinoma in situ ergab, habe ich sofort noch im gleichen Eingriff eine Nachresektion vorgenommen. Die Aufarbeitung dieses Resektates ergab dann ein Microcarcinom.

Eine von Herrn Professor Pesch im Erlanger Pathologischen Institut vorgenommene, abschließende epikritische histologische Synopsis aus den, freundlicherweise von Herrn Professor Schneider in Esslingen überlassenen Präparaten, zusammen mit den von uns gewonnenen Excistaten ergab, laut Schreiben vom 17.4.1985, dass kein Zweifel an der Malignität der klinisch unverdächtigen Proliferationen bestehe, es liege ein invasiv wachsendes mäßig differenziertes verhornendes Plattenepithelcarcinom vor. Die Reaktion sei mit großer Wahrscheinlichkeit nicht im Gesunden erfolgt, es bestehe der dringende Verdacht auf eine lymphogene Metastasierung.

Unter Berücksichtigung dieser Befunde erfolgte, trotz klinisch befriedigenden Aspektes des Endolarynx, sicherheitshalber eine mikrolaryngoskopische Laser-Nachresektion im Larynx rechts dorsal. Die Schnellschnittuntersuchung ergab, dass das ganze Excisat von Tumor durchsetzt war. Noch in gleicher Sitzung führte ich in Absprache mit den Angehörigen eine Laryngofissur durch. In dem Bemühen, der jungen Frau durch eine bilaterale vertikale Teilresektion funktionell wichtige Larynxstrukturen für eine definitive Rehabilitation zu erhalten, legte ich ein epithelisiertes Laryngo-Tracheostoma an, gleichzeitig führte ich eine explorative regionelle funktionelle Neck dissection rechts durch. Da sich intraoperativ, histologisch abgesichert, bereits der dringende Verdacht auf ein sehr ausgedehntes submukös wachsendes Carcinom ergab, das prälaryngeal im Bereich der vorderen Kommissur durchgebrochen war, Ringknorpel und Trachea befallen hatte, entschloss ich mich noch in derselben Sitzung zu sehr ausgedehnten Resektionen bilateral, Schild- und Rinknorpel sowie Trachea betreffend.

Die endgültige Aufarbeitung der zahlreichen Nachresektate und Randproben ergaben nun leider histologisch einen so ausgedehnten Befall von Schild- Ringknorpel und Trachea mit präcricoidalem Durchbruch sowie einer Lymphangiosis carcinomatosa und einer Lymphknotenmetastase caudal und lateral der Gefäßscheide rechts, dass eine Laryngektomie nicht zu umgehen war. Am 02.05.1985 führte ich den Eingriff durch. Dabei wurde simultan eine regionale funktionelle Neck dissection links vorgenommen und die regionale Halsausräumung rechts erweitert. Haut-Trachealanteile wurden großzügig nachreserziert, dabei wurde paratracheal rechts stärker als links ausgeprägt je eine Lymphknotenmetastase entfernt, die zwischen Schilddrüse und Trachea lokalisiert war.

Die rechte, relativ große Metastase war nekrotisch zerfallen, histologisch zeigte sich eine Infiltration der umgebenden Weichteile. Die rechte Schilddrüse wurde komplett entfernt, links wurden Anteile der Schilddrüse erhalten, da nur ein kleiner Lymphknoten nachgewiesen wurde.

Die atypische Schnittführung am Hals ist auf den vorangegangenen Versuch einer Kehlkopfteilresektion zurückzuführen. Der postoperative Verlauf war komplikationslos. Am 10.5.1985, also am 8. postoperativen Tag, konnte die Magensonde entfernt werden. In Anbetracht des fortgeschrittenen Larynxcarcinoms (pT4) mit Befall des Schildknorpels und extralaryngealer Ausbreitung mit der Ausdehnung nach caudal in das Cricoid und die Trachea, mit der bilateralen (pN3) Metastasierung, mit Kapselruptur rechts ist eine Nachbestrahlung beider Halseiten mit Mediastinum dringend indiziert. Während die Angehörigen über die absolute onkologische Notwendigkeit dieser Bestrahlungstherapie aufgeklärt sind, weiß die Patientin nach Absprache mit den Angehörigen nur von einer sicherheitshalber notwendigen Nachbestrahlung, ohne dass sie über die Halsmetastasen in Kenntnis gesetzt wurde.

Da sich die Patientin zumindest 1 Jahr bei Ihren Schwiegereltern in der Nähe von Freiburg aufhalten wird, habe ich die Patientin aufgefordert, die Bestrahlungsbehandlung an der Strahlenklinik, deren Direktor Herr Professor Wannenmacher ist, durchführen zu lassen und die Nachsorgeuntersuchungen, sowie die Einweisung in das Erlernen der Speiseröhrensprache in der Hals-Nasen-Ohrenklinik, deren Direktor Herr Professor Beck ist, vornehmen zu lassen. Eine primäre chirurgische Rehabilitation der Stimme nach Laryngektomie war wegen der ausgedehnten Tumorresektion leider nicht möglich. Sollte die Patientin Schwierigkeiten haben mit dem Erlernen der Oesophagussprache, so kann eine sekundäre prothetische Versorgung ins Auge gefasst werden. Ich wäre Ihnen dankbar, wenn durch die weiterbetreuenden Kliniken in Freiburg eine Fernmetastasensuche und eine eventuelle immunologische Untersuchung veranlasst werden könnte. Ich darf mich schon jetzt für die freundliche Übernahme der weiteren Diagnostik und Therapie, sowie Betreuung der jungen, vom Schicksal schwer getroffenen, Patientin bedanken.

Mit den besten kollegialen Grüßen

Prof. Dr. med. W. Steiner
Oberarzt der Klinik

Meine wichtigsten Erfindungen in der Wissenschaft und die sich darauf gründenden Erkenntnisse:

Neu geschaffene Fakten und Folgerungen

1. Meine Ideen im Jahre 1949: Es muss doch möglich sein, auch für die Fettchemie, Nachweise zu schaffen. Boldingh hatte dies schriftlich in Frage gestellt. Diese fettchemischen Nachweise empfindlich und spezifisch gelangen mir.

2. Die lang erwünschte, ja notwendige Unterscheidungsreaktion z. B. zwischen Ölsäure und Linolsäure gelang.

3. Die von mir mit Professor Kaufmann entwickelte (1949, 1950 und 1951) Papierchromatographie der Fette verbreitete sich stürmisch und weltweit. Durch Veröffentlichungen auf Kongressen, in der Zeitschrift »Fette und Seifen«, auch zusammen mit mehreren Professoren und Doktoranden, wodurch diese Methode ausgebaut wurde. Die Beherrschung der Atmosphären im geschlossenen System entwickelte ich durch Anwendung von Gassystemen, die als Antioxydantien wirken. Färbungen, Trenneffekte der Fette und Fettsäuren wurden weiter entwickelt. Das Studium der Verhaltensweise erfolgte im Blaulicht, Rotlicht, bei Fluoreszenzfarben. Das elektrische Verhalter der hoch ungesättigten Fettsäuren mit ihrem »Hof« fiel mir auf, z. B. bei Färbungen mit Rhodamin-rot.

4. Den Anstoß, sofort die Untersuchung der Blutfette in Angriff zu nehmen, gab z. B. die Arbeit von Nonnenbruch, das Fehlen von Nachweisen für Blutfette wirke sich in der Medizin empfindlich aus (1951).

5. Anwendung der Papierchromatographie, Untersuchung der Blutlipoide (1952 veröffentlicht) wirkte sich sofort stürmisch aus. Das Krebsproblem wurde einbezogen. Die chemisch haltbar gemachten Fette, zu denen alle Transfettsäuren gehören, erwiesen sich als Hemmstoffe des Fettstoffwechsels.

6. Der ein Jahr anhaltende Widerstand vor der Veröffentlichung der o. a. Arbeit (März 1952) ließ mich sehr gründliche Arbeit durchführen zur Begründung der Wichtigkeit dieser Erkenntnisse.

7. Bewiesen wurde, wie von mir veröffentlicht:

a) Die Linolsäure bzw. Leinölfettsäuren liefern den von der Fachwissenschaft gesuchten zweiten Paarling im autoxydablen System der lebenden Zelle.

b) Die Einbeziehung der Physikochemie von B. Eistert lieferte mir sofort aufschlussreiche Erkenntnisse über den Synergismus der Sulfhydrylgruppe des Eiweißes mit den Pi-Elektronen der hoch ungesättigten Fettsäuren und deren Bedeutung für die Bildung der Lipoproteide, der Wasserstoffbrücke zwischen Fett und Eiweiß, die den einzigen Weg darstellen für den schnellen und gerichteten Elektronentransport in biologischen Systemen. Auf dieser Basis gelang erstmals die Anwendung von Laserbestrahlung bei Krebskranken erfolgreich.

c) Dieses Elektron, aus Fotonen des Sonnenlichtes aufgebaut, z. B. bei der Photosynthese in Pflanzen weist auch - an der Grenze zwischen Licht und Materie - in den Elektronensystemen der beweglichen, von der Materie loslösbaren Elektronenwolken, den Pi-Elektronen der hoch ungesättigten Fettsäuren, die Resonanzfähigkeit auf für die Sonne, deren der Mensch bedarf für seine Lebensfunktionen:

Atmung, Wachstum, Zellteilung, Nervenfunktionen, Sekretionen, Aufbau und Abbau von Zellen. Die Gehirnfunktion ist bei keinem Tier derart stark fähig und angewiesen auf die Aufnahme, Speicherung und Reaktivierung der Sonnenenergie wie der Mensch (s. »Photoeffekt« nach Einstein und Relativitätsphysik). Damit sind alle Lebensfunktionen des Menschen betroffen. Die Wende der Krebsforschung und die bewiesene erfolgreiche Krebstherapie sind nur ein Aspekt aus der großen Gesamtschau.

Erkenntnisse in der theoretischen Physik:

1. Um 1900 erkannte Max Planck das »Plancksche Wirkungsquant«, die universell geltende Natur-Konstante als Quant aller Strahlung, der Wärme und der schwarzen Strahlung.

2. Albert Einstein erkannte und bewies die Lichtquantentheorie: Das Foton, Quant des Lichtes, ist immer begleitet vom elektromagnetischen Feldern. Das Feld ist bei aller Austauschenergie entscheidend. Einstein bewies mit dem Photoeffekt: Bei Bestrahlung, etwa einer Platte aus Metall, erfolgt Energieaustausch gemäß der Frequenz der eingestrahlten Energie, also nach der Qualität nicht der Quantität der Strahlen. Nach dieser Lichtquantentheorie sind Raum und Zeit in die Relativität einbezogen, nicht dagegen elektrische Ladung und Entropie.

3. Prinz Louis de Broglie bewies 1924 mathematisch die Strahlungsfähigkeit aller Materie, die Materiewellen, die Dualität des Lichtfotons, immer Korpuskel, Materie und zugleich reinste Welle. Diese Komplementarität, die zwei Gesichter des Fotons übertrug er mit Erfolg auf das Elektron und schuf so die Quantenmechanik.

4. Niels Bohr hatte die Komplementarität des Elektrons im Wasserstoff beschrieben, mit dessen sprunghaftem, quantenhaftem Wechsel des Energieniveaus.

5. K.W. Ford, Kernphysiker, gibt eine faszinierende Beschreibung, welche überragende Rolle dem Foton des Sonnenlichtes zukommt, wodurch das Elektron ein nicht völlig lebloses Objekt ist. Die Lage der großen Ordnung »mit Farbe und innerer Aktivität«, das Leitmotiv, das auch unsere Welt beherrscht, von Relativitätstheorie (Einstein) über Quantenmechanik (Louis de Broglie) für die Welt der Elementarteilchen begründet von K. Ford, seien diese drei genannten Forscher auch und betont in Zusammenhang mit der Schöpfung, wie sie durch die »zarte Substanz der Wellenfelder« die Ordnung aufrechterhält über dem Chaos einer Wahrscheinlichkeit.

6. Nur die Strahlung der künstlichen Radioisotopen (K. Ford) mit ihren Positronen, vermag geladenen Fotonen und Elektronen in ihrer Ladung zu neutralisieren. Das fördert Entropie und Tod.

7. Friedrich Dessauer beobachtete bei Studien über Bestrahlungen, beschrieben in »Quantenbiologie«, wie wichtig für das Energiedepot beim Menschen »die passenden Strahlen« sind. Die Rolle des »großen Moleküls« blieb ihm dabei wichtig aber unbekannt.

Eigene Erkenntnisse:

Die wunderbare Rolle des Fotons der Sonnenenergie, auch in der Nahrung uns einverleibt, erhält uns die Resonanzabsorption für die Sonnenenergie. Die zarten Wellenfelder der Fotonen sind für allen Energieaustausch in der Lebensfunktion des Menschen unerlässlich.

Der Wechsel zwischen Licht und Materie bei Fotonen und den ihnen gemäßen Elektronen ist ein Kernbestandteil in der Lebensfunktion des Menschen bei aller Energiereserve und Anpassung gemäß der Relativitätsgesetze, auch in der Krankheitsabwehr.

Dabei spielt der Wasserstoff, als leichtestes Atom, zwischen Energie und Materie, in der Wasserstoffbrücke, den Lipoproteiden, Brücke zwischen Fett und Eiweiß, eine sehr entscheidende Rolle als Anti-Entropiefaktor, als lebensfördernd; die Fähigkeit im Wasserstoff quantengemäß Energie aufzunehmen, weiterzuleiten und abzugeben ist dabei wichtig.

Die heute in der offiziellen Medizin realisierte Bestrahlung mit synthetisch hergestellten Radioisotopen wirkt diesem Lebensprozess entgegen. Sie baut vorhandene Energiedepots ab, zerstört die zarte Substanz der magnetischen Felder (Spin der Elektronen), unerlässlich für den Energietransport beim Menschen.

Wie stark auch diese Schäden beim bestrahlten, in der Lebensfunktion völlig reduzierten, krebskranken Patienten wieder hergestellt werden können, durch Zufuhr der für alles Leben des Menschen notwendigen sonnengemäßen Elektronensysteme, konnte ich in der Praxis beweisen seit nunmehr 20 Jahren.

Wo die Quanten regieren gemäß des ultraleichten Fotons, wo die Führungswelle beherrscht wird, von der Dualität Welle/Korpuskel des Sonnenlichtes, dort wird auch beim Krebskranken das sich anbahnende Chaos überwunden. Im Wellenfeld der Sonnenenergie werden von dort die Steuerungselemente geliefert für die vitale Funktion des Menschen in seiner Individualität.

Wichtige Grundlagen für die theoretische Physik und ihre biologische Quantenbiologie lieferten mir die Bücher:

K.W. Ford: *Die Welt der Elementarteilchen*

T. Thunberg: *Die biologische Bedeutung der Sulfydrylgruppe* (1911) und die Abhandlung von Torsten Thunberg im Handbuch von B. Flaschenträger Band 1 (1951).

I. Bang: *Chemie und Biochemie der Lipoide* (1911)

O. Warburg: *Über den Stoffwechsel der Tumoren* (1926)

Louis de Broglie: *Licht und Materie* (1949)
Physik und Mikrophysik (1950)

A. Einstein: *Quantengesetz der Emission und Absorption des Lichtes* und über die Bedeutung des Feldes bei der Lichtbewegung.

Fr. Dessauer: *Quantenbiologie (*Ausgabe 1954)

Essentielle Fettsäuren in der Lebensfunktion des Menschen

Einleitung: Zur Lage der Tumortherapie

Wenn man das Auftreten von Krebs genau beobachtet, so ergeben sich Hinweise darauf, dass ein Zusammenhang bestehen muss mit unserer Ernährung. Aber feste Anhaltspunkte, die hilfreich sein könnten gegen den Krebs anzugehen, wurden wohl kaum angeboten.

Die zunehmenden Anstrengungen, auf dem Wege der Propaganda Hilfe zu erhalten, um im Kampf gegen den Krebs erfolgreich zu sein und das schnelle Ansteigen der Zahl dieser Erkrankungen sind jedoch feststehende Tatsachen. Die Liste von krebserzeugenden Substanzen wird von Jahr zu Jahr länger. Die Suche nach einer generellen Krebstherapie hat zu einer Fehlentwicklung geführt, dies gilt bis zum heutigen Tage. Es ist eine feststehende Tatsache im Etablissement, dass das Ziel aller Krebstherapien sei, das Wachstum der Zellen zu stoppen. Es ist ein wesentlicher Faktor bei aller Carcinogenese und dem Versagen aller Krebstherapien, dass der menschliche Organismus versagt in der Adaptation. In der folgenden Ausführung ist nun ein neuer Punkt aufgezeigt, an dem der Angriffspunkt gegen den Krebs erfolgreich ist.

Ich fasse zusammen, wie ich die neuen Ideen für eine erfolgreiche Therapie von Krebs begründe, die das absolute Gegenteil darstellt, von allem was bisher angestrebt wurde. Es ist mein Ziel, die Wachstumsprozesse insbesondere bei den Krebszellen zu fördern.

Die hoch ungesättigten Fettsäuren werden nun als Substanzen aufgezeigt, die durch ihre Aktivität die Wachstumsrate der Zellteilung - auch der Krebszellen beschleunigen - die so zu einer Selbstdestruktion des Tumors führen. Entdifferenzierung der Zellen wird angeregt, beginnt, wenn die Sauerstoffaufnahme unter einen kritischen Wert herabsinkt. Ein sehr wichtiger Faktor ist nun bei dem Prozess der Regeneration das Erfordernis von Sauerstoff und oxydierbaren Substanzen.

Hier sind nun die essentiellen Fettsäuren ein entscheidender Faktor - wie ich 1951/52 bewies - die Harmonie im Redoxsystem wieder herzustellen, speziell für die Sauerstoffaufnahme im Cytochromsystem. In der dann folgenden Wundheilung, in dem Prozess der Regeneration, in welchem die Zellteilung beschleunigt vor sich geht, wird dieser Prozess dennoch kontrolliert durch das übergeordnete Regulationssystem im Körper. Autonomes, unbegrenztes Wachstum findet nicht statt.

In der Zusammenfassung: Ich fand in den hoch ungesättigten Fettsäuren eine Substanz, die fähig ist, die unreife Teilung speziell in den Krebszellen mit dem gewünschten Effekt zu beeinflussen, dass dieses Mittel ohne schädliche Einwirkung auf normale Zellen ist und auf die vitale Lebensfunktion. Diese Substanz dient der Wiederherstellung der Harmonie in dem gestörten Organismus.

Es ist die Überzeugung der Autorin, dass dieser vorgeschlagene Forschungsweg den kürzesten Weg anbietet, um Krebs zu heilen und zu überwinden. Es ist heute eine brennende Notwendigkeit, die praktischen Konsequenzen zu ziehen auch für die etablierte Krebsforschung. Wissenschaftliche und humanitäre Gesichtspunkte erfordern diese Kurskorrektur.

Dieses Manuskript mit Einleitung liegt dem Karolinska Medico-Kirurgiska Institut Stockholm vor, in englischer Sprache. Der Nobelpreis für Medizin wurde für die Autorin vorgeschlagen von mehreren Vertretern der Medizin aus dem In- und Ausland.

Essentielle Fettsäuren in der Lebensfunktion des Menschen.

1. Neue Wege der Fettanalyse

Neue Wege der Fettanalyse eröffnete ich durch die Entwicklung der Papierchromatographie der Fette (1950). Damit ergab sich erstmalig, Fette, Fettsäuren und Lipoproteide direkt und in kleinsten Anteilen nachzuweisen, zu charakterisieren und in Form der Mikroanalyse zu studieren. Mit Hilfe von Co 60 gelang mir z. B. die erste Unterscheidungsreaktion zwischen Öl- und Linol- und Linolensäure; mittels Radiojod die erste direkte Jodzahl. Originalarbeiten darüber sind veröffentlicht in »Fette und Seifen«. Zusammenstellungen finden sich in »Fotoelemente des Lebens« (1979) und im »Fettsyndrom« (1959) sowie in: »Die elementare Funktion der Atmung in ihrer Beziehung zu autoxydablen Nahrungsstoffen« (1953).

Vorliegen und schädliche Auswirkung der polymerisierten Fette hoch ungesättigter Fettsäuren in den »Polyölen« wurde von uns nachgewiesen und in Tierversuchen erhärtet (1951). Diesbezüglicher Schriftwechsel mit dem Ernährungsministerium liegt vor, ebenso die Veröffentlichung (1952).

2. Neue biochemische Befunde betreff der hoch ungesättigten pi-elektronenreichen Fettsäuren in Lipoiden

Die Bedeutung der cis-Linolsäure in der Funktion der Atemfermente wurde erstmals von mir erkannt und bewiesen. Die Linolsäure als Partner zur Sulfhydrylgruppe, als Bildner der Lipoproteine, wurde erkannt, bewiesen und in ihrer fundamental wichtigen Auswirkung für jede Lebensfunktion erörtert (1952). Die elektromotorische Funktion der pi-Elektronen der hoch ungesättigten Linolsäure in der Lipoidmembran, in der Mikrostruktur des Protoplasmas, für alle Nervenfunktionen, Sekretionen, für Zellaufbau (Mitose) sowie Zellabbau wurde in diesem Zusammenhang von mir erörtert (1952).

Torsten Thunberg schrieb 1951 im Handbuch (B. Flaschenträger): Es gipfelt das gesamte Problem der Medizin darin, »die große Unbekannte« zu finden, den zweiten Paarling der Sulfhydrylgruppe im autoxydablen System der Zelle. Die Linolsäure erwies sich als diese »große Unbekannte«.

O. Warburg hatte bei seinen Versuchen, die bei der Tumorbildung dar niederliegende Oxydation wieder anzuregen, angenommen, eine Fettsäure müsse dabei eine Rolle spielen. Seine Versuche, dies mit Buttersäure oder Kokosfettsäure zu erreichen, schlugen fehl. Er vermochte diesen so »unerwarteten Rückschlag« nicht zu deuten. Hier setze ich nun als entscheidenden Faktor die hoch ungesättigte cis-Linolsäure, reich an pi-Elektronen ein. Die Oxydationsvorgänge werden normalisiert. Dies gilt für die Lipoidmembran der Zelle. Es wurde erhärtet und fotographisch festgehalten (1953) für die Lipoidmembran der Erythrozyten. Diesen fehlt im Falle der Erkrankung an Krebs die Lipoidmembran und deren elektromotorische Auswirkung.

Ivar Bang, der umfassende Arbeiten geliefert hatte über die Bedeutung der Lipoidmembran (1911), schreibt, es könne eine Fettsäure sein, die dabei eine Rolle spielt. Diese ist autoxydabel, lichtempfindlich. »Die Ölsäure ist es nicht«. Während Ivar Bang die Integrität der Lipoidmembran für alle Lebensfunktionen als entscheidend bezeichnet, bringt er diese ursächlich mit der Entstehung und Überwindung von Karzinom in Verbindung (1911). Es fehlte eine Nachweismethode für Linolsäure.

Hans von Euler, Stockholm, nannte (1949) als Generalnenner für alle Arten der Tumore »Aussonderung von Fett«, wo es sich normalerweise nicht als Lipoid befindet. Die Funktion der hoch ungesättigten Fette als Partner der Sulfhydrylgruppe überwindet z. B. auch die Aussonderung der Fette im Blut!

A.I. Virtanen, Helsinki, stimmt 1952 in Basel meiner Ausführung in der Weise zu, dass er beobachtet habe, dass die vermehrte Anhäufung von Fetten in der Zelle ein Kriterium sei für die Inaktivität der Lipoide in ihrer Funktion. Es macht sich hindernd bemerkbar - und dies gilt für die gesamte Forschung betr. Lipoide und Lipoproteide -, dass eine Nachweismethode für die hoch ungesättigte Linolsäure bis zu diesem Zeitpunkt, bis 1951, nicht vorhanden war.

Bei meiner Anwendung der neuen Analysenmethode zur Untersuchung der Blutlipoide im Nativstadium aus einem Tropfen Blut auf Papier ergab sich unter anderem eine wichtige Nachweismethode für Krebs, auch für Tumorbildungen im Anfangsstadium, die also röntgenologisch noch nicht nachweisbar sind (s. dazu Veröffentlichung 1952 in »Fette und Seifen«) sowie Abb. im »Fettsyndrom« 1959, Tafel II Abb. c; d; e).

Versuche an diesem für Krebs positiven Cytochromschweif mittels Gammaanteilen der Linolsäure wurden aufschlussreich. 1/1000 mg der Linolsäure, dem Tropfen Blut Krebskranker hinzugefügt, verhinderte die für Krebs typischen Kriterien. Diese Krebsnachweise sind noch heute sicherer und einfacher als röntgenologisch nachgewiesene.

Die Lokalisation dieser Befunde im nativen Blut mittels 2-Phasen-Kontrastmikroskop unternahm ich dann 1953! Dies erfolgte bei Gesunden und Kranken, auch unter Anwendung der Öl-Eiweiß-Kost.

Es ergibt sich kurz zusammengefasst:

Die Paarung der einfachen, für alle Zellen konstituierenden Substanzen, Sulfhydrylgruppe mit der cis-Linolsäure evtl. verbunden mit der elektronenreicheren Linolensäure sind Substanzen von hohem physiologischen Interesse für alle Lebensfunktionen.

Der labile Wasserstoff der Sulfhydrylgruppe in der Assoziation an die energiereichen pi-Elektronensysteme der cis-Linol- bzw. Linolensäure oder anderer Polyenfettsäuren ergibt die Voraussetzung für die Wasserstoffbrücke der Lipoproteide mit gehobenem Energieniveau, die wesentlich ist für allen Elektronenaustausch im lebenden Substrat.

Die **Bohrschen** Frequenzbedingungen für die Absorption oder Emission von Lichtquanten, den Fotonen, sind in diesem Wasserstoff vorhanden, um - das Energieniveau wechselnd - die elektronische Energie der pi-Elektronen auf Eiweiß zu übertragen.

Diese Substanzen von hohem physiologischem Interesse, autoxydabel lichtempfindlich, Fotonen speichernd und leitend, von hoher Sauerstoffaffinität und elektromagnetischer Kraft in Bezug auf Aufnahme von Sonnenenergie, müssen ständig neu gespeist und funktionstüchtig erhalten werden durch das Lebensmittel der hoch ungesättigten Fette mit ihren pi-Elektronen. Diese Funktion der hoch ungesättigten Fette, Fettsäuren, Lecithine u. a. Lipoide; u. a. mit hohem Spreitungseffekt, mit ihrer großen Oberflächenaktivität wurde durch Papierchromatographie studiert, dann auch im 2-Phasenkontrastmikroskop im nativen Blut untersucht, z. B. an der Lipoidmembran der Erythrozyten (zuerst im Blut von mir angewandt). Auch mit Bezug auf den Lipoidnachschub in der lebenden menschlichen Haut erwies sich die Lipidschicht der hoch ungesättigten Fettsäure als bedeutsam.

3. Die Funktion der pi-Elektronen der Fettsäuren gemäß der Elektronenbiologie

Die neu gewonnenen Aspekte über die Bedeutung der hoch ungesättigten Fettsäuren für die Biologie der Lipoidmembran, den Fettstoffwechsel, für Atmung, Eiweißaufbau und Zellabbau, für Wachstumsprozesse erweiterte ich unter Einbeziehung der Elektronenbiologie. Die Diene (pi-Elektronen) wirken als Basen im weiteren Sinne.

Die so erkannte Möglichkeit zur Steuerung des Redoxpotentials gestattet auch den Stoffwechsel der hoch ungesättigten Fette in Verbindung zu bringen mit den immunbiologischen Prozessen des Lymphsystems. Dies betrifft die immunbiologischen Vorgänge bei aller Krankheitsabwehr, bei Sekretionen, insbesondere die Membranfunktionen der Nieren, Blase, Leber, Prostata, des Magens und des Pankreas sowie Steuerung der Sexualfunktionen (siehe »Fettsyndrom« 1959).

Gemäß der Elektronenbiologie ergibt sich, dass die Cis-Form der Fettsäuren stets die energiereichere ist. Dagegen fördert die Auswirkung der Transformen die Tendenz zur Energiearmut, wirkt gegen das erhöhte Energieniveau der pi-Elektronenwolke der Polyene. Dies gilt auch für Polymerisate der Fette, als Emulgierungsmittel benutzt.

Die Polyenverbindung wirkt als Oscilator für die Anregungsenergie. Dies betrifft die gesamte pi-Elektronenwolke, die Intensität der Absorption mit der Bevorzugung der längstwelligen Bande des Lichtes.

Für die Funktion der Wasserstoffbrücke der Lipoproteide aus den hoch ungesättigten Fettsäuren und der Sulfhydrylgruppe ist die Einbeziehung der Arbeiten von Niels Bohr betreffs des Energieniveaus der Elektronen des Wasserstoffes wesentlich. Bei dem quantengemäßen Energieaustausch im biologischen System wird die Wasserstoffbrücke als einziger Ort für den schnellen und gerichteten Energieaustausch im biologischen System betrachtet. In diesem Zusammenhang ist die Möglichkeit, diese elektromotorische Kraft über die pi-Elektronen der hoch ungesättigten Fette und Lipoide zu steuern, zu heben, von entscheidender Bedeutung für alle Prozesse der Lebensfunktion als Antientropiefaktor, insbesondere für die Lipoide auf allen Membranen.

Die Zunahme der elektromotorischen Kraft der Lipoproteide, der pi-Elektronen in Lipoidmembranen kann nicht nur nach der Zahl der pi-Elektronen beurteilt werden. Diese ist auch relativ zu sehen, z. B. zur Länge der Polyenkette. So ist die dreifach ungesättigte Bindung der Linolensäure (Oktodecatriensäure) intensiver wirksam als eine vierfach ungesättigte Bindung einer Polyenverbindung mit etwa 20 oder 26 Kettengliedern. Dabei sind jedoch andere Begleitstoffe wie Carotine, Vitamin E oder im gegenteiligen Sinne Konservierungsstoffe zu berücksichtigen. Der gehobene Anregungszustand der Polyene wirkt sich auch aus auf die Protonaffinität, die Neigung zur Bildung von pi-Komplexen, etwa mit Metallen. Die Aktivierungsenergie der pi-Elektronenwolke beeinflusst entscheidend die Resonanzenergie.

Diese Resonanz, die quantengemäße Wechselwirkung beim Austausch der Kräfte betrifft nicht nur die verschiedenen Anordnungsmöglichkeiten innerhalb der Systeme pi-Elektronenwolke, Wasserstoffbrücke, Assoziate, Funktion der Membrane bei Stoff- und Energietransport. Diese Resonanzvorgänge sind stark beeinflussbar durch äußere Einwirkung elektrischer und magnetischer Felder, durch Fotonen.

Dieses Zusammenwirken zwischen den Fotonen und den Pi-Elektronen, die in ihrer Funktion noch immer ihre Herkunft von ihren Ahnen, den Quanten der Sonnenenergie erkennen lassen, habe ich - soweit mir bekannt - als erste erkannt und erarbeitet. Diese Zusammenhänge hatte ich auf internationaler Ebene veröffentlicht, z. B. dargelegt in meinem Buche: *»Laserstrahlen gegen Krebs«* (1968); auch dokumentiert in dem Buch *»Der Tod des Tumors«* Band II *»Die Dokumentation«*.

4. Die Quantenbiologie der pi-Elektronenwolke in den hoch ungesättigten Systemen

In Membranen, aber auch als Bestandteile des Plasmas ist die neu erkannte Kardinalfunktion der hoch ungesättigten Fette als Lebensmittel für den Menschen deutlich. Dies gilt insbesondere für die der quantenbiologischen Betrachtung. Der Physiker Erwin Schrödinger suchte den »Antientropiefaktor« für die Lebensfunktion des Menschen. Der Synergismus der pi-Elektronen der Fette mit den Fotonen der Sonnenenergie lassen diesen »Antientropiefaktor« der Lebensfunktion des Menschen erkennen.

Der Physiker **Louis de Broglie** lieferte bei seinen Arbeiten über die Strahlungsfähigkeit der Materie gute Berechnungen über den Dualismus des Lichts zwischen Licht und Materie. Die sehr schöne physikalische Betrachtung über die Funktion der Fotonen des Physikers **Kenneth W. Ford** (siehe *»Die Welt der Elementarteilchen«*) stellt die Quantenelektrodynamik heraus für die Funktion der Elektronen und der Fotonen als fundamentale Wechselwirkung, als Elementarereignisse aller Wechselwirkungen in der Natur.

Die Präzisierung dieser »«Ereignisse von fundamentaler Bedeutung« bezogen auf den Fettstoffwechsel, die pi-Elektronen mit den Fotonen der Sonnenenergie, erfolgte erstmals durch meine Arbeiten.

Die fundamentalen Betrachtungen von **Kenneth W. Ford** über Menschsein und »Antimensch« lassen erkennen, in welchem Rahmen meine Arbeiten über pi-Elektronen der hoch ungesättigten Fette und Resonanz mit den Fotonen der Sonnenenergie zu sehen sind.

Das Sonnenlicht, integriert in die Lebensfunktion des Menschen über die essentiellen Fette, Lipoide, stellt eine derart elementare, fundamentale Lebensfunktion dar, dass Störungen an dieser Stelle das Menschsein schlechthin betreffen. Die Dynamik aller Membranfunktionen wird getragen von diesen Lipoiden. Das Licht der Sonne, unerlässlich für die Lebensfunktion des Menschen, wird durch die Kraft der sonnengemäßen Elektronen, der pi-Elektronensysteme angezogen, aufgenommen, weitergeleitet, in Depots gespeichert und quantengemäß diskontinuierlich als Energie in den Lebensprozess eingeordnet, »als Antientropiefaktor«.

Das Foton wird nie älter. Kraft seiner Lichtgeschwindigkeit steht für das Foton die Zeit still. Bei der Wechselwirkung mit der Materie - der lebenden Substanz - überträgt dieses Foton im Zusammenspiel mit den pi-Elektronen hohes Energieniveau auf den hohen Ordnungsgrad für den Menschen, für das Menschsein. Wolken von Fotonen in den pi-Elektronenwolken übertragen etwas von der Natur des Lichtes auf die lebende Substanz des Menschen. Nach **Friedrich Dessauer** kann der Mensch mehr Sonnenenergie speichern als andere Lebewesen.

Licht fördert die Evolution. Mangel an Fotonen in lebender Substanz behindert die Evolution. Sie fördert die Entwicklung zum »Antimenschen« (so **Feynmann**). Für die Energieverteilung bleibt die quantengemäße Zuordnung wesentlich. Die pi-Elektronen der hoch ungesättigten Fette sind quantengemäß den Fotonen der Sonne entsprechend. Die Ereignisse dieser fundamentalen Wechselwirkung können durch berechenbare Diagramme dargestellt werden. Sie betreffen den großen Ordnungsgrad des menschlichen Seins. Im Rahmen dieser Betrachtungen, der faszinierenden Rolle des Fotons, des Lichtes im Grundsystem des menschlichen Seins wird deutlich, wie umfassend die Störung ist, die auf breiter Ebene über Nahrungsfette, Mastprodukte bei der Fleischerzeugung und Haltbarmachung von Lebensmitteln mittels Chemikalien die Funktion der pi-Elektronen im Zusammenwirken mit der Sonnenenergie stört und behindert.

Der Fortschritt der Naturwissenschaft kann diese elementaren Fragen der Schöpfung nicht außer Acht lassen. Die zarte Substanz der Wellenfelder, sonnengemäß, verdichtet in den pi-Elektronen der Fette, ist unerlässlich für die Lebensfunktion, auch zur Überwindung der Tumorbildungen.

5. Die praktische Anwendung

Die praktische Anwendung dieser Erkenntnisse über die pi-Elektronen z. B. der Fettsäuren in ihrem Synergismus mit den Fotonen des Sonnenlichtes, gestaltet sich einfach und erfolgreich, erfolgreich auch an Krebskranken. Die Realisierung dieser Idee ist so aufgebaut, dass wachstumsfördernde Vitamine, Lecithine und Metallkomplexe die Funktion der hoch ungesättigten Fette im Zusammenwirken mit schwefelhaltigem Eiweiß unterstützen. Die Sonne wird bevorzugt benutzt, ebenso Eldi-Öl, äußerlich angewandt zur Förderung der Absorption der Sonne in langwelligen Bereichen (Eldi-Öle, Elektronen-Differenzierungsöle enthalten pi-Elektronenwolken der Linol- und Linolensäuren sowie Vitamin E im Naturgefüge, äth. Öle und Sulfhydrylgruppe). Gemieden werden Strahlen und Substanzen, welche dissoziierend wirken auf die Assoziation von Fett und Eiweiß. Hier gelten narkotisch wirkende, oft schmerzlindernde, Mittel als störend für den Energieaufbau und die Funktion der Lipoidmembran. Die praktische Anwendung der Öle innerlich und äußerlich gestattet in der Tat weitgehende Ausschaltung der narkotischen Mittel.

Die beobachtete, praktische Auswirkung dieser Öl-Einweiß-Kur:

Bei ***Lymphogranulomatose*** tritt der Erfolg schnell, ziemlich sicher und über mehr als 10, ja 20 Jahre anhaltend ein.

Bei Tumoren in ***Prostata*** oder in der ***Brust*** erfolgt die Tumorauflösung bzw. Ausscheidung oft innerhalb von wenigen Wochen. Auch nach der zytostatischen Behandlung und bei Vorliegen von Metastasen ist diese Hilfe möglich.

Sehr überraschend ist die Auswirkung dieser Öl-Eiweiß-Kur beim vorliegen von ***Gehirntumor*** etwa im Seitenventrikel des Gehirns. In der Regel erfolgt hier die Absonderung des Tumors und die Ausscheidung, für den Patienten und die Angehörigen erkennbar, über den Nasen-Rachenraum. Diese Hilfe hält an, d. h. bei Einhaltung der Grundprinzipien gemäß der vorstehend geschilderten Richtlinien. Weitere Tumore oder Metastasen treten nicht auf.

Bei ***Leukämie*** ist der Erfolg bei Kindern schnell und eindeutig. Die ernährungsgemäß bedingte Ursache ist hier ziemlich deutlich. Bei älteren Personen mit Leukämie und Tumor in der Milz tritt der Erfolg nicht so schnell, aber eindeutig ein.

Diese Beispiele mögen genügen um aufzuzeigen: Für die Wissenschaft sollte die Richtlinie sein, Wachstumskräfte zu fördern, um die Stauung, die mit der Tumorbildung verbunden ist, zu überwinden.

Hans von Euler stellte fest, dass artfremde Fette als Generalnenner für alle ***Arten von Tumoren*** erkennbar sind. Alle Krebsnoxen entfalten ihre Eigenschaft als Krebsnoxen nur, wenn sie in Fetten gelöst sind, insbesondere in »schlechten Fetten«. Fette, die reich sind an pi-Elektronen, in der Vergesellschaftung mit der Sulfhydrylgruppe, im Plasma und in Membranen, überwinden die Aussonderung von körperfremden Fetten. Sie überwinden die Auswirkung von Benzpyren als Krebsnoxe.

6. Mein Weg der wissenschaftlichen Beweisführung

Als Obergutachterin für Fette und Arzneimittel arbeitete ich 1951 gleichzeitig:
a) über die Funktion der »lipotropen« Medikamente;
b) über Analysen zur Charakterisierung von Fetten und Fettsäuren.

Mir fiel auf: In der Medizin war bei wissenschaftlichen Studien über »lipotrope Stoffe« die Art des Fettes, des Lipos selber, nicht berücksichtigt. Mein Experiment (siehe *»Fettsyndrom«*, Tafel 1, Abb. c) bewies 1951 die Verhaftung der Sulfhydrylgruppe mit der Dienfettsäure und die Beeinflussung der Löslichkeit der Fette.

Bis ich diese wissenschaftlichen Befunde, die theoretisch und mit praktischen Beweisen gründlich belegte Arbeit, zusammen mit Prof. K. veröffentlichen konnte, verging ein Jahr. Viel Widerstand machte sich bemerkbar. Als ich 1952 das Angebot von Prof. K., gegen Schweigegeld nichts mehr zu veröffentlichen, ausschlug, habe ich das damit verbundene Wagnis zwar nicht voll erkannt. Ich verlor meinen Arbeitsplatz und auch jede weitere Möglichkeit, in einem Institut zu arbeiten, wurde verhindert. Jedoch diese, meine Entscheidung war richtig im Dienste der Wahrheit der Wissenschaft.

Bei meinen Bemühungen, in Zusammenarbeit mit Kliniken, die Realisierung unter Beweis zu stellen, fand ich immer wieder Freunde, aber auch erbitterte Gegenaktionen. Das Großkapital der Unilever-Margarine-Industrie trat dabei hin und wieder sporadisch und juristisch fassbar in Erscheinung. Damit in Zusammenhang stand die Störung meines Medizinstudiums. In diesem Zusammenhang schied Prof. M. in Göttingen durch Freitod aus dem Leben.

In eigener Praxis realisiere ich hier diese Erkenntnisse. Der Großeinsatz von Kapital der Unilever-Industrie und von »Gutachtern« wurde auch hier juristisch fassbar. »Die Gier nach Gold richtet heillose Verwirrung an in den Köpfen«, so sagte es Las Casas vor Karl V. bei seinem Eintreten gegen den Sklavenhandel. So ist es noch heute. Heillose Verwirrung wird in der Presse angerichtet in der Fettfrage. Diejenigen, die diese Presse steuern, wissen genau, dass es den Unterschied gibt zwischen der »Linolsäure« mit den aktiven pi-Elektronen in natürlicher Form oder andererseits den »Linolsäuren«, stabilisiert, deformiert, entaktiviert, z. B. bei den Trans-Linolsäuren.

Es gehört zum Adel der reinen Wissenschaft, dass sie - die Wahrheit verfolgend - die Nutzbarmachung um des guten Willen nicht außer Acht lässt. Es gehört zur Weisheit in der Wissenschaft, sich für die richtige Nutzanwendung zu entscheiden.

7. Zusammenfassung der Wissenschaft von den hoch ungesättigten Fetten für die Dynamik im Lebensprozess

Die entscheidende Grenzschicht der lebenden Substanz ist die Lipoidmembran. Ihr Energiezustand ist entscheidend für die elektromotorische Kraft der Lebensfunktion. Die hämolytische Wirkung der Röntgenstrahlen auf die Erythrozyten beruht auf Änderung der Protein-Lipoid-Hülle (**Fr. Dessauer**).

Die Wiederherstellung der geschädigten Lipidschicht an den Erythrozyten durch Zufuhr der Öl-Eiweiß-Kost gelingt und ist ein Kardinalpunkt für die Wiederherstellung der Lipoidmembran als Kriterium der Lebensfunktion. Das Auftreten von Krampfsymptomen und von Karzinomen nach Röntgenstrahlen und die entgegengesetzte Wirkung der pi-Elektronen zeigen den großen Rahmen von Entropievorgängen und Antientropieauswirkung, in welchem hier beides gesehen werden muss. Einerseits die Entropie- und Tod-Begünstigung durch Röntgenstrahlen; andererseits die Funktion der pi-Elektronen als Antenne für Sonnenenergie, als Lebenselement, als »Fotoelemente des Lebens«, als Antientropiefaktor des Lebens.

Alles, was die Potentialmulde in der Energiebilanz der Lebensfunktion vertieft, durch Mutation, Entaktivierung des Fließgleichgewichtes im Stoffwechsel, den Elektronenaustausch behindert, fördert Entropie auch im Lebensprozess und begünstigt auch die Entstehung von Karzinom.

Alles, was die Energiebilanz der sonnengemäßen pi-Elektronen hebt, ihren quantengemäßen Transport, diskontinuierlich nach Bedarf stützt, ihr Energiedepot auffüllt, das Potential der Lebensenergie hebt, wirkt dem Krebs entgegen.

In der modernen Physik wurde das Wissen vom Elektron auf unerwartete Weise erweitert, durch die Entdeckung der Welleneigenschaft des Elektrons. Die Wissenschaft des Elektromagnetismus hat der Technik große Fortschritte gebracht. Sie stellt nun ein wesentliches Element dar, auf biologische Probleme angewandt, uns auch die Ursache und Überwindung der Krebsentstehung beherrschen zu lehren. Die relativistische Dynamik der Elektronen wird nun integrierbar in den Lebensprozess des Menschen über die pi-Elektronen der hoch ungesättigten Fette, quantengemäß der Sonne zugeordnet.

Die physiko-chemische Struktur der pi-Elektronen-Wolken in der Lipoidmembran mit ihren Auswirkungen auf die elektromotorischen Feldkräfte im Stoffwechsel und bei der Fotonen-Absorption, der Speicherung der Sonnenenergie, stellt eine derart bedeutsame Voraussetzung dar für die Lebensfunktion, dass sich die Ausführung von Ivar Bang bewahrheitet:

Fette sind die alle Lebenserscheinungen beherrschenden Substanzen.

Nachfolgend noch ein paar Sätze des amerikanischen Arztes Dr. Jan Roehm, der sich intensiv mit meiner Therapie auseinander gesetzt hat:

»Ich wünschte mir, alle meine Studenten hätten eine Ausbildung als Biochemiker und Quantenphysiker, damit sie verstehen können, wie vollkommen diese Diät zusammengesetzt ist. Es ist ein Wunder. Die Idee mit dem Champagner ist so einfach anzunehmen und kann Menschen vom Sterbebett erwecken. Ein Einlauf mit 250 ml Öl ist ein weiterer, lebensverlängernder Weg, durch den elektronenreiches Öl in den Körper gelangt. Es kann auch auf die Haut gerieben werden und gelangt so, durch die Haut, in den Körper.

Sie sollten diese Diät ca. 5 Jahre machen. Nach dieser Zeit sollte Ihr Tumor komplett verschwunden sein. Der Zustand von Menschen, die die Diät zu früh gestoppt haben, (indem sie Fleisch und Süssigkeiten essen) verschlechtert sich manchmal rapide und diese Menschen können nach solch einer körperlichen Tortur nicht mehr gerettet werden.

Die Krebsbehandlung könnte sehr einfach und sehr erfolgreich sein, wenn man weiß wie. Doch die Interessen der Krebsindustrie sind nicht darauf gerichtet, Sie dieses wissen zu lassen. Mögen diejenigen, die an Krebs erkrankt sind (inklusive Ihre Familie und Ihre Freunde) den Bösewichten vergeben, dass diese einfachen Informationen Sie so lange nicht erreicht haben.«

Basis der Öl-Eiweiß-Kost

Als Beispiel für die Basis meiner Ernährungsberatung für die Öl-Eiweiß-Kost möchte ich eine Vorschrift anfügen für den Beginn mit meiner Ernährungsvorschrift. Diese Vorschrift wird zu Anfang unterschiedlich modifiziert, angepasst an den Kranken oder Normal-Verbraucher. Auch wird diese, meine Beratung im Laufe der Zeit erweitert, auch hinsichtlich der Situation auf Reisen, im Urlaub oder bei Festlichkeiten.

In Verbindung mit der Ernährungsumstellung werden gemeinsam mit meiner Beratung auch ELDI-Öle äußerlich angewendet, auch ELDI-Öle rectal zu Einläufen.

Diese Beratungen sollten von einem Fachmann durchgeführt werden, der auch Kenntnis hat von der Bedeutung des elektromagnetischen Feldes im Umfeld des Kranken.

Ernährungsvorschrift

für den Beginn der Öl-Eiweiß-Kost

1 - 3 Überleitungstage: jeweils nach Verordnung:

( ) Haferschleim mit Linomelschleim, stündlich
( ) Haferflockensuppe mit Linomel (*), 3 x tgl.
( ) 250 g Linomel tgl. mit Säften, wie verordnet
Fermentgold (Papaya-Saft) ist sehr wichtig.
10 Uhr Möhrensaft, frisch gepresst

Es ist darauf zu achten, dass mindestens 3 x tgl. ein warmes Getränk gereicht wird, z. B. Grüner Tee oder Kräuter-Tee. Gesüßt wird nur mit Honig. Auch bei Schwerkranken wird dieser Übergang gut vertragen!

Öl-Eiweiß-Kost vom _________ Tage an.

7 Uhr 1 Glas Sauerkrautsaft.

8 Uhr Frühstück: 1 Glas Tee z. B. grüner Tee evtl. mit Honig, dann folgt das ***Linomel Müsli:***

* Das Original Linomel von der Firma Flügge als Leinsaat-Honig-Granulat gibt es leider nicht mehr. Stattdessen kann man auch FRISCH gemahlenen Leinsamen nehmen.

2 Esslöffel Linomel mit Obst überschichten, zu Beginn mit einem geriebenen Apfel. Darüber schichtet man die Quark-Leinöl-Creme nach o. a. Vorschrift, auch mit Aroma-Stoffen abgeschmeckt. Letztere nur tropfenweise zugeben.

10-11 Uhr: Frisch gepresste Säfte: Möhrensaft, Rettichsaft, Brennnesselsaft mit Zitrone u. a. wie verordnet.

Info: Oleolux-Fett selber herstellen (siehe Seite 121)

12.00 Uhr 1 Esslöffel Linomel, 1 Glas Sekt

12.15 Uhr Vorspeise:
Salatplatte mit Quark-Lein-Mayonnaise.
Als Salat mitverwenden: Löwenzahn, Kresse, Sellerie, Ackersalat, Rettich, Sauerkraut, Meerrettich, grüne Paprika.
Zur Mayonnaise benutzen:
Quark, Leinöl, Milch, Zitrone, Kräutersalz, evtl. Senf, saure Gurken, Knoblauch, dazu viel Gewürzkräuter, frisch oder getrocknet.

12.30 Uhr Hauptgericht: Gemüse, gegart in Wasser, anschließend abgeschmeckt mit Oleolux und Gewürzkräutern, evtl. mit Hefeflocken, Shoyou (Soja-Sauce), Curry ect.

Gemüsebrühe getrennt gewürzt, mit wenig Oleolux und Hefeflocken abgeschmeckt, (herzhaft würzen, als Bouillon reichen).

Das Linomel-Müsli zum
Frühstück:

1 Teelöffel Honig
3 Esslöffel rohe Milch
3 Esslöffel Leinöl
100g Speisequark
2 Esslöffel Linomel
Früchte und Fruchtsäfte
Nüsse

Als Beilage zu Gemüse:

a) Buchweizen, Standard-Rezept (gekocht wie Reis)
b) Buchweizen lt. Kochbuch
c) Vollreis, Hirse
d) Kartoffeln in der Schale gekocht. Kartoffeln als Brei (mit Oleolux und Milch zubereitet).

Nachtisch: Quark-Leinöl-Creme mit Honig; vermischt mit frischem Obst, dazu echte Vanille und/oder 1 Esslöffel Wodka, Rum, Kirsch- oder Zwetschgenwasser.

15.00 Uhr

1 Esslöffel Linomel, 1 Glas Sekt oder
1 Esslöffel Linomel und 1 Glas Traubensaft oder Muskateller-Kirsch oder Ananassaft.

15.30 Uhr 1 Esslöffel Linomel, 1 - 3 Gläser Muttersaft (Ananas-Aprikose; Muskateller-Kirsch). Oder Fermentgold (Papaya-Saft).

18.00 Uhr Suppe aus Buchweizengrütze in Gemüsebrühe, gut würzen, mit Oleolux abschmecken, 1 Esslöffel Hefeflocken zugeben.

20.30 Uhr 1 Glas Rotwein, evtl. mit etwas Honig.

Erster schriftlicher Bericht über Befinden des Patienten und über die genaue Gestaltung der Abwechslung (s. Berichtsformular) im Rahmen dieser Kostform nach 4 Wochen erbeten.

Zweite Beratung kann danach schriftlich oder mündlich erfolgen.

Oleolux Rezept

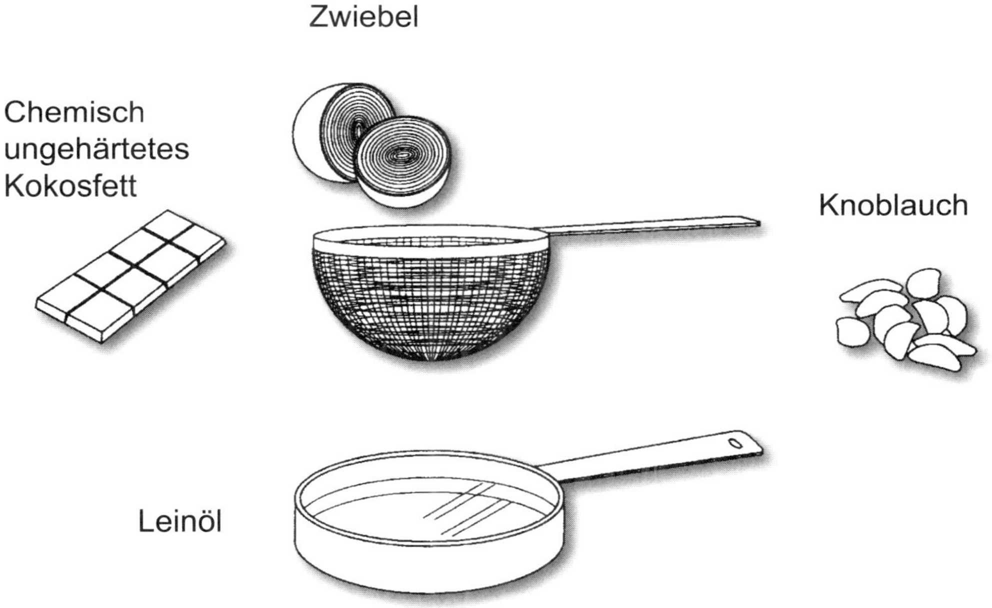

1. Stellen Sie 125 ml Leinöl in das Kühlfach des Kühlschranks.

2. Erhitzen Sie 250 g Kokosfett gemeinsam mit einer mittelgroßen Zwiebel, die Sie in 4 Teile schneiden. Erhitzen Sie das Ganze bis die Zwiebel beginnt braun zu werden (5 - 8 Minuten). Fügen Sie 10 Knoblauchzehen hinzu und erhitzen Sie weiter bis diese sich hellbraun färben (nach ca. 3 - 5 Minuten). Gießen Sie jetzt dieses Gemisch durch ein Sieb in das kalte Leinöl. Rühren Sie das Fett um und stellen Sie es sofort wieder in das Kühlfach. Nach vollständiger Erkaltung können Sie es dann in den normalen Kühlschrank stellen und dort aufbewahren.

SCHRIFTTUM DER AUTORIN DR. JOHANNA BUDWIG

* I. Lokalanaesthetika von Amidincharakter
* II. Herstellung von Arzneistoffen durch selektive Adsorption. Dissertation, Juni 1938. - Verlag Trilsch. 1939
* Papierchromatographie, Absorptionstrennungen auf dem Fettgebiet. - Fette und Seifen 52, 1950, S. 331 342
* Der Schaumtest in der Papierchromatographie. - Fette und Seifen 52, 1950, S. 555 - 556
* Neue Wege der Fettanalyse. - Vortrag auf der DGF-Vortrags-Tagung in München. - Fette und Seifen 52, 1950, S. 713 721 und 2 Seiten mit 24 bunten Abb.
* Die Radiometrie der Ölsäure. - Fette und Seifen 53, 1951, S. 69 - 73
* Die radiometrische Jodzahl der Fette. - Fette und Seifen 53, 1951, S. 353 - 259
* Anwendung der Papierchromatographie auf Seifen. - Fette und Seifen 53, 1951, S. 285 - 288
* Nachweis und Trennung von Fettsäuren. - Fette und Seifen 53, 1951, S. 390 - 399 und 4 Tafeln bunter Abb.
* Der Lipoid-Nachschub in der lebenden menschlichen Haut und seine papierchromatographische Bestimmung. - Fette und Seifen 53, 1951, S. 406 - 408
* Die Papierchromatographie, Anwendung auf Lackrohrstoffe. Fette und Seifen 53, 1951, S. 408 - 412
* Fluoreszenzfarben als Indikator bei der papyrographischen Analyse von Fettsäuren und Fetten. - Fette und Seifen 54, 1952, S. 7 - 10
* Nachweis und Trennung von Konjuen-Fettsäuren I. - Fette und Seifen 54, 1952, S. 10 - 12

* Nachweis und Trennung von Konjuen-Fettsäuren II. - Fette und Seifen 54, 1952, S. 73 - 76
* Zur Biologie der Fette: Die Papierchromatographie der Blutlipoide, Geschwulstproblem und Fettforschung. - Fette und Seifen 54, 1952, S. 156 - 165
* Untersuchung von Poly-Ölen. - Fette und Seifen 54, 1952, S. 348 - 356 mit 22 Abb.
* Kausaltherapie mit Hilfe von essentiellen Fettsäuren in Verbindung mit essentiellen Aminosäuren. - Ars medici 42, Liestal (Schweiz): Lüdin AG 1952, S. 691 - 694; Auszug aus vorstehender Arbeit und Diskussion derselben in: Heilkunde und Heilwege. - Berlin-Zehlendorf: Verl. Arbeitskreis für gesundes Leben 1955, S. 13 - 14
* Die Öl-Eiweiß-Kost in ihrer Beziehung zur Sauerstoffbilanz im Organismus. - Der Naturarzt 1952
* Die zentrale Bedeutung des Fettstoffwechsels bei Krankheit und Heilung. - Bad Soden: Eden-Waren 1952
* Öl-Eiweiß-Kost. Hyperion-Verlag 1952, 1956 und 1967
Der Apotheker als Berater von Arzt und Patient. - Apothekerzeitung, Stuttgart: Verlag Deutscher Apotheker 1952
über die Krebsimmunität des Schafes. Ars medici 1953, S. 395 - 397
* In: Gegenwartsprobleme der Ernährungsforschung: Experientia Supplement, I. Symposion Basel, 1 - 4 - 10. 1952. - Basel-Stuttgart: Verl. Birkhauser 1953. In der Diskussion wies J. Budwig bereits 1952 wiederholt, z. B· bei den abgedruckten Diskussionsbemerkungen, hin auf den neuen Aspekt, dass z. B. bei den folgenden Themen und Referaten der Fettstoffwechsel mit den hoch ungesättigten Fettsäuren berücksichtigt werden müsse:
S. 65 zu: Leistungsfähigkeit und Ernährung; S. 124 zu:

Leberverfettung - verhütende Faktoren der Nahrung; S. 259 zu: Mineralien als Nahrungsbestandteile.

* Diskussionsbemerkungen zu Dr. Grandels Ausführungen: Die Bedeutung der essentiellen Fette. In: Dr. Haferkamp. - Naturheilverfahren. - Hippokrates Verlag 1953, S. 142
* Die elementare Funktion der Atmung in ihrer Beziehung zu autoxydablen Nahrungsstoffen. Ein Beitrag zur Lösung des Krebsproblems. Selbstverlag 1953. Hyperion-Verl. 1956
* J. BUDWIG/C. W· SCHMIDT. - Die Papier-Chromatographie auf dem Fettgebiet XV: Untersuchungen natürlicher, für die Anstrichmittel-Industrie wichtiger Öle. Fette und Seifen 55, 1953, S. 85- 90 und 5 Abb.
* J.BUDWIG / TH. LÜSSLING. Komplexverbindungen ungesättigter Fettsäuren. - Vortrag 1951. - Fette und Seifen 55, 1953, S. 90 - 95
* Die neurotrope Wirkung des Nahrungsfettes. - Bad Soden: Verlag Eden 1953
* Zur Diskussion betr. Behandlung Krebskranker mit hochgespanntem Äther. - Stuttgart: Hippokrates 1953, S. 24, 281, 600
* Die Bedeutung des Fettstoffwechsels für die Gesundhaltung und Gesundung. - in: Volksgesundheit, Bad Homburg: Verlag Helfer 1953
* Schaffensfreude durch Energiegewinn aus der Fettnahrung - Volksgesundheit 1953
* Erkältungskrankheiten und Fettverbrennung. - Volksgesundheit 1953
* Fettstoffwechsel und innere Atmung. - Ars medici 1, 1954 S. 49 - 52
* Die zentrale Bedeutung des Fettstoffwechsels. - Arzneipflanzentherapie und Ernährungshygiene, Berlin: Verlag H. Wigankow 1954

* Was wurde in den letzten Jahren neu erkannt auf dem Gebiet des Fettstoffwechsels. - Arzneipflanzentherapie und Ernährungshygiene, 1. c., 1954
* Was ist biologisch?. - Arzneipflanzentherapie und Ernährungshygiene, 1954 und 1957, S. 27 - 28
* Über die Bedeutung des richtigen Nahrungsfettes für den Diabetiker. - Arzneipflanzentherapie und Ernährungshygiene, 1954
* Die Bedeutung des Fettstoffwechsels für Atmung, Fettverbrennung, Kreislauf und Leistungsvermögen. - Der gesunde Mensch 1954
* Sauerstoffmangel Ursache von Krebs? Eine Klarstellung zur Frage der Entstehung und Heilungsaussichten bei Krebs. Heilkunde und Heilwege (Intern. Soc. of Naturopathic Physicians, USA, Dr. Devrient) Jg. 5, Nr. 4, Berlin: Verlag Arbeitskreis für gesundes Leben 1955, S. 1
* Fette als Aktivatoren oder Hemmstoffe der Sauerstoffaufnahme. - Vortrag vor HP u. Ärzten, Hannover. - München: Verlag HP 1955, S. 28, 31, Kongressbericht.
* Was hat der Patient? Was fehlt dem Patienten? - Der gesunde Mensch 1955
* Was hat die Sauna mit der Fettverbrennung zu tun? Zeitschrift Sauna 1955
* Die Herzfunktion in ihrer Abhängigkeit von den Atmungsfermenten. - Arzneipflanzentherapie und Ernährungshygiene, (April), Berlin: Verlag H. Wiganko 1955, S. 8 - 9
* Fette als Aktivatoren oder Hemmstoffe der Sauerstoffaufnahme. - Arzneimittel-Arzneipflanzenkunde (Nov·), Berlin: Verl. H. Wigankow 1955 S. 16, 18
* Geschwulstproblem und Fettstoffwechsel. - Wissenschaft und Forschung: Südd. Rundfunk 1956

* Krebs ein Fettproblem. Das Nahrungsfett der Nerv der Nahrung. Hyperion-Verlag 1956
* Zytostatische oder zytodynamische Krebsbekämpfung - Stuttgart: Hippokrates-Verl. 1956, S. 605 - 612
* Biochemische Probleme der Lipide. - Ärztliche Praxis vom 22.9.1956, Jg. 8, Nr. 38, Verlag Banachewski
* Das Fett in der Pfanne. - Kongress in Oxford und Paris - Ärztl. Praxis, vom 9.11.1957, Jg. 9, Nr. 45, Verlag Banachewski

Warum wurden Fette hochaktuell? - Bad Soden: Verlag Eden 1958

* Das Fettsyndrom. Die fundamentale Funktion der Lipoide für das Grundproblem der vitalen Sauerstoffaufnahme. Selbstverlag, Hyperion-Verlag 1959
* Vorzeitiges Altern als Fettsyndrom. Arzneipflanzentherapie und Ernährungshygiene (Nov.), Berlin: Verlag H. Wigankow 1959, S. 2-4
* Fette als wahre Hilfe. - Vortrag in ZH; 1. Aufl. 5000, Selbstverlag 1959; 2. Aufl. Hyperion-Verlag 1966

Hoch ungesättigte Fettsäuren in der Margarine? - Ärztl. Praxis 1960, S. 460 - 461

* Erlaubtes und verbotenes Fett. - Ärztl. Praxis, vom 4. 6. 1960, S. 1309
* Fett als Freund oder Feind. - 15 Vorträge; Zürich: Verein für Volksgesundheit 1961; Schweiz
* Ernährungstherapie bei Krebskranken, Kasuistik aus l0jähriger Erfahrung. Vortrag 1.9.1963 Weltkongress für prophylaktische Medizin. - Neue Rundschau für Prophylaxe, Diagnostik und Therapic. Wien 1964, S. 1 - 8
* Lipide der Krebskranken. - Vortrag Chicago 1964, Am. Oil. chem. Society. -Kongressexposé. -Hyperion-Verlag 1966

* Ein Signal für die moderne Krebsforschung. - Selbstverlag 1965, Dokumentation
* Die Elektronen der Sonnenenergie in ihrer Bedeutung für das Krebsproblem. - Vortrag beim Weltkongress: Prophyl. Medizin, gehalten am 7. 11. 1965 Mitterndorf; gedruckt in: Kosmische Kräfte gegen Krebs. - Hyperion-Verlag 1966, S. 10 - 48
* Nochmals Thema *Erfolge bei Krebskranken*. Eine Stellungnahme der deutschen Krebsforscherin Dr. Johanna Budwig. Reutlinger Generalanzeiger Nr. 270, vom 23. Nov. 1966
* Sonnenenergie gegen Krebs. Elektronenbiologie und Resonanzabsorption der Sonnenelektronen. - Vortrag: 2. biotechn. Woche, Neviges. - In: biotechn. Schriftenreihe Implosion 1966; 1. Aufl. 5000 im Selbstverlag; Hyperion-Verlag 1972, ebenso in: Fette als wahre Hilfe, S. 22 - 34
* Kosmische Kräfte gegen Krebs, Elektronenbiologie. Hyperion-Verlag 1966
* Politik und Zeitgeschehen. - Südd. Rundfunk, 11.9.1967
* Fette im Wirrwarr der Werbung. - Südd. Rundfunk 1967
* Laserstrahlen gegen Krebs. Resonanz-Phänomene als Anti-Entropie-Faktor des Lebens. - Hyperion-Verlag 1968
* Laserlicht und Leben. - Vortrag 1969, Manuskript »Krebs und klimatische Umwelteinflüsse«. - Intern. Kongress der Medizin preventive soziale, Venedig 1969: Prophylakt. Medizin
* Fotoelemente des Lebens als Anti-Carcinom-Faktor wirksam als Prophylaxe und im Spätstadium. - Vortrag: III. Intern. Kongress der Medizin preventive soziale, Venedig 1970
* Los Fotones, Elementos de Vida, al Servicio de la Lucha contra el Cancer. - Folia Clinica Internacional, no 12, 1971, Barcelona. Spanien.

* Foto-elements of life as anti-carcinom-faktor, successful as prophylax and in progressive state of illness. - Minerva Ginecologica, Vol. 23, no. 3, 1971, p. 115 - 117, Kongressbericht
* Teilchen und Felder der Fotonen im Fettsyndrom. - Gemeinsame Tagung, Internationale Gesellschaft für Hygiene, Präventativ- und Sozialmedizin. - In: Kongressbericht, Wien 1972. Vortrag gehalten am 30. Okt. 1972
* Fettsyndrom und Fotonen der Sonne. - Vortrag in Tours (Frankreich). - Revue Vie et Action 1972; Vortrag in Straßburg. - Revue Vie et Action 1973; in: Fette als wahre Hilfe, S. 35 - 43; in: Petrolio e ambiente, S. 53 u. 54
* Les photons, elements de vie au service de la luttc contre le cancer. Petrolierie d'ltalia 1973, gennaio, S. 23 - 25
* Licht, Fotonenstrom und Erkrankung an Krebs. - Am 18.1.1973 an Stuttgarter Nachrichten gesandt. Vergeblich um Klarstellung bemüht. Dann in der Wochenzeitung »Die Unabhängigen«, München, erörtert und im Selbstverlag vervielfältigt .
* Kurskorrektur der Krebsforschung blockiert. - »Die Unabhängigen«, Wochenzeitung in München, Verlag A. Haußleitner, Juli 1973
* Der Mensch zwischen Licht und Materie. - 7. Intern. Kongress für prophylakt. u. soziale Medizin, 1974. - im Expose gedruckt
* Laser-Light and Lipids as a synergistic effect. Laser-Licht und Lipide als synergetischer Effekt. - Kongress der Am. Oil. Chem. Soc. New Orleans. - Als Expose 1976
* Der Tod des Tumors. Der Ausweg, Bd. I. - Selbstverlag 1977
* Der Tod des Tumors. Die Dokumentation, Bd. II. (Die wissenschaftlichen Grundlagen der Krebstherapie für Juristen verständlich dargelegt. An das BVerfG.). Selbstverlag 1977, S. 235 - 252

VORTRÄGE AUF KONGRESSEN UND TAGUNGEN

* Ärztliche Kongresse für Naturheilverfahren:
  1953: Bad Kreuznach, 1954: Karlsruhe
* World Union of Medicine Prophylactic and Socialhygiene
  Weltunion für Prophylaktische Medizin und Sozialhygiene, Wien,
  Präsident: Prof. Dr. med. Wenzl, Wien
  Als Gründungsmitglied erhielt ich 1967 die Anerkennung für aktive Teilnahme. Ich sprach auf den Kongressen in Bad Aussee, Gmunden, Mitterndorf, Rogaska Slatina, Grado, Venedig, Rom, Wien u.a.
  Themen: Bedeutung des Fettstoffwechsels im Zusammenwirken mit der Sonnenenergie und deren Bedeutung für das Krebsproblem und andere Stoffwechselfragen.
* The American Oil Chemists' Society - Als Mitglied sprach ich in Stockholm, Washington, mehrmals in Chicago. Göteburg u. a. O.
* Ernährungskongresse in Paris, Oxford 1957, in Washington 1960
* Krebsforschungskongresse in Tokio 1960, in Moskau 1962
* Schweizer Verein für Volksgesundheit: Von 1955 - 1964 sprach ich in mehr als 200 Vorträgen in der Schweiz zu den
  Themen: »Licht in der Krebsfrage«, »Fette als wahre Hilfe«, «Fett als Freund oder Feind«, »Ist das Jugendproblem heute nicht die Schuld der älteren Generation?«, »Was höhentauglich macht!«
* In Holland, Österreich, Deutschland, Frankreich sprach ich auf mehr als 20 öffentlichen Vorträgen, ebenso in der DDR z. B. auf der IGA (Internationale Gartenbau-Ausstellung in Erfurt).
  Viele Vorträge liegen gedruckt vor.
* Nach dem Vortrag in Japan wurde ich in Tokio von Vertretern der Frauenorganisation gebeten, dort einen Vortrag zu halten
  über: »Die Rolle der Frau in der Welt«. Dies erfolgte, weil in einer

Tageszeitung in einer großen Abhandlung geschrieben wurde, dass ich die erste Frau sei, die auf einem wissenschaftlichen Kongress in Tokio einen Vortrag hielt.

* Nach meinem Vortrag in Tokio erhielt ich von indischen Wissenschaftlern eine Einladung zu einer Parlamentssitzung in Neu-Dehli. Ich saß neben Nehru in der Loge. (Anlass: Die Inder sind gegen Bestrahlung und gegen gehärtete Fette. Im dortigen Gesundheitsministerium hatten diese wissenschaftlichen Vertreter Widerstand erfahren.)
* Ständiger wissenschaftlicher Austausch brieflicher Art und von wissenschaftlichen Arbeiten erfolgt mit all diesen genannten Ländern bis zum heutigen Tage. Insbesondere besteht auch reger Briefwechsel mit Helsinki, Moskau, USA, Spanien, Paraguay, Frankreich, Holland. Dort sind überall meine Arbeiten bekannt, z. B. Prof. Linus Pauling.

FREMDWÖRTER-INDEX

Affinität	Anziehung, Verwandtschaft
Anoxie	Sauerstoffmangel
Assoziation	Im Sinne dieser Ausführungen: Aneinanderlagerung von Stoffen, die sich gegenseitig schützen, die jedoch keine enge Verbindung eingehen, also ihren eigenen Charakter bewahren.
Autoxydabilität	Oxydation = Aufnahmevon Sauerstoff; Autoxydation Selbsttätige Sauerstoffaufnahme. Autoxydabilität Fähigkeit zur selbsttätigen Sauerstoffaufnahme, d. h. elektrodynamisch betrachtet, Fähigkeit, Elektronen abzugeben, in biologischem Substrat Strom zu erzeugen.
baktericid	bakterien-tötend
Basalmembran	Wie die Lipoidmembran der Zelle diese abschließt und durch ihre Semipermeabilität Ein- und Ausgang der Stoffe beherrscht, so ist auch unter den sich abstoßenden isolierenden Hautzellen eine Membran vorhanden, die unter dieser äußeren lockeren Zellschicht einen Abschluss sicherstellt und die Durchlässigkeit der Substanzen und der Flüssigkeit regelt.
Cancer	Krebs
cancerogen	krebserzeugend
Chylomikronen	Im Blut ausgesonderte Lipoid-Anteile, machen das Blut »trübe« (high-density).
cis-trans-Isomerisation	Umlagerung der Atome im Rahmen eines Moleküls
Clearing-Faktor	gibt an, in welchem Ausmaß eine Substanz das mit Chylomikronen belastete Blut wieder klären kann.
Cytochrom-oxydase	Bezeichnung für die gesuchte Substanz, den Bereich des Atmungssystems in welchem die Linolsäure die Sauerstoffaufnahme günstig beeinflusst.
Cytoplasma	Cyto = Zelle Plasma = s. Plasma

cytostatisch	Das Wachstum und die Funktion der Zelle hemmend.
Dehydratation	Wasserabgabe
Diene	Di-en-Bindung, doppelt ungesättigte Bindung.
Dipolarität	Ausrichtung nach zwei Polen (dem positiven und negativen elektrischen Pol).
Dipolmomente	In einer chemischen Verbindung, z. B. gesättigten Fetten, kann das Dipolmoment, d. h. die elektrische Ausrichtung gleich null sein. Bei hoch ungesättigten Fetten ist auf Grund der elektronenreichen Bindungsenergie die elektrische Spannung im Molekül hoch, d. h. die Substanz hat ein großes Dipolmoment.
Dissimilation	Abbau von Stoffen im Stoffwechselfeld, das Gegenteil von Assimilation.
Donator donare	= geben, Spender
elektrophil	Elektronen liebend, zu Elektronen hinstrebend = elektroaffin.
Endothel	zellige Auskleidung der Gefäße und serösen Körperhöhlen.
Entropie	Zustandsfunktion für den Zustand der »idealen Unordnung«, dem - gemäß des 2. Hauptsatzes der Physik - im Weltall alles zustrebt, betrifft z. B. Ausgleich der Spannungs- und Wärme-Differenzen, streben der Energie nach Zerstreuung.
Epithel	Zellschicht der Haut und Schleimhäute, am Aufbau der Drüsen und inneren Organe beteiligt.
Fettsyndrom	Syndrom = 1. Umlauf; 2. In der Medizin bezeichnet Syndrom einen Komplex, eine Zeichengruppe, die auf eine einzige Ursache als Erkrankung hindeutet. Diese Bezeichnung trifft in dem hier gewählten Zusammenhang ohne weiteres zu. Gemeint ist aber auch, dass der »Umlauf« der Fette, der gute Fluss, bzw. der gestörte Umlauf, die Ablagerung, für das »Fettsyndrom« entscheidend wichtig sind.
Glomeruli	knäuelförmig verwickelte Epithelgefüge in der Niere.
histologisch	Durch Untersuchung der Zellen und Gewebe, meist mikroskopisch.
hochmolekular	Ein Molekül ist eine Einheit einer chemischen Verbindung. Wenige Atome ergeben ein kleines Molekül, so z. B. das

	Wasser. Auch ist die Fettsäure der Butter noch niedrigmolekular, d. h. sie enthält relativ wenig Atome. Ein großes Molekül enthält viele Atome und ist hochmolekular, so z. B. Kautschuk oder hocherhitzte Walöle!
Hydratation	Wasseranlagerung
hydrotrop	Wasser zustrebend, wasserlöslich.
Hydroxylierung	Anlagerung von Hydroxylgruppen (Wasserstoff und Sauerstoff).
Interstitium	Zwischenzellgewebe
Karyokinese	Kernteilungsphase im Rahmen der Zellteilung.
Laccatase	japanische Bezeichnung für den 2. Paarling im Oxydations--system, = Lackbildner, z. B. Leinöl Fettsäuren enthaltend.
Lipos	Fett
Lipoide	natürlich vorkommende »fettähnliche« Substanzen.
Lipoidmembran	Die Einheit einer Zelle wird nach außen bin mit einer aus Lipoid bestehenden Membran abgeschlossen. Diese beherrscht Stoffaustausch und Stoffwechsel.
Lipoproteide	Anlagerung von Fett- und Eiweißverbindungen.
lipotrop	Den Lipiden, den Fetten, zustrebend, leicht fettlöslich.
Mitose	Zellteilung, wichtig für Wachstumsvorgänge.
Mitosegjfte	Zellgifte, die Zellwachstum und Zellfunktion hemmen.
Mucinstoffe	Schleimstoffe
Neuron	Bauelement des Nervensystems.
Noxen	Gifte
nucleophil	Nucleus = Kern, z. B. der Atome, der Zelle, = zum Kern hinstrebend, den Kern liebend.
nutritiv	ernährend
Oscillation	Hin- und Herschwingen

Ontogenese Entwicklung des Einzelwesens.

Osmose Austausch von Stoffen in Lösungen mit verschiedenen Konzentrationen.

Oxydation Aufnahme von Sauerstoff, Abgabe von Elektronen, s. auch Autoxydabilitä.

perinucleär den Zellkern (Nucleus) umgebend.

Peroxyde mit Sauerstoff überladene —R—R—Verbindungen.
(unter jedem R: |, OH)

Philothion »Ich liebe den Schwefel«. 1888 Bezeichnung für den 2. Paarling im Oxydationssystem, den Gegenspieler der SH-Gruppe.

PH-Wert gibt den Säuregrad an.

Plasma wörtlich: »Das Geformte«
In der Zelle der Zellleib, der Anteil neben dem Zellkern (Cytoplasma). Im Blut der Hauptanteil außer roten und weißen Blutkörperchen. Wichtiger Anteil der lebenden Masse, der an Eiweiß gebundene Lipoide enthält. Dieser Anteil der Zelle ist noch nicht genügend erforscht, aber wichtig bei der Zellteilung und auch für die Funktion des Blutes.

Plasmakolloide Kolla = Leim
Die Substanz des Plasmas ist nicht direkt wasserlöslich, aber feinst verteilbar. Sie ändert den Verteilungsgrad leicht. Dieser ist abhängig von der elektrischen Ladung, daher ist gerade bei den Kolloiden der Zelle die Anwesenheit der ungesättigten Fettsäuren entscheidend wichtig.

pluripolare Mitose Mitose erfolgt im dipolaren Stoffwechselfeld in dipolarer Richtung. Nur bei krankhafter Vermehrung der Masse, z. B. bei Krebs, fehlt die dipolare Ausrichtung. Die Masse zerfließt in verschiedene Richtungen ohne feste Ordnung, nicht dipolar, sondern pluripolar.

Polymerisation Viele Moleküle lagern sich zu einem großen Gebilde zusammen, z. B. bei der Kautschukherstellung oder bei der Erhitzung von Fett. Dieses hoch molekulare, polymerisierte Fett ist in Lymph- und Blutgefäßen schwer transportierbar, im Gewebe schwer abbaubar.

postnatal	nach der Geburt.
Proton	Wasserstoffkern, auch in anderen Atomkernen enthalten protoaffin dem Kern zustrebend.
Proton-Brücke	Wasserstoff-Brücke, z. B. zwischen Fett und Eiweiß.
Protolyse	Auflösung dieser Protonbrücke der Fett-Eiweiß-Assoziate.
Redoxsystem	Ein Milieu, in dem Oxydationsprozesse und Reduktionen nebeneinander unter gegenseitiger Beeinflussung stattfinden.
Sarkolemm	Hülle der Muskelfaser semipermeabel halb-durchlässig.
sezernieren	absondern
sklerotisch	verhärtet, leder- bis hornartig verhärtet, z. B. bei Lipoidmangel in Haut und Drüsen.
Stratum germinativum	ist die "fruchtbare Zone" der Zellneubildung im Epithel.
Sulfhydrylgruppe	schwefelhaltige Gruppe in Eiweißverbindungen, R-SH.
Synergismus	Zusammenspiel mit Energie-Erzeugung, Zusammenwirken.
ungesättigte Fette	Fette mit Doppelbindungen im Molekül, d. h. mit hoher Bindungsenergie, mit Elektronen beladen, mit hoher Sauerstoffaffinität.
Viskosität	Innere Reibung von Flüssigkeiten oder Gasen, ist für den Transport in engen Röhren entscheidend wichtig, so z. B. die Viskosität der Fette für den Transport im Lymph- und Gefäßsystem.

MENSCHEN GEGEN KREBS E.V.

Alle Menschen haben das Recht zu wissen und zu wählen

Menschen gegen Krebs e.V. * PF 1205 * 71386 Kernen
Tel: 07151-910217 * Fax: 07151-910218
e-mail: mgk@krebstherapien.de * www.krebstherapien.de

Liebe Leserin! Lieber Leser!

Jeden Tag wenden sich Menschen mit Krebs, deren Angehörige, Journalisten, Wissenschaftler, Ärzte und weitere Interessierte an unsere Organisationen in den USA, Großbritannien und Deutschland, um mehr Informationen über erfolgreiche Krebstherapien zu erhalten. Dies geschieht vor allem vor dem Hintergrund, dass in absehbarer Zeit Krebs die Herz-Kreislauferkrankungen als Todesursache Nr.1 in Deutschland ablösen wird. Immer wieder wird uns von großen Fortschritten der Chemotherapie, durch Interferon, Interleukin, Stammzelltherapie, Gentherapie, stereotaktischen Bestrahlungen, Angiogenese-Hemmer und vieles mehr erzählt. Doch wenn man ins Detail geht, erkennt man sehr schnell, dass die Statistiken auf den zweiten Blick nicht so positiv aussehen wie viele Krebskranke oftmals annehmen.

Krebs wird leider immer noch als eine eigene Krankheit angesehen - **und nicht als ein Symptom einer Erkrankung eines Menschen.** Deshalb wird auch immer noch versucht, die *Krankheit Tumor* mit allen zur Verfügung stehenden Mitteln wie Chemotherapie oder Bestrahlung auszumerzen. Es werden nur noch Tumore - und keine Menschen mehr behandelt. Durch diese Sichtweise war es möglich, dass sich in den letzten Jahrzehnten alles auf 4 Krebstherapien konzentriert hat: Chirurgie, Bestrahlung, Hormon- und Chemotherapie. Fast alle Forschungsgelder sind in diese Therapien geflossen - doch für Millionen Krebskranker ohne irgendeinen durchbrechenden Erfolg.

Unsere täglichen Erfahrungen zeigen uns, dass die meisten Onkologen immer noch versuchen, ausschließlich Tumore zu zerstören. dass die Zerstörung eines Tumors jedoch nicht gleichzusetzen ist mit einer Verlängerung der Lebenszeit und schon gar nicht mit einer Verbesserung der Lebensqualität, zeigen die vielen Metastasen und leider auch die hohe Sterblichkeitsrate bei den häufigsten Krebsarten. Um Mißverständnisse auszuschließen: Die Zerstörung des Tumors ist ein wichtiger Bestandteil jeder Krebstherapie und auch wir sind in bestimmtem Fällen für den Einsatz aggressiver Mittel.

Jedoch wurde durch diese einseitige Sichtweise in den letzten Jahrzehnten der Mensch als Träger des Tumors leider vergessen. Denn er ist es, der diesen Tumor entwickelt. Nur wenn wir den ganzen Menschen betrachten, und nicht nur seinen Tumor, können wir ihn auch richtig behandeln. Ein weiterer Punkt ist der, dass durch diese einseitige Konzentration andere erfolgreiche Krebstherapien in den Hintergrund geraten sind. Wir hören immer wieder: "Mein Arzt würde es doch wissen, wenn es andere erfolgreiche Krebstherapien gäbe."

Dabei erleben wir doch alle jeden Tag, dass die ganzheitliche Betrachtung von Krankheiten zugunsten einer chemischen bzw. High-Tech Medizin weichen muß und deswegen erfolgreiche Therapien vergessen, verdrängt, aus finanziellen Gründen verleugnet, als nicht erfolgreich verkannt oder an den Universitäten erst gar nicht mehr gelehrt werden. Ob eine

Therapie erfolgreich ist oder nicht, wird in der Wissenschaft vor allem mit sogenannten Doppelblindstudien bewertet. Leider zeigt es sich jedoch immer wieder, dass diese Studien entweder falsch bewertet werden oder aber die Zahlen nicht richtig sind. Ein weiteres Problem stellen außerdem Fälschungen aus Profitgier dar. Aufgrund solcher "Forschungen" kommen dann Medikamente auf den Markt, auf die sich Betroffene und Ärzte verlassen. Der Leidtragende ist dabei der erkrankte Mensch.

Einerseits sagen Ärzte und Krankenkassen, dass Sie nur Doppelblindstudien als wissenschaftlich fundiert akzeptieren, und andererseits werden diese Doppelblindstudien von den gleichen Personen angezweifelt, wenn sie nicht in deren Schema passen. Oder wie kann man sich sonst erklären, dass es sehr viele Doppelblindstudien gibt, die beweisen, dass Chemotherapien bei epithelialen Tumoren (über 80% aller Krebsarten) nur in den wenigsten Fällen geholfen haben, das Leben zu verlängern, jedoch immer noch bei den meisten Krebskranken eingesetzt werden. Ärzte dürfen in Deutschland zuerst einmal nur *wissenschaftlich fundierte* Therapien anwenden. In der Regel "dürfen sie wählen" zwischen einer krebserzeugenden Bestrahlung, einer immunzerstörenden Chemotherapie und einer Operation, deren Folgen evtl. nie mehr rückgängig zu machen sind.

Doch Hand aufs Herz, wer untersucht eigentlich, wie wissenschaftlich diese Wissenschaft noch ist? Wie frei können Ärzte eigentlich ihre Patienten behandeln, bzw. wie stark werden Sie von Institutionen, Regierungen und Firmen unter Druck gesetzt? Krebs ist eine den ganzen Menschen umfassende Erkrankung, und Sie müssen die Verantwortung für Ihre Gesundheit heute mehr denn je wieder in Ihre eigene Hand nehmen.

Täglich erfahren wir von Menschen, wie diese ihren Krebs besiegt haben, welche Therapien sie machten, welche Ernährungsmaßnahmen die Therapien begleiteten, welche Visualisierungstechniken sie benutzten, welche allgemeinen Lebensveränderungen notwendig waren, um den Krebs zu besiegen und vieles, vieles mehr. Die Summe dieser Maßnahmen läßt sich leider in kein bestehendes wissenschaftliches System pressen und auswerten - und schon gar nicht erfolgreich patentieren. Viele Menschen, die sich an uns oder an ganzheitlich denkende Krebstherapeuten wenden, haben noch etwas gemeinsam: Sie haben sich nicht-konventionellen Therapien meist erst in einem Stadium zugewandt, nachdem konventionelle Therapien versagten. Um so positiver sind deshalb die Erfolge zu bewerten, die wir tagtäglich erfahren dürfen. Wie groß könnten die Erfolge erst sein, wenn Krebskranke sich schon früher darum bemühen würden, welche Möglichkeiten einer Therapie es gibt, und nicht erst, nachdem wichtige Teile herausgeschnitten wurden, notwendige Organe durch agressive Präparate fast unfähig sind normal zu arbeiten, und die Angst vor dem Tod das Immunsystem so stark unterdrückt, dass ein zufriedenes Leben nur noch begrenzt möglich ist.

Krebs ist heilbar. Immer wieder erleben wir, dass auch Menschen in einem sogenannten *finalen Stadium* ihren Krebs besiegen. Werden Sie deshalb aktiv und finden Sie heraus, was Sie noch heute gegen Ihren Krebs tun können. Übernehmen Sie die Verantwortung für Ihre Erkrankung. Überlassen Sie es nicht anderen Menschen, dass Sie gesund werden. Beginnen Sie noch heute damit, darüber nachzudenken, was Sie zukünftig anders machen werden und vertrauen Sie Ihrer inneren Stimme, die Ihnen sagt, dass SIE Ihren Krebs besiegen.

Wir werden alles tun, um Sie auf diesem Weg so gut wie möglich zu unterstützen.

SENSEI Verlag – wir sorgen uns um Ihre Gesundheit

„Zukünftig wird es nur noch zwei Gruppen von Krebskranken geben. Solche, die dieses Buch gelesen haben – und die Nichtwissenden."

Seit vielen Jahren bereist Lothar Hirneise die ganze Welt auf der Suche nach den erfolgreichsten Krebstherapien und klärt Menschen darüber auf, dass es mehr als Chemotherapie und Bestrahlung gibt. Neben der Beschreibung von über 100 Krebstherapien und Substanzen zur Behandlung von Krebs, klärt der Autor auch darüber auf, welche Krebstherapien bei welchen Krebsarten in der Schulmedizin angewandt werden und was man als Patient unbedingt wissen muss, bevor man sich solchen Therapien unterzieht.

Erstmals wird auch das 3E-Programm beschrieben, das auf der Auswertung der Krankengeschichten von Tausenden von Menschen beruht, die Krebs in einem sehr späten Stadium überlebt haben. Erfahren Sie, warum so viele Menschen an Krebs sterben müssen und andere nicht. Das Buch liefert nicht nur eine unglaubliche Menge an Informationen, sondern hilft dem Krebskranken auch durch aktive Übungen des 3E-Programmes, seinen eigenen Weg zu finden, um Krebs zu heilen. *Großformat, Über 850! Seiten nur € 39,90.*

Das **Mind**Store System zählt europaweit zu einem der bekanntesten Programm für eine positive Persönlichkeitsentwicklung. Mit einfach anzuwendenen Techniken zeigt der Jack Black, wie jeder seine Ziele erreichen kann, und zwar unabhängig davon um welche es sich handelt.

Viele Menschen nehmen heutzutage an Kursen für Zeitmanagement, Präsentationstechniken, Teamförderung, Projektmanagement und vielen anderen nützlichen Kursen teil. Doch wo andere Kurse aufhören, fängt **Mind**Store erst an. Der Autor lehrt Sie Grenzen zu sprengen und wie Sie zuvor unerreichbare Ziele verwirklichen können. Nehmen Sie die Zügel für Ihre Zukunft ab sofort fest in die Hand und beginnen Sie noch heute die ersten Schritte in eine neue Welt der tiefen Zufriedenheit.

Jack Black stieß in seinen Forschungen auf eine Nobelpreis Studie von Roger W. Sperry. Diese Studie gab ihm wichtige neue Einsichten in die innere Welt unseres Gehirns. Aus diesen Forschungen entwickelte sich über die Jahre ein Trainingssystem an dem bis heute über 200.000 Menschen teilgenommen haben. Viele von ihnen haben anschließend darüber berichtet, wie sich ihr Leben durch **Mind**Store positiv entwickelt hat. *212 Seiten nur € 12,90.*

Über mehrere Wochen hinweg begleitet Manfred Bleckmann seine Frau Hanne auf dem berühmten Jakobsweg. Während seine Gemahlin sich einen Traum erfüllt und große Strapazen auf sich nimmt, geht der Autor währenddessen in Gedanken seine eigenen Lasten der letzten Jahre durch. Schockiert durch die Erstdiagnose Prostatakrebs und verzweifelt als seine PSA Werte trotz Operation erneut ansteigen, erinnert er sich an all seine Ängste und wie er es geschafft hat, die Krankheit nicht nur zu besiegen, sondern gestärkt und voller Lust auf das Leben aus ihr zu entfliehen. Einfühlsam und ehrlich spricht er nicht nur seine Furcht und Themen wie Impotenz an, sondern zeigt durch seinen eigenen Lebensweg, dass Krebs auch eine Chance ist. Eine Chance in ein erfülltes Leben und ein Wegweiser für eine glücklichere Zukunft, die ohne diese Diagnose so gar nicht möglich gewesen wäre.
Hardcover, 172 Seiten nur € 14,90

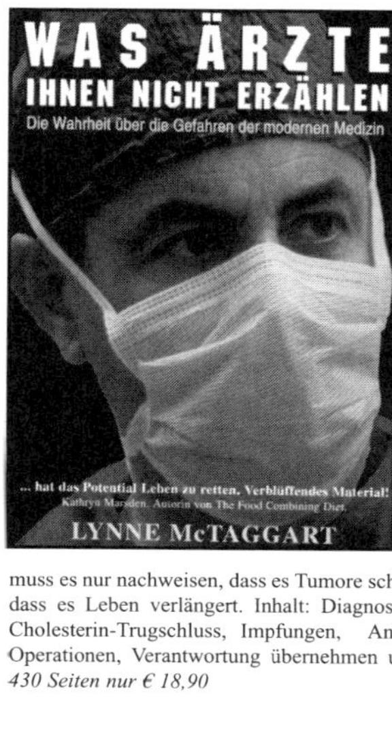

In diesem Buch werden nicht nur Krebsbehandlungen etwas kritischer betrachtet, sondern auch die Früherkennungstests wie Abstrich oder Mammographie etwas genauer angeschaut. Die Autorin, beschreibt, dass gern benützte Worte wie „Tumorverkleinerung" und „positive Reaktion auf die Behandlung" nicht unbedingt gleichzusetzen sind mit Überlebenschance oder Lebensqualität. Anmerkung: Damit ein Medikament die Zulassung bekommt, muss es nur nachweisen, dass es Tumore schrumpfen lässt und nicht, dass es Leben verlängert. Inhalt: Diagnostische Übertreibungen, Cholesterin-Trugschluss, Impfungen, Antibiotika, Zahnmedizin, Operationen, Verantwortung übernehmen und vieles, vieles mehr.
430 Seiten nur € 18,90

SENSEI Verlag – wir sorgen uns um Ihre Gesundheit

Leben ohne Krebs

Der Holländer A.J. Lodewijkx beschäftigt sich schon seit über 30 Jahren intensiv mit der Krebsproblematik. Er hat sich in dieser Zeit intensiv mit den Forschern Budwig, See-ger, Warburg, Jung, Kuhl, Wendt, Issels, Spengler und Koch beschäftigt. Dabei fand er einen roten Faden der Therapie heraus, welchen er in seiner Therapien seit nunmehr drei Jahrzehnten erfolgreich einsetzt. Wer sich als Leser darüber informieren will, wie Krebs entsteht und warum Ernährung und Entgiftung eine zentrale Rolle in allen Krebstherapien spielt, für den ist dieses Buch ein Juwel. Zusätzlich klärt der Autor auf, wie er Krebs diagnostiziert bzw. welche Methoden er zur Therapiekontrolle anwendet. *A5, 224 Seiten nur € 18,90*

Öl-Eiweiß Kost,

In diesem Buch geht es um die Praxis der erfolgreichen Krebstherapie. Es werden mehr als 160 Menü-vorschläge präsentiert und auf wenigen Seiten noch einmal alle wichtigen Ernährungsschritte erklärt. E. Clement, Magazin *Regeneration:* "Diese einfache Therapie hat gegenüber all den anderen zwei Nachteile:

1. sie sieht zu einfach aus, klingt nicht gelehrt;
2. sie erfordert eine persönliche Anstrengung, ein Umdenken. Sie ist aber die einzig biologisch vollwertige Methode." Dieses Buch ist das Praxisbuch zum erfolgreichen Titel von Frau Dr. Budwig: ***Krebs - das Problem und die Lösung***. A5, *180 Seiten nur € 15,30.*

Schulmedizinisch aufgegeben - was nun?

Heidrun Ehrhardt hatte keine Hoffnung mehr. Schulmedizinisch austherapiert und beide Lungen voller Metastasen, bot man ihr noch einen Versuch mit einer Hochdosischemotherapie an, welchen sie dankend ablehnte und sich für einen biologischen Weg entschied. Lernen auch Sie von der Autorin, dass:

* Krebs in jedem Stadium der Krankheit zu besiegen ist und man auch dann die Hoffnung nicht aufgeben sollte, wenn dies die Ärzte schon längst getan haben.

* Krebs bei weitem nicht die gefährliche Krankheit ist als die sie immer wieder dargestellt wird und die Diagnose bzw. die Therapien oftmals schlimmer sind als die Erkrankung. * Krebs in einem späten Stadium nur dann geheilt werden kann, wenn man ganzheitliche Therapien anwendet. * Krebs mit vielen Therapien sehr erfolgreich behandelt werden kann und nicht nur mit Chemotherapie und Bestrahlung. *A5. 340 Seiten nur € 18,90.*

Rücken-schmerzen?

„Viele Menschen kennen ihr Auto wie ihre Westentasche und pflegen es auch gut. Würde eine Werkstatt den noch funktionierenden Auspuff erneuern wollen, gäbe es Protest. Man würde noch andere Fachleute dazu befragen und sich mehrere Angebote einholen. Sagt aber ein Arzt, dass eine Operation notwendig ist, erkundigen sich die wenigsten, was es da noch auf dem Markt der Möglichkeiten gibt.“

Humorvoll lebt die Protagonistin vor, wie sie die Volkskrankheit Nummer eins, Rückenschmerzen, für sich und ihre persönliche Ent - Wicklung nutzt. Trotz Gesundheitsreform und unterschiedlicher schulmedizinischer Meinungen, lässt sich die Autorin einige Weisheiten von ihrer Bandscheibe flüstern und lebt ohne die empfohlene OP ein angenehmes Leben. Ein ideales Geschenkbüchlein! *244 Seiten handliches Format nur € 9,90.*

SENSEI Verlag – wir sorgen uns um Ihre Gesundheit

DIE GEHEIMNISSE DER BIENENAPOTHEKE

Mehr Power und Erfolg im Kampf gegen Krankheiten und vorzeitiges Altern, bessere Lebensqualität und mehr Lebensfreude dank des neu entdeckten Wissens über die uralten Heilkräfte von Honig. So geht die Autorin detailliert auf zahlreiche Einsatzmöglichkeiten von Honig ein bei verschiedenen Beschwerden und Erkrank-ungen von A wie Abwehr-schwäche, Allergien, Asthma über B wie Blutarmut, Blutdruck, Bronchitis, D wie Darmkatarrh, G wie Grippe, Gürtelrose, H wie Herzinfarkt, K wie Krebs, L wie Leberent-zündung, Lungenentzündung, P wie Prostatavergrößerung, R wie Rheuma bis Z wie Zahnfleischentzündung. *116 Seiten nur € 12,90*

Das Meta-Medizin Handbuch

Was wäre, wenn man im Gehirn den ganzheitlichen Zustand unseres gesamten Körpers und der Psyche, wie in einem Buch, ablesen könnte? Was sind die URSACHEN von Erkrankungen und warum werden Krankheiten oftmals chronisch? Kann man wirklich Ursachen und nicht nur Symptome behandeln? In diesem Buch erhalten Sie Antworten auf Ihre Gesundheitsfragen und verlieren gleichzeitig die Angst vor Symptomen. Ab sofort können auch Sie die Selbstverantwortung für Ihren Körper und Ihren Geist übernehmen und Sie werden neue Wege finden zur bio-***logischen*** Heilung. *304 Seiten nur 22,90.*

Dass Gesundheit durch chemische Medikamente und Arztbesuche nicht käuflich erwerbbar ist, hat uns die Vergangenheit mit von Jahr zu Jahr mehr Kranken gelehrt. Früher waren es die Seuchen wie Cholera und Pest, die die Menschen massenhaft dahin gerafft haben. Heute sind es die Zivilisationskrankheiten, allen voran Krebs und Herz- Kreislauferkrankungen, denen aufgrund falscher oder unvollständiger Behandlung jährlich viele Millionen Menschen unnötigerweise zum Opfer fallen.

In diesem Buch werden die Ursachen der Krankheitsflut erörtert und naturheilkundliche, effektive und wissenschaftlich fundierte Behandlungsmethoden zu den häufigsten Zivilisationskrankheiten verständlich gemacht. Gesundheit ist einfach, erhaltbar und im Krankheitsfall grundsätzlich wieder herstellbar. Dieses Buch erklärt Ihnen, was Sie erstens selbst tun können und zweitens was Sie beachten müssen, wenn Sie wieder zu Ihrem Arzt gehen. *Hardcover, 432 Seiten nur € 22,90*

Prof. Dr. Peter Yoda war über viele Jahre Mitglied des berühmten Frankfurter Clubs, einer Vereinigung exzellenter Wissenschaftler, die Ableger auf der ganzen Welt haben. Nachdem er aus dem Club ausgestiegen ist, erzählt der Insider, wie Patienten und Ärzte täglich belogen und betrogen werden. Mit schockierenden Einsichten erklärt er welche Systeme dahinter stehen und wie Regierungen und Pharmafirmen über Leichen gehen. Der Autor zeigt hemmungslos auf, wie falsch und gefährlich die heutige Medizin ist, ohne dass dies von der breiten Öffentlichkeit wirklich wahr genommen wird. Erfahren Sie, auf welche perfide Art erfolgreiche Therapien unterdrückt und stattdessen absolut nutzlose und krankmachende in unser tägliches Leben implantiert werden. Dieses Buch ist nichts für schwache Nerven, denn Prof. Yoda erzählt Details der 40er Studien, die leider unmenschlichsten Studien die jemals gemacht wurden. Außerdem klärt er Sie über „Perpetuums Mobile" auf, die von Regierungen und Firmen weltweit eingeführt wurden und deren einzige Aufgabe ist, Angst in der Bevölkerung zu verbreiten, damit Sie machen was andere wollen. *196 Seiten nur € 14,90*